本著作获西安交通大学马克思主义学院学术著作出版基金资助出版

马克思主义研究文库

中国特色社会主义政治经济学的生成逻辑

卫离东 | 著

光明日报出版社

图书在版编目（CIP）数据

中国特色社会主义政治经济学的生成逻辑 / 卫离东
著 . -- 北京：光明日报出版社，2024.9. -- ISBN 978 -
7 - 5194 - 8277 - 0

Ⅰ. F120. 2

中国国家版本馆 CIP 数据核字第 2024U6V848 号

中国特色社会主义政治经济学的生成逻辑

ZHONGGUO TESE SHEHUI ZHUYI ZHENGZHI JINGJIXUE DE SHENGCHENG
LUOJI

著　　者：卫离东

责任编辑：李　倩　　　　　　　　责任校对：李壬杰　李海慧
封面设计：中联华文　　　　　　　责任印制：曹　净

出版发行：光明日报出版社

地　　址：北京市西城区永安路 106 号，100050

电　　话：010-63169890（咨询），010-63131930（邮购）

传　　真：010-63131930

网　　址：http：// book. gmw. cn

E - mail：gmrbcbs@ gmw. cn

法律顾问：北京市兰台律师事务所龚柳方律师

印　　刷：三河市华东印刷有限公司

装　　订：三河市华东印刷有限公司

本书如有破损、缺页、装订错误，请与本社联系调换，电话：010-63131930

开　　本：170mm×240mm

字　　数：281 千字　　　　　　　印　　张：16

版　　次：2025 年 1 月第 1 版　　　印　　次：2025 年 1 月第 1 次印刷

书　　号：ISBN 978 - 7 - 5194 - 8277 - 0

定　　价：95. 00 元

前　言

　　改革开放以来，尤其是中国特色社会主义进入新时代以来，我国取得了改革开放和社会主义现代化建设的历史性成就，中华民族实现从站起来、富起来到强起来的历史性跨越。在这一理论引领实践、实践推进理论创新的历史进程中，逐渐孕育、产生的中国特色社会主义政治经济学把改革开放以来鲜活的实践经验上升为系统的经济学理论，形成了习近平新时代中国特色社会主义经济思想这一马克思主义政治经济学中国化的最新理论成果，开辟了 21 世纪马克思主义政治经济学和中国经济学发展的新境界。显然，面对世界百年未有之大变局和中国特色社会主义迈向新阶段，坚持问题导向，回应实践需求，以我国改革开放的历史步伐为基本脉络，多维度深入挖掘中国特色社会主义政治经济学的生成逻辑，探究中国特色社会主义政治经济学发展与创新的一般原则、特殊规律和实现路径，有效消解长期存在的中国特色社会主义政治经济学理论体系建构和实践创新之间的非均衡问题，构建中国特色、中国风格、中国气派的经济学理论，增强理论自觉和理论自信，为世界经济和经济学发展贡献中国智慧，已经成为时代课题和马克思主义理论学人的时代使命。

　　中国特色社会主义政治经济学是中国共产党领导中国人民取得改革开放历史性成就基本经验和规律性成果的理论结晶。本书以辩证唯物主义历史观和马克思主义政治经济学理论为基本依循，综合运用文献研究法、矛盾分析法、逻辑与历史相结合、比较分析法、理论与实践相统一等具体研究方法，立足中国特色社会主义经济社会发展和中国式现代化建设实践，深入挖掘中国特色社会主义政治经济学生成的理论逻辑、历史逻辑和实践逻辑，系统回答了中国特色社会主义政治经济学何以生成、怎样生成、如何创新前行这一理论和实践问题。本书的主要内容和基本观点如下：

　　第一，理论逻辑是中国特色社会主义政治经济学的理论要素以及各个要素之间的内在联系和内在规定性。从这一维度来看，可以将中国特色社会主义政治经济学的理论渊源概括为五方面：它以马克思主义政治经济学为指导思想；吸收苏联东欧社会主义建设的优秀理论成果；继承新中国成立以来的社会主义经济建设、发展思想；汲取中华优秀传统文化；借鉴西方经济学有益成分。这些理论要素之间相互关系的内在联系性和本质规定性决定了中国特色社会主义政治经济学既具有政治经济学或经济学的一般性，又具有以中国国情为基础的特殊性，决定着其自身发展始终体现着社会主义的性质和方向。

第二，历史逻辑是中国特色社会主义政治经济学生成历程的历史必然性和历史规律性。历史逻辑是理论逻辑生发的现实根基，理论逻辑统一于历史逻辑，并在历史发展中不断丰富和发展。从历史逻辑这一维度来看，中国特色社会主义政治经济学是改革开放以来我们党在领导各族人民推进中国特色社会主义历史伟业和探索马克思主义政治经济学中国化的历史进程中，在遵循坚持映射时代需求的"与时俱进"、坚持公有制为主体和全体人民共同富裕、坚持社会主义市场经济改革方向的基本原则前提下，形成了起点范畴、初步探索、纵横发展和拓展集成的四个历史发展阶段。伴随中国特色社会主义政治经济学历史性发展，引领社会主义市场经济体制逐步确立完善，对外开放和新发展格局的全面提升，社会主义初级阶段和新时代新发展阶段生产力飞速发展，创造出举世公认的"中国奇迹"。中国特色社会主义政治经济学在历史性创新发展中也逐渐摆脱传统苏联政治经济学的僵化模式，形成习近平新时代中国特色社会主义经济思想，把当代中国马克思主义政治经济学创新发展全面推向21世纪。

第三，实践逻辑是中国特色社会主义政治经济学伴随时代发展而前行的，在理论引领实践，实践推进理论创新的双向互动中创新发展。理论逻辑和历史逻辑必然统一于实践逻辑，并且只有很好地连接实践逻辑，才能更好地发挥理论逻辑的效用。理论只有在聚焦不断发展着的实践、有效破解当下的现实问题当中才能创新发展。从实践逻辑来看，中国特色社会主义政治经济学是以改革开放作为起点范畴的，从新时代新发展阶段这一发展了的实际出发，以新发展理念为理论指向，构建新发展格局，破解社会主要矛盾，不断推进中国特色社会主义事业和中国式现代化建设取得新成就，最终实现第二个百年奋斗目标和全体人民共同富裕。在这一历史性实践进路中，中国特色社会主义政治经济学逐渐建构起自己的话语体系，赢得属于自己的话语权和应有的社会声誉，为解决人类面临的一系列共同难题提供了中国智慧和中国方案，特别是为那些谋求快速发展的同时保持国家和民族独立的广大发展中国家提供了鲜活借鉴，成为回应时代需求，充满时代价值的"显学"。

理论、历史和实践逻辑的内在统一和有机连接不仅科学地回答了中国特色社会主义政治经济学生成和创新发展的理论源流、历史必然和现实诉求，彰显了中国特色社会主义政治经济学的时代价值，而且也为进一步更好发挥中国特色社会主义政治经济学的理论注入功力，并进一步为探寻中国特色社会主义政治经济学创新发展路向奠定了良好基础。

本书特色

第一，学理性阐述中国特色社会主义政治经济学与当代中国马克思主义政治经济学生发的不同历史起点和内在关系。围绕中国特色社会主义政治经济学的历史起点问题，近年学界主要形成了"新中国成立说""社会主义制度建立说"和"改革开放说"三种不同的认识和看法。本书结合马克思主义政治经济学中国化研究范式的内在转换，将十一届三中全会中国开启改革开放历史伟业作为中国特色社会主义政治经济学生发的起点。而当代中国马克思主义政治经济学则是以五四运动后马克思主义政治经济学在中国的系统广泛传播作为起始。所以，中国特色社会主义政治经济学是当代中国马克思主义政治经济学的重要组成部分。

第二，探索性挖掘中国特色社会主义政治经济学生发的理论源流、历史必然和现实诉求。本书比较系统地建构中国特色社会主义政治经济学生发的理论、历史和实践逻辑三维度相统一的逻辑分析架构，揭示中国特色社会主义政治经济学何以生成、如何发展的理论源流、历史必然和现实诉求，以消解长期存在的中国特色社会主义政治经济学理论体系建构和实践创新之间的非均衡问题，提高中国特色社会主义政治经济学对于我国经济发展奇迹的解释力和话语水平。

第三，学科性聚焦21世纪中国特色社会主义政治经济学发展的新成果和马克思主义政治经济学中国化的新境界。党的十八大以来，习近平提出了一系列经济社会发展的原创性新命题和新理念，形成习近平新时代中国特色社会主义经济思想，极大地丰富了中国特色社会主义政治经济学理论体系，是马克思主义政治经济学的中国化、时代化的最新发展。本书对习近平新时代中国特色社会主义经济思想进行系统的梳理和归纳，主要包括：一是提出当代中国马克思主义政治经济学和中国特色社会主义政治经济学的历史性命题以及创新发展中国特色社会主义政治经济学迫切性任务；二是突出强调以人民为中心的根本立场和根本思想，促进全体人民共同富裕；三是加强党对经济工作的集中统一领导，始终确保党总揽全局，协调各方；四是全面深化改革，完善社会主义市场经济体制，使市场对资源配置发挥决定性作用；五是认识适应引领经济发展新常态，深化供给侧结构性改革；六是中国特色社会主义进入新时代，人民日益增长的美好生活需要和不平衡不充分的发展之间的矛盾成为社会主要矛盾；七是立足新发展阶段、践行新发展理念、构建新发展格局；八是倡导和构建人类命运共同体。

本书致谢

《中国特色社会主义政治经济学的生成逻辑》一书的研究和出版，获得了西安交通大学马克思主义学院刘儒教授的倾心帮助和大力指导，得到了西北大学经济管理学院白永秀教授、西安交通大学马克思主义学院苏玉波教授、西安交通大学马克思主义学院燕连福教授、西安交通大学马克思主义学院郑冬芳教授、西安交通大学马克思主义学院李明德教授、西安交通大学马克思主义学院李景平教授、西安交通大学马克思主义学院王宏波教授、西安理工大学马克思主义学院尹洁教授、西安理工大学马克思主义学院廉永杰教授的指导和支持，在此谨向他们表示衷心的感谢。

对中国特色社会主义政治经济学的生成逻辑进行挖掘和总结是一件十分困难、复杂以及工作总量极大的事情，由于本书在撰写过程中，资料有限，时间紧张，尽管笔者做了极大努力，认真思考了每一个方面，但仍然存在一些问题，欢迎经济学界的前辈和同行们予以批评指正。此外，本书参考了经济学家已有的众多研究成果和研究结论，在本书每页的脚注和书后的参考文献中均一一列出，如果出现遗漏，敬请各位同行专家谅解。本著作获西安交通大学马克思主义学院学术著作出版基金资助出版。本著作获得中央高校基本科研业务费专项"马克思现代性视域下中国式现代化的共同富裕特征研究"（SK2023048）资金资助（The Fundamental Research Funds for the Central Universities）。本著作获得陕西省社会科学基金年度项目"陕西农村新型集体经济组织防范规模性返贫风险的逻辑机理研究"（2024A141）资金资助。

目　录
CONTENTS

第三篇　中国特色社会主义政治经济学生成的历史逻辑

第五篇　中国特色社会主义政治经济学的时代价值

历史表明，社会大变革的时代，一定是哲学社会科学大发展的时代。当代中国正经历着我国历史上最为广泛而深刻的社会变革，也正在进行着人类历史上最为宏大而独特的实践创新。这种前无古人的伟大实践，必将给理论创造、学术繁荣提供强大动力和广阔空间。这是一个需要理论而且一定能够产生理论的时代，这是一个需要思想而且一定能够产生思想的时代。我们不能辜负了这个时代。

　　——习近平在哲学社会科学工作座谈会上的讲话（2016年5月17日）

第一篇 01

导 论

第一章

研究背景与研究意义

第一节　研究背景

一、中国特色社会主义政治经济学的提出及其研究热潮的兴起

党的十八大以来，习近平提出"坚持中国特色社会主义政治经济学的重大原则""坚持和发展中国特色社会主义政治经济学"等重大理论命题，是对马克思主义政治经济学的伟大创新，丰富了中国特色社会主义经济理论体系。值得肯定的是，在我国理论经济学界尤其是政治经济学领域，始终有一大批学者长期坚持探索研究马克思主义政治经济学，尤其是在习近平提出要"构建中国特色社会主义政治经济学"的历史使命以来，更是引起了学界对"中国特色社会主义政治经济学"的热切关注和激烈讨论。他们在教育教学领域，积极开设讲授社会主义市场经济理论或讲授政治经济学中国特色部分的相关课程。学界还多次召开有关"中国特色社会主义政治经济学"的研讨会，对怎样进行理论创新、如何进行学科建设等提出意见，围绕其发展阶段、研究方法、理论来源、研究主线、研究对象、重大原则、时代价值等方面做了富有成效的讨论。国内具有影响力的学术刊物也开始重视和大力发表政治经济学领域的文章，理论界编写了一大批中国特色社会主义政治经济学的教材。至此，创造继承马克思主义政治经济学、创新发展中国特色社会主义政治经济学的理论热潮正在形成。

二、新时代需要中国特色社会主义政治经济学的指导

改革开放以来，中国式经济现代化建设取得举世瞩目的伟大成就，完成了

脱贫攻坚、全面建成小康社会的历史任务，实现了第一个百年奋斗目标，① 国家经济实力获得显著跃升，国内生产总值跃居世界第二，经济占比为世界经济的五分之一，制造业规模、外汇储备、谷物产量稳居世界第一，这些都需要中国特色社会主义政治经济学回溯经济发展的历史脉络、总结经济建设的实践经验和客观规律，以及将它们很好地提升为系统化科学化的经济学说。迈入新时代，我国正处于全面深化改革、经济发展进入新常态的新时期，经济社会呈现出了新的发展特点，凸显出一些新问题，如供需矛盾突出、产能过剩、金融风险加剧、经济增长内生动力不足、部分地区经济增长困难以及国际逆全球化内固化倾向激增，这些问题都需要运用正确科学的理论来探究，为政府长远规划和政策制定提供有效依据。同时，我国在全面深化改革中的经济体制转型、城乡经济结构、生态环境、社会保障和公共产品服务等方面存在的问题，在现代市场经济体系中的收入分配、产权改革、劳资关系等方面出现的问题，都需要中国特色社会主义政治经济学进行有效的阐释。可见，中国特色社会主义政治经济学需要承担起发现问题、揭示规律和指导经济建设实践的使命和责任。面对中国特色社会主义迈向新阶段，坚持问题导向，回应实践需求，以我国改革开放伟大历史性变革作为开端和起点，研究中国特色社会主义政治经济学发展与创新的一般原则、特殊规律和实现路径，有效消解了长期存在于中国特色社会主义政治经济学理论体系建构和实践创新之间的非均衡问题，已经成为马克思主义理论学人的时代使命。

三、中国特色社会主义政治经济学目前的境遇

十一届三中全会后，我国理论研究者过于注重运用西方经济学的有益思想和借鉴其研究方法，虽然在构建市场经济体制建设理论、完善对外开放体系理论中起到重要作用，但很大程度上影响了马克思主义政治经济学与中国特色社会主义政治经济学的主体地位，引致它们发挥的实际作用和应有的社会声誉与学科地位之间不平衡。正如习近平所指出的："实际工作中，在有的领域中马克思主义被边缘化、空泛化、标签化，在一些学科中'失语'、教材中'失踪'、论坛上'失声'。"② 生成这一现象的原因，一方面是源于主客观条件变化的双

---

① 习近平. 高举中国特色社会主义伟大旗帜，为全面建设社会主义现代化国家而团结奋斗：在中国共产党第二十次全国代表大会上的报告 [N]. 人民日报，2022-10-26（1）.

② 习近平. 在哲学社会科学工作座谈会上的讲话 [EB/OL]. 新华社，2016-05-18.

重作用，即伴随着社会主义市场经济体制以及基本经济制度的建立完善，一些学者认为西方思想中关于市场运行的一般规律和特殊原则更加具有可操作性，以为西方经济学才是探寻市场经济的科学理论，力图运用其揭示和解释我国经济建设的奇迹，与此同时，却将马克思主义政治经济学和中国特色社会主义政治经济学单纯当作意识形态的教育和宣传工具，认为它们是不能科学揭示市场规律的传统政治经济学。这一客观条件的形成以及理论研究者主观意识的变化，促使中国特色社会主义政治经济学的发展空间不断被挤压、侵占。另一方面，学术界在实践层面过于追求西方经济思想中定量的实证分析方法，对这种计量或以统计为主的实证研究方法的使用和探索，尽管推动了我国经济学在方法上的创新，为经济政策研究、经济学教育、经济问题探索等方面做出了重要贡献，但是，这些方式方法，如抽象人性假定、先验假设条件等，忽略了中国的现实国情尤其是我国的基本经济制度和国计民生等具体的现实问题，还忽视了对马克思主义政治经济学的坚持和拓展，容易引致我国经济改革方向逐渐偏向自由化、私有化和市场化。

对此，本研究在前人研究的基础上，运用纵向与横向、理论与实践、逻辑与历史相结合的方式探寻理论进路。本书研究的主要目标是：从理论、历史、实践三个维度呈现制度与经验、理论与实践等要素共同催生的中国特色社会主义政治经济学的产生、发展和丰富完善过程以及它的时代意义。至于运用何种回溯和研究方法，马克思曾在《资本论》中指出，对于社会经济形态的反复思索和科学分析，都是遵从着一条同现实运动完全相反的道路。这种思索事实上是从事后开始的，是从已经发展的结果、确定的材料起步的。[①] "从后思索法"不仅是马克思《资本论》的写作方法，而且是马克思一贯的主张和历史认识论的思维方法。对其生成过程的历史分析，也应当运用这一方法，从后思索并深入研究它的理论进路和发展历程。

---

① 中共中央马克思恩格斯列宁斯大林著作编译局. 资本论 [M]. 北京：中国社会科学出版社，1983：65.

第二节　研究意义

一、理论意义

第一，探索中国特色社会主义政治经济学的生成过程、逻辑框架等，从新的认知视角，以新的研究范式科学揭示了改革开放以来马克思主义政治经济学能够与中国具体实际相结合并始终发挥指导作用的内在原因，通过对其逻辑进行整体性、历史性的把握进一步深化拓展了马克思主义政治经济学研究的深度和广度，不断开拓当代中国马克思主义政治经济学新境界。

第二，凝练了改革开放以来的经济发展经验并使其上升为高度凝练的理论学说，创新性创造性提出一系列基本的概念范畴，一方面解决建构中国特色社会主义政治经济学实际中长期存在的理论体系建构和实践创新之间的非均衡问题；另一方面正确处理中国特色社会主义政治经济学与西方经济学的内在关系，用中国理论阐释中国道路，用中国话语传递中国经验，为世界经济和经济学发展贡献中国智慧。

二、实践意义

第一，增强马克思主义政治经济学的信仰功能和意识形态功能。马克思主义政治经济学是党进行经济建设的根本性理论指引。当前，面对它在研究中被边缘化和在传播中被弱化的局面，揭示中国特色社会主义政治经济学发展与创新的一般原则与特殊规律，不断增强其理论解释力和话语影响力并以此教育当代大学生，有助于使青年学生进一步坚定制度、理论、道路和文化自信。

第二，增强中国特色社会主义政治经济学对我国经济现代化建设的指导功能。实践催生理论创新，理论导航实践发展，用在实践经验基础上形成的系统化经济学说领航我国经济社会发展和现代化建设，为我国实现百年奋斗目标提供科学指引。

第二章

研究思路、框架结构与研究方法

第一节 研究思路

第一篇为导论，从在建构中国特色社会主义政治经济学过程中面对问题的理论逻辑和现实境遇等方面阐释了本书的研究背景、依据，并在此基础上进一步从理论和实践两个层面论证了本书的研究意义。随后，本书详细阐释了本研究运用的研究思路、框架结构以及采纳的研究方法。此外，本篇第三章还详细论述了本书的相关概念和理论基础。首先运用从特殊到一般的叙述方法，沿着习近平新时代中国特色社会主义政治经济思想到中国特色社会主义政治经济学再到当代中国马克思主义政治经济学展开三者之间概念含义的界定，并以此为依据进一步梳理和阐明它们的历史起点并确定它们相互之间的内在关系。其次，详细阐释了理论逻辑、历史逻辑和实践逻辑的基本内涵及其相互关系。第三章第二部分专门介绍本研究的理论依循。

第二篇为理论逻辑，中国特色社会主义政治经济学的理论渊源。本篇开始进入本书的主体内容，首先，从马克思主义政治经济学关于研究对象、价值理论和科学架构的相关论述的视角肯定了其是中国特色社会主义政治经济学的核心指导思想；其次，指出苏联东欧社会主义建设的理论遗产是中国特色社会主义政治经济学的基础理论来源；再次，认为新中国成立后毛泽东、邓小平、江泽民、胡锦涛、习近平的社会主义经济建设、发展思想是中国特色社会主义政治经济学的直接理论来源；接着，以中国传统文化与中国特色社会主义政治经济学相互耦合的历史必然、基本方式、交互内容以及功能效用为主要内容溯源了中国特色社会主义政治经济学的文化基因；最后，从西方经济学功能属性的

"双刃性"表明了中国特色社会主义政治经济学对其主要内容的批判性借鉴和汲取。

第三篇为历史逻辑,中国特色社会主义政治经济学的发展逻辑。第一部分论述了中国特色社会主义政治经济学如何处理自身与改革开放前党对马克思主义政治经济学初步探索时期的关系。第二部分阐释了中国特色社会主义政治经济学形成与发展的历史过程,包括起点范畴、初步探索、纵横发展和拓展集成四个历史阶段。第三部分阐述了中国特色社会主义政治经济学在历史发展过程中遵循的三个基本原则,即映射时代需求的与时俱进原则、坚持公有制为主体和共同富裕的原则以及把握社会主义市场经济改革方向的原则。第四部分肯定了中国特色社会主义政治经济学创立发展引致的经济发展成就。

第四篇为实践逻辑,中国特色社会主义政治经济学的实践诉求。改革开放以来经济建设的伟大实践与中国特色社会主义政治经济学理论发展是良性互动、相互共生的,尤其是改革和发展的现实实践不断丰富和发展了中国特色社会主义政治经济学理论体系。本篇阐释了改革开放这一伟大历史性变革给予中国特色社会主义政治经济学话语体系、理论以及教材发展变革的影响,与此同时,立足于党的十八大以来经济社会的现实实践,揭示了推动中国特色社会主义政治经济学进一步创新发展的实践方位、实践依据和实践理念。

第五篇为时代意义,中国特色社会主义政治经济学的价值导向。以理为纲、以史为鉴、以实为据,中国特色社会主义政治经济学是具有担当、责任和使命的理论经济学,为人类对更好的社会制度的追求提供了中国智慧。

最后为结论与展望,凝练和概括以理论逻辑、历史逻辑、实践逻辑为主要内容的生成逻辑以及确定它们之间的相互关系,同时在"何为中国""何为特色"视域下对如何处理中国特色社会主义政治经济学与西方经济学之间的内在关系以及理论体系建构和实践创新之间的非均衡问题做出回应和解答,最后展望和明确下一阶段可能研究的方向与任务。

第二节 框架结构

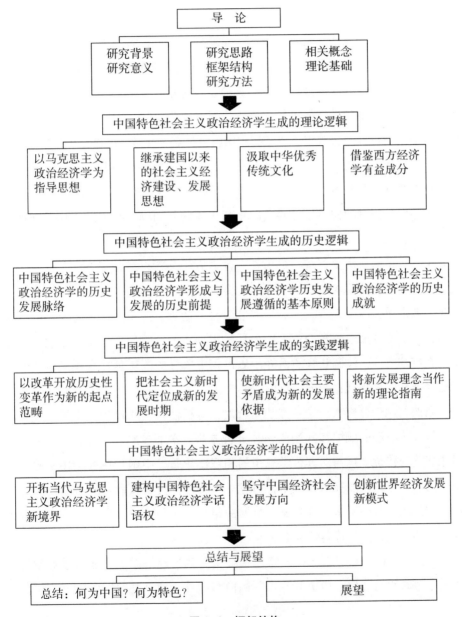

图1-1 框架结构

第三节　研究方法

第一，文献研究法。马克思指出，对任何学科的研究首要的是占有充分的资料并对其内容和相互关系进行研究。① 探究中国特色社会主义政治经济学的逻辑体系，正是要在广泛汲取经典作家的思想理论、十一届三中全会以来的会议资料、国外经济学研究成果等基础上，对其进行甄别、分析和整理，准确把握学术前沿与提炼新式观点，以掌握中国特色社会主义政治经济学的生成逻辑。

第二，矛盾分析法。这一方法是指通过经济现象探究事物本质，研究其内部范畴的相互关系和本质联系，分析其发展过程的客观规律和基本原则。此外，这一方法坚持问题导向，始终将去除不断出现的新问题、新矛盾当作推动理论发展的内在动因。

第三，逻辑与历史相统一的方法。逻辑方法是指思维推理方法，依照经济范畴的内在逻辑使简单经济关系逐渐上升到复杂经济关系。历史方法则是依照历史发展来研究历史进程。二者应当相互统一起来，换言之，思想发展的进程是对社会历史发展过程在理论上的前后一贯形式的反映。本书正是运用这一方法，在错综复杂、波澜壮阔的世界历史进程中探寻中国特色社会主义政治经济学逻辑演变的客观规律与内在价值。

第四，比较分析法。这一方法又称对比分析法，是通过对比来提示差异借以了解经济活动的成绩和问题的一种分析方法。本书多次运用比较分析法，通过中华优秀传统文化与西方哲学思想的相互比较凸显中国特色社会主义政治经济学为何对其进一步汲取和继承，通过中国特色社会主义政治经济学与西方经济学的阶级立场、基本内容与发展目的的相互对比凸显中国特色社会主义政治经济学的发展方向的优越性和必然性。

第五，系统分析方法。中国特色社会主义政治经济学的生成背景和发展场景是一个政治与文化、历史与现实、国内与国外、理论与实践等相互交融的环

---

① 中共中央马克思恩格斯列宁斯大林著作编译局. 马克思恩格斯文集：第 5 卷 [M]. 北京：人民出版社，2009：21.

境。本书使用系统分析方法，围绕改革开放以来马克思主义政治经济学中国化这一大的场域，全面深入分析和挖掘了促进中国特色社会主义政治经济学生成与发展的实践、理论、历史和价值等要素，以及每个要素所涉及的文化、政治等因素及其相互之间存在的某种内在关联。

第三章

相关概念和理论基础

新中国成立以来，我国从百废待兴、积弱积贫的状况发展为国富民强、盛世中华的景象，且已经成为世界第二大经济体。抚今追昔，这些辉煌的成就都离不开我们一代代共产党人对政治经济学理论的探索与创新，这些成就都是马克思主义政治经济学时代化、中国化、地域化的现实产物。立足新时代，对马克思主义政治经济学相关概念的基本内涵进行考察以及对其重要特征、科学方法和基本原理进行界定和说明，有助于辨析国内外各种社会思潮，进一步科学认识和把握中国特色社会主义政治经济学的生成理路。

第一节 相关概念

一、新时代中国特色社会主义政治经济学

马克思主义政治经济学指出理论的发展始终要依据当前的经济现实[①]，而"当前"实质上就是当下的经济方位和时代条件。换言之，现时的中国特色社会主义政治经济学就是要将当前的社会主义初级阶段的基本国情和新时代的视角与维度作为出发点，尤其是新时代这一历史方位，它是我们党从国内外发展全局的方位上所做出的科学判断和最新论断，标志着中国特色社会主义政治经济学已经发展进入新的历史时期。

[①] 中共中央马克思恩格斯列宁斯大林著作编译局. 马克思恩格斯文集：第 1 卷 [M]. 北京：人民出版社，2009：156.

（一）新时代中国特色社会主义政治经济学的概念内涵

中国特色社会主义政治经济学进入新时代。马克思主义时代观指出，一个时代的变革应当把社会主要矛盾作为显著标识。马克思、恩格斯在《德意志意识形态》中提出了历史发展的四个要素，以物质生活资料的生产以及满足新的需要的生产等因素论证了人类社会的发展。20世纪初，在俄国革命即将爆发之际，列宁依据这一时代观的宏大视野将革命放入一个更为具体的情形中，列宁指出，要探讨一个国家，就要充分地估计同一历史时期这个国家相异于其他国家的基本特点。因此，列宁以当时世情和俄国面对的现实状况为参照，提出"战争与革命"的时代定位，这一举措为进一步划分时代提供了更加综合的尺度。划分时代的依据和标准，不仅需要映射互异性质的主要矛盾，还蕴含特定的政治、社会和经济等基本特征。依照这一综合性的标准对我国所处时代进行评判：一是生产力发展表述，现阶段我国生产力发展水平完全脱离了落后贫穷状况，已经迈入众多发展中国家前端甚至达到了某些发达国家水平，完成了从起步探索到富起来的华丽转变。二是主要矛盾变化标志，我国主要矛盾的转换标志着我国经济建设已经取得了辉煌成就，标志着解决不充分不平衡已经成为主要目标。三是制度完善程度标识，在基本经济制度层面，市场、分配都被纳入其中，且拥有了新的内涵，在市场制度层面，逐渐完善并发挥市场的决定性作用；在经济目标层面，实现精准脱贫以及建成小康社会。四是世界影响典范，提出命运共同体、"一带一路"倡议。这些横向生产关系层面和纵向生产力维度都说明中国特色社会主义政治经济学已经进入新时代，这一时期的理论学说是对十八大以来的经济建设经验的最新总结和提炼，是历史流变和各种社会思潮相互碰撞、交互影响的新硕果。如果说马克思的《资本论》、列宁的《帝国主义论》是历史开拓的第一版本，斯大林与毛泽东经济思想是现实实践的第二版本，邓小平经济思想是改革进取的第三版本，那么以习近平新时代中国特色社会主义经济思想为主要内容的新时代中国特色社会主义政治经济学则是新时期拓展集成的第四版本。

新时代中国特色社会主义政治经济学推动我国经济社会实践新发展。马克思指出，理论的发展程度取决于需要程度。① 当前，世界经济格局快速调整，

---

① 中共中央马克思恩格斯列宁斯大林著作编译局. 马克思恩格斯文集：第1卷［M］. 北京：人民出版社，2009：12.

经济危机影响深远，保护主义抬头，逆全球化势力抬头，疫情环境复杂多变。与此同时，国内面临经济下行压力大、主要矛盾转变、经济进入新常态、资源环境约束增强等一系列问题，正处于跨越"中等收入"陷阱的关键节点。对此，习近平提出了新发展理念下的"七个坚持"，其中新发展理念是灵魂引领，是管根本、管全局、管长远的价值指向，"七个坚持"则是理论内涵和框架结构。这一经济思想是中国特色社会主义政治经济学最为重要的组成部分，不仅在顶层设计上制定出总任务、总布局、总目标以及确定发展方向、发展动力、发展方式等，还不断根据新的问题、新的矛盾对经济、教育、民族、社会、安全以及军队各个方面进行理论指导。

（二）新时代中国特色社会主义政治经济学形成的历史脉络

在十八大到十八届五中全会这一阶段，习近平在十八大，十八届三中、四中、五中全会发表了一系列讲话和做出了一系列新举措新布局。一是强调经济工作的主线、主题和任务。习近平提出要以科学发展为主题，要以转变经济发展方式为主线，提出深化经济体制改革、调整经济战略结构、提高开放型经济水平等举措。二是加强党对经济工作的领导。① 习近平在天津考察时指出，我们国家经济社会健康可持续发展的保障就是党的集中统一领导。② 三是阐释了市场决定性作用。习近平指出，经济体制改革的方向就是更好地发挥政府作用以及使市场发挥决定性作用。③ 四是做出新常态阶段性判断。2014 年，习近平强调经济发展进入新常态这一重要逻辑之中。五是提出"四个全面"的战略布局。习近平指出，推动现代化建设的重要保障就是推进"四个全面"。④ 六是阐述新发展理念。习近平指出，面对新情况必须运用新发展理念引领经济发展行为。

十八届五中全会至今，习近平在十八届五中全会、十九大、二十大会议上，不断推动和规划经济社会的发展。一是提出了供给侧改革思想。习近平指出，

---

① 习近平. 全面贯彻落实党的十八大精神要突出抓好六个方面工作 [J]. 求是，2013（1）：3-7.

② 习近平在天津考察时强调：稳中求进推动经济发展，持续努力保障改善民生 [N]. 人民日报，2013-05-16（1）.

③ 中共中央文献研究室. 十八大以来重要文献选编：上 [M]. 北京：中央文献出版社，2014：499.

④ 习近平在江苏调研时强调主动把握和积极适应经济发展新常态，推动改革开放和现代化建设迈上新台阶 [N]. 新华日报，2014-12-15（1）.

一方面适度扩大需求，另一方面进行供给端改革，提高供给的效率和质量，实现生产力的整体性跃升。① 二是做出了主要矛盾已经转变的判断。习近平提出的主要矛盾转变的科学论断为我们调整经济政策方针、制定未来发展规划以及完善经济发展制度提供了重要依据。三是制定了新的战略安排。习近平根据百年奋斗目标以及交汇时期我国经济发展现状，坚定实施"七大战略"以及统筹推进"五大建设"，提出 2020 年到 2050 年两个阶段的战略规划。四是建设现代化经济体系。习近平指出，党要将发展作为第一要务，坚持市场经济的改革方向，提高全要素的生产效率，增强我国经济竞争力和创造力等。② 由此可以看出，习近平新时代中国特色社会主义经济思想已经成为我国经济进一步发展的指导思想。

二、中国特色社会主义政治经济学

理论经济学是一个国家时空条件的现实反映，据此，中国特色社会主义政治经济学的具体内涵是什么？首先，从时间层面来看，中国特色社会主义政治经济学立足于改革开放后的历史发展阶段，具有特色的时间界限。马克思曾指出，每个原理都应该有它出现的世纪。一些原理产生于 11 世纪或者 18 世纪，而没能出现在其他时间，那么我们就应该探讨一下，那个世纪的人是怎样的，他们各自的生产生活方式和运用的原料是怎样的以及人与人相互之间的关系如何。③ 经典作家关于经济理论必须具有时代性的论述完全适用于分析中国特色社会主义政治经济学相关内涵等问题。当前我国处于社会主义初级阶段就是最大的国情，对于中国问题的分析必须牢牢把握这个最大实际。其次，从空间层面来讲，它是马克思主义政治经济学中国化、本土化的理论产物。依据它与经济发展实践的关系指出，它是根源于中国特色经济建设实践的系统化学理化经济学说，既揭示社会化大生产、市场经济和经济全球化等一般性规律，又分析我国经济运行的特殊规律。依据它与社会主义的关系指出，其主要内容蕴含了我国特色社会主义的生产、分配等主要环节和市场经济、基本经济制度、对外

---

① 习近平主持召开中央财经领导小组第十一次会议强调，全面贯彻党的十八届五中全会精神，落实发展理念推进经济结构性改革［N］. 人民日报，2015-11-11（1）.

② 决胜全面建成小康社会，夺取新时代中国特色社会主义伟大胜利：在中国共产党第十九次全国代表大会上的报告［N］. 人民日报，2017-10-28（1）.

③ 中共中央马克思恩格斯列宁斯大林著作编译局. 马克思恩格斯文集：第 1 卷［M］. 北京：人民出版社，2009：607-608.

开放等主要方面，回应了如何建设社会主义等问题。依据它与研究对象的关系指出，它探讨的是中国特色生产方式以及与之相适应的交换关系和生产关系。依据它与经济发展方向的关系指出，它是指导我国进一步改革开放和经济现代化建设的根本性理论。

综上所述，中国特色社会主义政治经济学的第一要义和根本命题就是促进经济发展，它以社会主义初级阶段生产力以及与其相适应的交换关系和生产关系为研究对象，以我国特色社会主义的生产、分配等主要环节和基本经济制度、市场经济、对外开放等主要方面为研究内容，是指导我国进一步改革开放和经济现代化建设的根本性理论。

中国特色社会主义政治经济学的"中国特色"主要有两个缘由：第一，与苏联和传统政治经济学相比较，中国特色社会主义政治经济学强调走自己的道路，不仅重视商品经济思想，还创造性地使市场经济起到决定性作用。所以，它的发展阶段就是逐步建立与完善社会主义市场经济的历史进程，是中国特色社会主义理论体系的一部分。第二，与资本主义或者其他主义相比较，我们始终是社会主义主导和社会主义制度下的经济社会发展。很长时间以来，学界对于中国社会性质以及道路问题产生了诸多不同的意见，一些学者完全看不到我国与西方国家的内在本质区别。因此，从经济理论上强调"中国特色"的存在成为不可或缺的选择。比如我国社会主义市场经济是以公有制和按劳分配为主体，而资本主义国家本质上以私有制为主体，这一差异就是中国特色社会主义政治经济学的特征所在。无论是传统政治经济学还是西方式各种主义都不可能促进社会主义经济走向健康良好的局面。

三、当代中国马克思主义政治经济学

正确把握当代中国马克思主义政治经济学的历史起点对于正确认识中国特色社会主义政治经济学的发展理论具有十分重要的意义。我认为其中的"当代中国"，其时期从属于中国当代史的时间界限之内。

新中国成立初期，在毛泽东等中央领导人的讲话、著作和相关文献中，几乎没有出现过"当代"或"当代中国"等字眼。伴随着经济社会的巨大发展和变革，第二代领导人邓小平适时把握时代机遇，全面审视当时世界和当时中国的发展实际，提出"和平与发展"的世界发展主题。[①] 随后，胡锦涛首次提出

---

① 邓小平. 邓小平文选：第三卷 [M]. 北京：人民出版社，1993：135.

"当代中国马克思主义大众化"的概念。① 进入新时代，习近平提出有关"当代中国"的概括总结，提出"不断开拓当代中国马克思主义政治经济学新境界"②。从这些都可以看出，"当代中国"的关注点在于我国经济发展的当代性。本研究认为"当代中国"不仅要结合我国经济社会的发展现状，还要融合于中国当代史的时间界限之内。换言之，从时间界限上来说，它是以五四运动后马克思主义政治经济学在中国的广泛传播作为起点。围绕如何建设和发展社会主义经济的逻辑主线，它经历了从1919年五四运动到1956年社会主义制度建立的奠基阶段、1956年到1978年改革开放前的探索阶段、1978年到2012年党的十八大召开前的破题阶段、十八大以来的"开拓新境界"阶段四个历史时期，包括了中国特色社会主义政治经济学和新时代中国特色社会主义政治经济学（如图1-2所示）。

在本质属性上，它是马克思主义政治经济学，而非西方经济学；在时间向度上，它是百年马克思主义政治经济学的发展和创新；在主要内容上，它提出新民主主义经济纲领、探索社会主义改造和建设道路、确立社会主义市场经济体制。

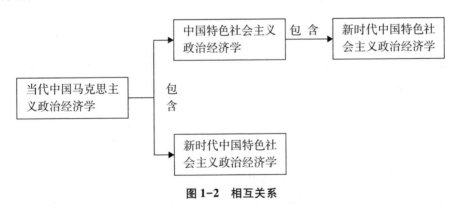

图1-2　相互关系

四、理论逻辑、历史逻辑和实践逻辑及其内在关系

习近平在十八大精神研讨班上就提出了"两个逻辑"，科学社会主义的理论

① 坚定不移沿着中国特色社会主义道路前进　为全面建成小康社会而奋斗：在中国共产党第十八次全国代表大会上的报告［N］.人民日报，2012-11-18（1）.
② 习近平.不断开拓当代中国马克思主义政治经济学新境界［J］.求是，2020（16）：4-9.

逻辑和中国社会发展的历史逻辑的辩证统一，构成了中国特色社会主义。① 这一论断的提出给予了我们研究中国特色社会主义政治经济学的重要视角，也充分说明中国特色社会主义政治经济学发展着科学社会主义的基本内涵、重要原则和精神实质。

理论逻辑实质上是中国特色社会主义政治经济学的理论渊源或理论要素以及各个要素之间相互关系的内在规定性。理论逻辑反映着理论经济学中内在要素之间的本质规定性和必然性联系，而这些相互联系规定着其自身发展的性质和方向。中国特色社会主义政治经济学生成的理论逻辑，至少应该囊括三个层面：首先是核心指导理论，只有马克思主义政治经济学是最为根本的理论基础；其次是中国本身实际，包括中国传统的优秀文化和社会主义经济社会发展的基本经验，这是最为直接的理论来源；最后是世界文明发展成果，包括苏联东欧社会主义经济建设的理论遗产和西方市场经济建设的规律性成果，这是基础的理论来源。因此，我们可以将其理论来源概括为五个方面：它以马克思主义政治经济学为指导，是对苏联东欧社会主义建设的理论遗产的创新和发展，是对毛泽东、邓小平、江泽民和胡锦涛经济建设、发展思想以及习近平新时代中国特色社会主义经济思想的继承与发展，是对中华优秀传统文化的继承与创新，是对西方经济学有益思想的借鉴和汲取。它们之间相互关系的本质规定性和内在联系性决定着中国特色社会主义政治经济学始终维护社会主义而不是什么别的主义。习近平指出，在这一过程中不能忘却老祖宗，不能失去科学判断力。②

历史逻辑是对中国特色社会主义政治经济学生成历程的历史必然性和历史规律性的概括。中国特色社会主义政治经济学扎根于我国历史长河中。我国有着文明史、建国史和改革史，使中国特色社会主义政治经济学在建构过程中既蕴含中华优秀传统文化，又内含马克思主义基因和中国革命、建设经验，进而为中国经济学发展和创新提供了学理支撑。习近平指出，我们应当加强对历史学的研习，尤其是对我国古代史、近代史、党史的学习，历史是一面镜子，从历史及其规律中应该得到定力和启迪。③

2017 年，习近平指出，中国道路是中国人民长期奋斗的理论逻辑、历史逻

① 习近平. 习近平谈治国理政：第一卷［M］. 北京：外文出版社，2014：23.
② 习近平. 习近平谈治国理政：第二卷［M］. 北京：外文出版社，2017：341.
③ 中共中央党史和文献研究院，中央"不忘初心、牢记使命"主题教育领导小组办公室. 习近平关于"不忘初心、牢记使命"论述摘编［M］. 北京：中央文献出版社，2019：214.

辑和实践逻辑的必然结果。① 2021 年，习近平进一步指出，从党的艰辛历程、辉煌成就、优良传统、历史经验中深刻领悟中国特色社会主义为什么好等道理，弄清楚其中的理论、历史和实践逻辑。② 此后，运用"理论、历史和实践"三重逻辑作为建构依据对中国特色社会主义政治经济学生成问题展开讨论成了学界一个稳定和清晰的趋势和共识。

实践逻辑是在理论引领实践、实践推进理论创新的双向互动中创新发展的，包括已经发展了的实践和当下的现实实践。中国特色社会主义政治经济学是从外在形式到内在内容与经济建设实践相互融合进而努力生成符合我国基本国情的理论经济学。中国特色社会主义政治经济学所关注的实践，不是杂乱无章、毫不相干、零散无序的经济建设实践，而是反映客观事物和社会发展规律的系统实践。就过去而言，改革开放的伟大决策促使中国特色社会主义政治经济学理论本体的诞生，当前正处于经济结构转换、经济发展理念转变等的新时期，一系列时代条件都为进一步推动建构中国特色社会主义政治经济学提供了素材。当然，无论是处于哪个实践阶段的中国特色社会主义政治经济学都要表明社会主义的重要特征，即始终坚定社会主义必将实现的理想。

"三个逻辑"的相互统一。理论逻辑统一于历史逻辑之中，在历史发展的过程中形成和发挥作用，并在其中不断获得丰富和发展。中国特色社会主义政治经济学生成的理论逻辑是在继承和汲取历史上优秀的思想成果的基础上产生的，它的生命价值和巨大影响，在改革开放的现代化经济建设进程中不断得到丰富和发展。换言之，理论逻辑贯穿了历史逻辑，不仅证明了自身的严谨科学性，指引历史逻辑的不断前行，还在历史逻辑中取得发展。当然，理论逻辑对历史逻辑具有反作用，规定了历史逻辑的本质属性和发展方向，中国特色社会主义政治经济学生成的理论逻辑规定了自身的创新发展方向必定是、只能是社会主义方向。最终，理论逻辑与历史逻辑相互统一。习近平在思想政治教师座谈会上指出，思想教育课教师还要有知识视野和历史视野。③ 正是这两大视野构成了中国特色社会主义政治经济学发展的深度和广度。理论逻辑、历史逻辑统一于实践逻辑。它们只有很好地连接实践逻辑，无论是结合过去已经发展了的实

① 决胜全面建成小康社会 夺取新时代中国特色社会主义伟大胜利：在中国共产党第十九次全国代表大会上的报告 ［N］. 人民日报，2017-10-28（1）.

② 习近平在福建考察时强调：在服务和融入新发展格局上展更大作为 奋力谱写全面建设社会主义现代化国家福建篇章 ［N］. 人民日报，2021-03-26（1）.

③ 把思政课办得越来越好 ［N］. 人民日报，2019-03-19（1）.

践还是当下的现实实践，才能更好地发挥效用。

在"三个逻辑"相统一中探究中国特色社会主义政治经济学的生成理路，我们可以对其进行整体性和系统性把握。首先，要了解各个要素的相互关系。从习近平新时代中国特色社会主义经济思想来看，其中经济制度、理路体系、发展道路等的内在统一以及经济、社会、文化建设等的内在统一，都表现了研究问题所要求的逻辑整体性。其次，要清楚地了解其中的逻辑发展脉络。如"五位一体"的总布局，在阐释其中各个要素的相互关系时，就会了解到它经历了"两位""三位"到"四位"再到"五位"一体的发展过程，实现了以逻辑继承的视角考察这一变化。

第二节 理论基础

目前，我国面临着前所未有的大变局和复杂多变的国内外经济环境，中国经济建设中的各种新问题、各式新情况亟需科学理论的指导，中国特色社会主义政治经济学进一步发展的方向亟待科学理论的指引。面对此，党的十八大以来，习近平高度重视对马克思主义政治经济学的学习和应用。《求是》杂志曾发表习近平重要讲话，指出它是政治经济学的根本理论。① 随后，习近平指出，学习领会马克思主义政治经济学基本原理和方法论，有利于我们掌握科学的经济分析方法，认识经济运动过程，把握经济发展规律，提高驾驭社会主义市场经济能力，准确回答我国经济发展的理论和实践问题。② 马克思主义政治经济学的指导地位是坚定而不可替代的，只有认真学好它的基本理论，掌握其科学研究的分析方法，掌握经济运动过程，认识经济运动规律，才能始终驾驭我国经济社会的发展方向。

一、马克思主义唯物史观

马克思、恩格斯坚持和发展唯物史观。马克思超越了黑格尔和费尔巴哈的历史观。马克思通过费尔巴哈将"现实的人"确定为理论和逻辑的起点，对鲍

---

① 习近平. 不断开拓当代中国马克思主义政治经济学新境界 [J]. 求是，2020（16）：4-9.

② 习近平. 在经济社会领域专家座谈会上的讲话 [N]. 人民日报，2020-08-24（2）.

威尔的"自我意识"和黑格尔的"理性"进行了严厉的批驳。马克思运用费尔
巴哈的方法阐释了关于国家和市民社会等问题。但是，费尔巴哈的"颠倒"式
虽然对批判黑格尔唯心主义有重要的作用，可在推动历史辩证方法发展方面仍
处于举步维艰的局面。所以，马克思进一步对费尔巴哈哲学进行批判，指出对
于"感性—对象性"形式上是基于"直观"，提出两者中间的关键环节应当是
"劳动"。马克思认为人的本质就是劳动，进而将劳动或扬弃异化劳动的历史作
为社会历史。不过，马克思对异化理论解释历史发展的正确性做出思考，最终
摒弃异化历史且关注到物质生产对历史的作用。值得注意的是，马克思将生产
力纳入历史的发展之中。最终，他揭示出生产力、生产关系等矛盾，发现了物
质生产方式的作用以及社会运动的其他规律。其主要内容如下：

劳动生产实践思想是唯物史观的核心理论。1888 年，恩格斯曾将马克思和
他的唯物思想总结为"全部社会发展的历史都应当从人们劳动的发展史中探
求"①，随后他进一步指出，如果要使费尔巴哈的抽象人转换为现实的人，就必
须将人放在历史现实的实际行动中去考量。② 1893 年，恩格斯在某书信中明确
说，唯物史观的起源应当从马克思附录中寻找，而附录明确指的是《关于费尔
巴哈的提纲》一书，其主要内容是讲实践活动的重要意义。③ 随后，在《德意
志意识形态》中，马克思、恩格斯指出任何历史观存在的前提都是人可以生产
物质生活本身，这是历史前行最为基本的条件。④ 这些足以说明，经典作家将
劳动实践作为唯物史观的关键范式。生产力和材料都在前代人的生产活动中发
生改变，后代人继承这一环境并从事与之前不同的改变了的劳动活动，进而使
资金、环境、生产力等再次发生改变。换言之，每代人都在劳动实践中使物质
生产不断地进步和改变。同样，中国特色社会主义政治经济学也是对改革开放
以来我们党领导中国人民进行劳动实践不断创造经济发展奇迹的经验和理论的
总结。

思维创造遵循历史规律是唯物史观的基本原则。马克思首先批判了旧唯物

① 中共中央马克思恩格斯列宁斯大林著作编译局. 马克思恩格斯文集：第4卷［M］. 北
   京：人民出版社，2009：313.
② 中共中央马克思恩格斯列宁斯大林著作编译局. 马克思恩格斯文集：第4卷［M］. 北
   京：人民出版社，2009：241.
③ 中共中央马克思恩格斯列宁斯大林著作编译局. 马克思恩格斯文集：第4卷［M］. 北
   京：人民出版社，2009：271.
④ 中共中央马克思恩格斯列宁斯大林著作编译局. 马克思恩格斯文集：第1卷［M］. 北
   京：人民出版社，2009：531.

主义，认为它看不到人的主观能动性，后来批判了唯心主义，认为它看不到人主观能动的发挥始终是以世界客观规律为基本遵循的状况。马克思曾指出，人的活动是能动性与受动性的统一，前者表现为人们可以借助意志思想进行实践活动，后者表现为所借助的工具是物质的以及人们的意志思维只有和物质存在规律相一致才能被认为是现实正确的。进一步讲，马克思所指出的唯物史观是"人不仅改变环境，被改变的境遇也不断改变着人"。这样一来，历史就成为人的历史。不过，社会历史发展会因为人作为实践主体存在情感、思想等方面的差异从而造成社会活动结果的千差万别，这就使社会规律尤其是经济建设规律绝非会形成统一的标准。社会规律只有在人们经过实践检验和结束后进行总结与概括才能获得，而取得的社会经验对于之后的历史实践更是不能照搬照抄。这一情形对于我国经济建设的历史研究以及将要进行的实践活动都极为重要。

人是唯物史观的重要因素。马克思研究唯物史观的宗旨就是探究如何实现人的解放。在中学时期，马克思就立志要为全世界人民的幸福做出努力并为此奉献自己的一生。那时，他认为人们只要寻求宗教帮助并接受教义教诲，就可以放弃对欲望和物质利益的追求，实现灵魂升华、道德提升和社会和谐。大学时期，他力图运用哲学批判揭示非人本质，同时建构一种自由王国。随后，他结合德国、法国的工人运动，转而将人民解放的希望寄托于无产阶级斗争之上。到 1844 年，马克思在深刻剖析经济学后，才指出人本质的异化来源于私有财产。之后，马克思重点探讨的是人类文明从私有制的产生、发展走向灭亡的历史，这也是人类获得最终解放的历史。人们处于追求物质利益的过程中，类似于"人为财死鸟为食亡"，这是马克思阐释的"物的依赖"阶段。这一时期的人还没在真正意义上成为人，只有消灭了私有制，人们才能彻底摆脱物的支配。马克思指出，只有建立共产主义公有制，才能铲除和代替私有制，实现人真正意义上的解放。总之，马克思的唯物历史观就是生成于对全体人类解放道路的探寻之中。

二、马克思主义辩证法

中国特色社会主义政治经济学是理论、实践等各种要素共同影响和相互作用的结果，这就需要在研究中将事物各个方面联系起来，最终实现统一的整体的系统的逻辑进路的再现。而辩证法囊括了深刻和广泛的内容，毛泽东曾指出，辩证法倡导观察和分析各种事物，并据此得出研究结论。辩证法是关于思维、社会和自然的一般规律性科学，是认识中国特色社会主义政治经济学发展的科学和根本方法。

辩证法是主客观辩证法的相互统一。古希腊哲学家经常立足于物质本体追寻和探求辩证法的相关内容，将其理解为宇宙世间万事万物普遍存在的规律。直到近代，认识论发展起来，以黑格尔、康德为代表的哲学家把辩证法当作思维尤其是当作概念。与此同时，马克思、恩格斯也将辩证法作为批判的犀利武器，提出辩证法应当建立在唯物主义之上。马克思反对黑格尔随意将辩证法灌输到物质自然领域。恩格斯进一步阐释了这一观点，把人与自然的相互关系以及主体与客体之间的相互作用看作是物质之间的交互作用，证明辩证法不仅仅是思维中的逻辑，更存在于宇宙万物的一切形态中，也正是由于这种主客体之间的内在联系的辩证运动，人们才会运用一种辩证的思维去对待身边的事物。恩格斯曾指出，客观辩证法在物质社会中发挥支配作用，而主观辩证法是对其运动的反映。① 具体表现在客观辩证法是物质运动的外部必然形式，是不以人的意志为转移的，而主观辩证法是观念思维的形态形式，是以概念为重要内容的辩证思维规律。

矛盾分析法是根本认识方法。马克思、恩格斯对矛盾问题的探索十分重视。早在 1843 年，马克思就在《黑格尔法哲学批判》中，通过对其矛盾观的彻底解构和现实批判阐释自己系统的矛盾理念，同时提出了认识和解决矛盾的科学方法。在马克思眼中，黑格尔已经有了对立的概念并始终从这一概念的规定性出发，不过黑格尔却时常将现实矛盾引导到思想理念之中。因此，马克思有针对性地提出，具有现实差别的两种矛盾是不可能在思想逻辑中直接协调的。随后，他在《哲学的贫困》中指出蒲鲁东"坏的""好的"等方面并没有超越机械对立的束缚。对蒲鲁东取消矛盾并拒绝矛盾转换的做法，马克思指出蒲鲁东实质上是在阻碍事物的辩证运动。作为马克思的忠实拥护者，恩格斯对矛盾相关内容似乎有着更深的看法。首先，恩格斯阐释了矛盾具有普遍性和特殊性。矛盾客观存在于事物之中，矛盾消失了，生命也就消失了。其次，恩格斯阐释了矛盾与运动的内在逻辑。它们是不可相互分离的，指出只有在事物的运动、变化过程中才能发现矛盾。最后，恩格斯阐释矛盾双方的关系。它们是相互排斥、相互依存以及在某种条件下是可以相互转换的。②

---

① 中共中央马克思恩格斯列宁斯大林著作编译局．马克思恩格斯文集：第 9 卷［M］．北京：人民出版社，2009：470.

② 中共中央马克思恩格斯列宁斯大林著作编译局．马克思恩格斯文集：第 9 卷［M］．北京：人民出版社，2009：126-127.

质变量变转换规律以及否定之否定规律是辩证思维方法。在杜林看来质量转化规律是混乱无序的概念，并且他引用黑格尔对于量转换为质的模糊观念，指出预付达到一定界限就会成为资本。① 恩格斯则指出，杜林关于马克思借用黑格尔的质量转变规律才会得出《资本论》中很多论断的结论是说反了。马克思阐释的观点，恰恰证明了黑格尔这一规律的正确性。② 并且，恩格斯还进一步举出了拿破仑骑兵、水的聚集状态等说明质量转换规律并不是一个混乱的模糊的无用的概念，而是实实在在存在于人类社会和自然界中的客观规律。③ 此外，否定之否定规律也遭到杜林的质疑。他曾认为，在黑格尔的精神世界中，首次否定是宗教中的原罪概念，再次否定是走向赎罪的统一的更高级的概念，而马克思恰恰是由于依靠和运用这一荒唐式的类比，才得出进行运动和革命的必要性以及证明建立劳动创造公有制的必然。④ 对此，恩格斯尖锐地指出，马克思并不是凭借"多重否定"得出社会发展的规律，而是在深刻研究资本主义经济社会和整个人类历史发展的基础上得出"否定之否定"的过程。同理，理清中国特色社会主义政治经济学逻辑进路的客观规律也会印证这一辩证法逻辑。

三、马克思主义逻辑与历史相统一的方法

逻辑与历史相统一的思想来源。避免用思维来掌握的具体现实取代具体现实在本身的产生过程，厘清其中经济范畴与客观现实的内在逻辑，始终是政治经济学批判的重要方式。众所周知，维柯是最早阐述逻辑与历史应当相互统一的理论研究者，他在《新科学》中阐释道，事物的变化必然引起观念的次第，⑤换言之，凡是教义或学说都必须从它所经历的题材开始。⑥ 马克思也曾在《资本论》中对他的观点进行引用和论证。随后，黑格尔对这一问题进行进一步阐释。他提出，历史发展的过程应当被思维的逻辑所反映，但这一论述却仅仅停

---

① 中共中央马克思恩格斯列宁斯大林著作编译局 . 马克思恩格斯文集：第 9 卷 [M]. 北京：人民出版社，2009：131.

② 中共中央马克思恩格斯列宁斯大林著作编译局 . 马克思恩格斯文集：第 9 卷 [M]. 北京：人民出版社，2009：132-133.

③ 中共中央马克思恩格斯列宁斯大林著作编译局 . 马克思恩格斯文集：第 9 卷 [M]. 北京：人民出版社，2009：134-136.

④ 中共中央马克思恩格斯列宁斯大林著作编译局 . 马克思恩格斯文集：第 9 卷 [M]. 北京：人民出版社，2009：137.

⑤ 维柯 . 新科学 [M]. 朱光潜，译 . 北京：商务印书馆，1989：126.

⑥ 维柯 . 新科学 [M]. 朱光潜，译 . 北京：商务印书馆，1989：148.

留在纯粹观念的维度，并且显示出历史与思想的"头足颠倒"。不过，黑格尔辩证法合理内核的存在以及逻辑与历史相统一论断的提出，就足以生成一种庞大的历史观，并成为马克思主义政治经济学批判的重要方法。当然，马克思始终保持警惕并多次对"唯心主义"做出纠正，运用逻辑与历史的方法系统总结和概括政治经济学的复杂内容和其中的相互联系，揭示社会的生产方式和个人的现实存在。可见，逻辑与历史的方法不仅使经济范畴的产生顺序与历史发展形成了几乎的一致性，也有效避免了堆积史料带来的无序性解释。当然，马克思不仅仅止步于对这一方法的简单或者浮于表面的描述，还对其中经济范畴的功能性做出更加详细阐释，进一步丰富和发展了逻辑与历史方法的内涵，论述的主要内容如下：

经济范畴存在社会形态的适用性。最为抽象的经济范畴可以适用于全部社会经济形态，但并不能超越其自身作为历史遗产的性质。换言之，任何经济范畴都存在一定社会形势的适用性。就如劳动一般的表象似乎存在于任何社会经济形态中，但却只是从近代资本主义生产关系中才剥离出来。此外，相同的经济范畴在不同的经济形态中有功能性差别。社会发展总是将旧的社会形势当作它的一个发展阶段，所以，旧经济形势内部的经济范畴同它之后的社会形态的内容有着本质上的不同，这种差异往往表现在经济范畴在社会中的不同地位以及发挥历史作用的次序不同。再者，社会形态内部简单范畴预示着具体范畴的存在。简单范畴总是能够在社会中或者历史上优先存在，无论是表现为支配作用还是处于从属地位，都意味着它所代表的具体范畴已经孕育在这种形态之中。就如占有可以表现出家庭或社会组织中的关系，但也意味着会生成法的关系再演绎为所有权和所有制。

综上，马克思逻辑与历史相统一的方法论一方面通过统摄历史发展经验不断重构理论内在逻辑的方式，另一方面又从中奠定了廓清理论范畴的先决条件。中国特色社会主义政治经济学学理应当坚持这一方法论原则，不仅在当代西方经济学开辟的问题上甄别意旨、指明误区、辨析毫芒，还应当将一些已经实现应用的经济理论诸如市场经济理论置于不同现实问题所递进的历史进程中，形成对西方经济思想的整体性超越，力图打破当前西方按价值排列顺序以及僵化的、教条的经济发展思想史模式。

四、马克思主义政治经济学相关理论

马克思主义政治经济学是从批判宗教开始的，历经马克思、恩格斯对哲学、法和国家的彻底批判，再经过对私有制的揭示，对劳动异化、劳动价值论以及私有财产等范畴的借助，逐步深入资本主义的社会结构，进而实现了对资本主义生产关系的批判，最终形成了对资本主义社会乃至人类社会经济形态质性嬗变的总体把握。

马克思主义政治经济学是以人民为中心的经济学。马克思毅然决然同古典经济学进行"决裂"，不立足于所谓的"市民社会"来研究、探讨和解决社会现实问题。早在马克思担任《莱茵报》主编期间，他就看到山林权益的归属问题不在于法律判决是否公平，而是归咎于生产资料归谁所有。换言之，他认为法的关系并不能从其本身所具有的制度条款等方面去理解，而应当从人的活动层面去解释和说明。农民捡到山林枯树枝被告成为盗窃犯，其根源不在于法律层面，而在于生产资料私有制层面。马克思对这一问题的不断思考，自始至终都表明他对劳动人民利益的维护并不是简单地从思想情感等方面出发，而是关注人的活动。他是想通过对资本主义生产尤其是其内部复杂关系的科学剖析和理性反思，指出私有的弊端和罪恶以及资产阶级的历史局限和无产阶级的历史使命。总之，马克思主义政治经济学是真正以"人本身"为凭据，以"现实个人"及其活动为出发点，以人的社会发展历史为内容的经济学说。马克思主义政治经济学还是指引人民走向美好生活的科学。他提出的"重建个人所有制"设想，勾勒了产品、商品生产对人管控和异化的最终消失以及每个人都全面和自由发展的美好愿景。当然，中国特色社会主义政治经济学是其中国化的发展产物，在理论和实践双重视角都体现了"人民"为中心的坚定立场。我们党也不断探寻"让群众更多享有公平正义，更多享有改革开放经济成果"的道路和方法，并持续将这些经验总结为理论，这些都无不体现中国特色社会主义政治经济学始终尊重人民的主体地位和努力服务于人民的自由全面发展。

马克思主义政治经济学是回应时代之问的经济学。马克思主义政治经济学及时有效地回应和把握时代诉求，回答了"资本主义社会从哪里来、怎样运转以及到哪里去"的时代叩问。资本主义的起源并不是古典经济学所粉饰的田园般的历史，而是一部血与火不相容的剥削历史。之前有两种人，一种勤奋的精英迅速积累了大量的财富，一种懒惰的始终一无所有。① 与这种描述不同，马克思尖锐地指出，真正资本积累的历史充斥着杀戮、征服和掠夺等现象，也正是通过这种暴力手段，劳动者被强迫与生产资料以及劳动实现条件的所有权分

---

① 马克思.资本论：第一卷［M］.北京：人民出版社，2018：820-821.

离，逐渐形成了无产和资产两大阶级，资本主义是以资本为逻辑进行运转的。马克思总结的资本总公式、商品资本循环公式等，都直接证明无论是简单再生产还是扩大再生产，资本都尽可能多地追求剩余价值。马克思还指出资本主义绝非永恒和完美的制度，其背负不能克服的基本矛盾必将走向灭亡。同样，坚持以马克思主义政治经济学为指导思想的中国共产党，运用其理论回应了"站起来"的时代之问，带领全国人民先后进行反侵略斗争、土地革命、社会主义改造以及社会主义制度建设等。在改革开放时期，我们党继续运用政治经济学解答"富起来"的时代之问，重新确立了"实事求是"的路线方针，积极建立市场经济并进行全方面改革。新时代以来，我们党不断进行各项伟大事业的建设以及实现综合国力、经济实力的提高。

马克思主义政治经济学是探索革命之道的经济学。马克思本身就是一个"理论革命家"，资产阶级粉饰家都惧怕他的科学理论。他的经济学说就好似晴天霹雳，撼动了所有国家本身已经存在的固有的文明，① 不仅在理论方面给了资本家当头一棒，还使他们处于被动的无法翻身的局面。古典政治经济学的诸多理论，虽然揭示了众多经济现实，如布阿吉尔贝尔提出的"真正价值"、配第寻求的"政治价格""自然价格"、斯密试图从"自然秩序"中探寻人类社会经济规律等。不过，无论他们如何论证，都只是抽象地反映社会中的经济问题。马克思洞察到他们的根本性缺陷，继而开启了一场围绕"术语"范式进行的政治经济学的"理论革命"。在马克思看来，某些工商业生活术语不过是古典经济学家照抄照搬的对象，不仅如此，他们还试图将特定历史独有的、适当的"经济术语"转变为普遍的、永恒的和不可动摇的"自然规律"。所以，古典经济学家无法回答何种元素才能创造价值，也无法回答资本如何增值。马克思进一步指出，他们完全看不到他们的思维始终局限于术语所表现的观念的狭小范围②，也不懂这些术语必然要在历史发展的进程中消失③。随后，马克思辩证地分析并实现经济理论范畴的科学化。马克思在对劳动进行阐释时，将其分为"抽象"和"具体"劳动，还界定了劳动过程的基本特征，找到了资本增值的内在原因，总结出具有历史阶段特征的诸多概念理论范畴。恩格斯对此评价道，将资本主义只是单单看作人类经济形态的某个暂时阶段所用的术语，与之前那种提出永

---

① 马克思．资本论：第二卷［M］．北京：人民出版社，2018：19.
② 马克思．资本论：第一卷［M］．北京：人民出版社，2018：33.
③ 中共中央马克思恩格斯列宁斯大林著作编译局．马克思恩格斯全集：第9卷［M］．北京：人民出版社，1961：280.

恒论的作者所惯用的术语是完全不相同的。① 所以，马克思主义政治经济学最伟大的使命在于使资产阶级经济学直接破产。同样，步入改革开放后的新时期，中国特色社会主义政治经济学应当秉持革命性，对西方某些术语保持警惕并进行有益借鉴，建立自身完善的科学的"术语体系"。

理论的生命力在于不断创新，推动马克思主义不断发展是中国共产党人的神圣职责。我们要坚持用马克思主义观察时代、解读时代、引领时代，用鲜活丰富的当代中国实践来推动马克思主义发展，用宽广视野吸收人类创造的一切优秀文明成果，坚持在改革中守正出新、不断超越自己，在开放中博采众长、不断完善自己，不断深化对共产党执政规律、社会主义建设规律、人类社会发展规律的认识，不断开辟当代中国马克思主义、21世纪马克思主义新境界！

——选自《习近平谈治国理政》（第三卷）

第二篇

02

中国特色社会主义
政治经济学生成的理论逻辑

中国特色社会主义政治经济学生成的理论逻辑是指它的理论要素或理论渊源及其相互关系。具体来说，它是马克思主义政治经济学中国化的最新理论成果，不仅充分继承了马克思主义政治经济学的阶级立场、基本理论和方法特质等，还汲取了苏联东欧社会主义建设的理论遗产，吸收了新中国成立以来社会主义经济建设发展的思想、中华优秀传统文化的精华以及当代国外经济学理论中的有益成分，形成了极具特色的经济理论体系。当前，中国特色社会主义政治经济学已经摆脱了苏联传统政治经济学的束缚，包含了中国特色的社会主义生产、分配和消费等主要环节，囊括了市场经济、对外贸易和基本经济制度等主要内容。这些理论要素的相互关系的内在联系性和本质规定性决定了中国特色社会主义政治经济学既具有政治经济学或经济学的一般性，又具有以中国国情为基础的特殊性，决定着其自身发展始终体现了社会主义的性质和方向。因此，中国式现代化，是中国共产党领导的社会主义现代化，既有各国现代化的共同特征，更有基于自己国情的中国特色。①

① 习近平. 高举中国特色社会主义伟大旗帜　为全面建设社会主义现代化国家而团结奋斗：在中国共产党第二十次全国代表大会上的报告 [N]. 人民日报，2022-10-26 (1).

第一章

以马克思主义政治经济学为指导思想

马克思主义政治经济学是中国政治经济最为重要的理论基础。与此相对立的是西方经济学，它作为西方主流意识形态始终维护资产阶级统治和代表资产阶级利益，企图用模糊的"纯经济学"概念掩盖自身的阶级性和剥削性进而影响中国经济社会的发展走向。马克思主义政治经济学与西方经济思想有着根本不同，始终站在无产阶级立场上，探寻实现共同富裕的有效途径，坚定共产主义的发展方向，是指引中华民族走向复兴的真理。所以，中国特色社会主义政治经济学要以马克思主义政治经济学为指导。①

第一节　影响了中国特色社会主义政治经济学的研究对象

马克思曾指出，政治经济学的研究对象是资本主义生产方式以及和它相适应的生产、交换关系。② 这一论述足以表明研究对象的确切内涵。然而，学术界对这一问题的结论始终争论不休，主要存在以下三种观点：一是传统的生产关系论。他们认为经典著作研究的是人类经济形态尤其是资本主义经济形态。二是生产力论。他们的根据是生产关系由生产力所决定的论断。三是生产方式论。这一观点提出研究对象不仅包括生产关系，又囊括生产力。之所以产生不同结论，我认为原因是多方面的，如理论界对生产力、生产关系以及生产方式的基本内涵和相互关系的理解不尽相同，又如学界对马克思主义经典著作的解

---

① 习近平主持召开经济形势专家座谈会强调：坚定信心增强定力　坚定不移　推进供给侧结构性改革［N］. 人民日报，2016-07-09（1）.

② 中共中央马克思恩格斯列宁斯大林著作编译局. 马克思恩格斯文集：第5卷［M］. 北京：人民出版社，2012：8.

读有所差异。

即使学界关于研究对象的定论没能获得统一，但也达成了一些共识。其一，学术界无论是研究生产关系还是生产力，都不能相互脱离彼此来进行论述；其二，对研究对象的阐述必须坚持历史和辩证唯物主义，在具体内容上需要不断发展和进步。在这些思想结论的基础上，我认为马克思主义政治经济学的研究对象应当是生产关系，是联系生产力研究生产关系，并没有把生产力作为研究对象。

马克思主义政治经济学的研究对象是生产关系。首先，从经典著作的论述来阐释。马克思认为，研究对象是财富的特殊社会形式。① 恩格斯认为，研究对象是发达的资产阶级关系，随后，他进一步指出，政治经济学关注的是人和人的关系。② 马克思还在《资本论》中以"商品"细胞为研究的出发点，分析了商品到货币到资本再到剩余价值的过程。这些内容都充分表明，马克思对资本主义生产关系做出了全面系统的分析和解读，科学阐释和探讨了资本主义经济社会发展的客观规律。

其次，从马克思主义政治经济学的研究目的来阐释。西方的政治经济学以如何增加国家和社会财富作为研究对象。马克思主义政治经济学正是在批判西方经济学的基础上，通过剩余价值理论阐述了资本主义的剥削本质。马克思也十分赞同经济学家考夫曼的论断。他们指出，经济运动规律实质上是一定阶段的生产关系的产生、发展和灭亡，又会转向更高级的生产关系的规律。③ 可以看出，马克思主义政治经济学研究对象的重点始终是生产关系。

最后，从马克思研究政治经济学的历程来阐释。19世纪中期，马克思认真研读亚当·斯密和大卫·李嘉图等人的著作，写出了《1844年经济学哲学手稿》一书，揭示了物的异化实质是人的异化，这里阐释的内容是生产关系方面的讨论。几年后，马克思指出，人们不仅生产自己需要的生活资料，也生产着自己的物质生活本身，这里也在说生产关系。④ 最后，马克思在《〈政治经济学

① 中共中央马克思恩格斯列宁斯大林著作编译局. 马克思恩格斯全集：第46卷 [M]. 北京：人民出版社，1995：383.
② 中共中央马克思恩格斯列宁斯大林著作编译局. 马克思恩格斯选集：第2卷 [M]. 北京：人民出版社，2012：881.
③ 中共中央马克思恩格斯列宁斯大林著作编译局. 马克思恩格斯文集：第5卷 [M]. 北京：人民出版社，2012：10，21.
④ 中共中央马克思恩格斯列宁斯大林著作编译局. 马克思恩格斯文集：第1卷 [M]. 北京：人民出版社，2012：533.

批判〉导言》中指出，政治经济学研究的不是物质生产过程的自然层面，而是社会形势这一生产关系。因此，可以看出，马克思主义政治经济学唯一的研究对象是生产关系。

马克思主义政治经济学的研究对象不包括生产力。他们引用马克思的论断，"摆在面前的对象，首先是物质生产"。据此，他们理所应当地指出，物质生产就是生产力，是研究对象的首要目标。事实上，应当正确理解马克思这段话的原本意思。马克思在原文中分析的是"生产、交换、消费和分配"四个环节的内在逻辑，想要说明的是生产在这些环节中应当成为首要的分析对象，这里并不是在讨论政治经济学的研究对象问题；而且马克思曾指出生产本身是在社会关系和社会活动中进行的，具备一定的社会性。马克思还批判了李嘉图和斯密进行经济学研究的出发点是分散的孤立的渔夫和猎人，指出那是"鲁滨逊"式的情节和故事。① 他还进一步提出，政治经济学并不是所谓的工艺学，不是研究如何生产怎样生产的。② 因此，马克思始终没有将生产力纳入研究对象的经济范式之中。

马克思探讨生产力的目的是服务于对资本主义生产关系的研究。虽然马克思主义政治经济学的研究对象只有单一的生产关系，但离不开分析生产力，毕竟二者共同是社会发展更替不可分割的统一体。恩格斯同样指出，经济学所研究的是人和人之间的关系，但这些关系总是和物质生产相互结合着，并且以物的形式生成、发展。不过，马克思曾对生产者作用以及各个社会经济形态劳动方式等生产力状况做出仔细、全面地阐释，最终目的不过是说明社会生产关系的发展规律罢了。马克思没有必要和义务为资产阶级提出发展生产力的举措，更没有义务为其如何解决经济问题出谋划策。

综上，马克思主义政治经济学的研究对象是生产关系，是联系生产力研究生产关系，但并没有把生产力作为研究对象。

中国特色社会主义政治经济学的研究对象既包括生产关系又包括生产力。首先，中国特色社会主义政治经济学的研究对象包括生产关系。我国建立市场经济的经济体制，目的在于快速发展生产力，其最终目的是建立共产主义生产关系，这些都需要中国特色社会主义政治经济学继续遵循马克思主义政治经济

---

① 中共中央马克思恩格斯列宁斯大林著作编译局. 马克思恩格斯文集：第 8 卷［M］. 北京：人民出版社，2009：11.

② 中共中央马克思恩格斯列宁斯大林著作编译局. 马克思恩格斯文集：第 8 卷［M］. 北京：人民出版社，2009：9.

学的研究原则，将生产关系作为研究对象。值得注意的是，其研究对象有着自身的时代特点，其特征一是需要详细解析社会主义初级阶段的生产关系。我国社会主义初级阶段的国情并没有改变；其特征二是需要系统阐释社会主义基本经济制度，它应当将中国特色的市场经济、所有制结构和分配制度作为研究范式。

其次，中国特色社会主义政治经济学的研究对象还包括生产力。坚持、发展马克思主义政治经济学的研究对象是中国特色社会主义政治经济学创新的要求。尽管二者在研究对象的本质上是一致的，都以生产关系为根本，但前者主要具备革命的目的，后者则具备经济建设这一目标。所以，中国特色社会主义政治经济学必然将生产力作为研究对象之一。而且从经典理论的视角来看，马克思曾明确指出阶级的存在同一定历史阶段的生产发展相联系。而中国特色社会主义政治经济学研究的生产力距离马克思原本设想的发达程度仍旧有很大差距，是长期处于初级阶段的。所以，中国特色社会主义政治经济学的研究对象理应囊括生产力。值得注意的是，其囊括的社会的生产力应该分为两个层面，一个是技术层面，另一个是社会层面，比如，如何进行分工协作。我认为中国特色社会主义政治经济学的研究对象，正是社会层面的生产力，其主要内容如下。

一方面是探究如何更好地运用生产力等诸多要素，比如，如何调节企业内部的协作和分工，如何调整不同企业之间的相互关系，如何拔高劳动者的素质和技能，如何提高生产管理者的知识文化和管理水平；另一个重要方面，就是调整不适合生产力发展的旧生产关系，比如，我们党提出科学发展观，就是希望经济发展实现统筹兼顾和全面协调，党的十八大以后对基本经济制度内涵的再次调整以及供给侧改革有效举措的提出，都是对发展生产力的制度改革。

综上，中国特色社会主义政治经济学的研究对象包括生产关系与生产力，并将二者相互统一起来。

第二节　提供了中国特色社会主义政治经济学的核心理论

古典经济学家对劳动价值理论的探索。他们在价值理论的基本内涵方面做出了应有贡献，尤其是提出了劳动价值论等一些基本理念。威廉·配第

（William Petty）首先提出了劳动时间决定价值。他运用谷物生产时间与白银运输时间相比较得出谷物的自然价值。这说明威廉·配第是使用劳动时间作为衡量标准的。① 学界认为配第的最大贡献在于首先提出了劳动时间决定价值的重要论断。之后，亚当·斯密（Adam Smith）进一步发展了劳动价值理论，并指出，一切商品的交换价值都可以被劳动所衡量。② 他还提出了衡量劳动的"技巧程度"和"困难程度"的重要性，指出这都源于在实际生活中价值是在竞争中决定的。但是，斯密的价值理论存在二重性，他将工资、利润、地租看作是构成商品真实价格的部分。

随后，大卫·李嘉图（David Ricardo）亦步亦趋于斯密之后，并以斯密的思想作为出发点，不仅继承了斯密的劳动价值论这一重要观点，还尖锐地批评了斯密观点中的错误、混乱。首先，他指出稀少性和劳动时间决定商品的价值。他说："我的价值尺度是劳动量。"③ 因此，他指出斯密共同使用购买劳动和耗费劳动两种规定来阐明价值的做法是错误的。其次，李嘉图指出斯密摒弃劳动价值论，而选择运用三种收入决定价值。李嘉图则认为价值是第一要素，而分配是第二因素。尽管古典经济学家围绕劳动价值理论做出极大的贡献，但是其仍旧是不完善、不系统的论断，并没有从根本上触及劳动的实质性概念范畴。马克思则在古典经济学家论断的基础上，做出了科学的结论。

马克思对古典经济学家劳动价值思想的发展和超越。事实上，劳动价值理论是马克思主义政治经济学的研究起点和理论基础。马克思阐释了劳动二重性的基本原理，使劳动价值理论成为完整科学的体系。他对这一理论的贡献主要在以下方面：一是马克思将价值实质归结为人与人之间的内在关系。他认为价值的物质承担者是使用价值，进而在价值论中彻底去除人与物的关系和明确了价值的社会属性。他还认为决定交换价值的本质是价值要素，进一步把价值归结为人类劳动。二是马克思剖析了价值的源泉。具体劳动创造使用价值，抽象劳动创造价值，前者包含着人与自然的关系，后者映衬着劳动者的历史形式和社会性质。他从各种具体劳动的形式中剥离出抽象劳动，指出其创造价值，还提出了社会必要劳动时间作为衡量价值量。事实上，他以劳动价值论为核心，

---

① 威廉·配第. 赋税论 ［M］. 陈冬野，等译. 北京：商务印书馆，1972：52.
② 亚当·斯密. 国民财富的性质和原因的研究 ［M］. 郭大力，王亚南，译. 北京：商务印书馆，1972：55.
③ 彼罗·斯拉法. 李嘉图著作和通信集：第 2 卷 ［M］. 蔡受白，译. 北京：商务印书馆，1979：194.

科学地预判了资本主义社会发展的必然结果和系统地揭示了资本主义的生产本质。

　　马克思劳动价值理论是中国特色社会主义政治经济学的核心理论。他的劳动价值论体现的是无产阶级根本利益，否定的是资本主义生产方式的优越性、合理性。相反，西方经济学中的均衡价值论、效用价值论、劳动价值论则体现的是资本家的根本利益以及为资本主义制度先进性辩护的庸俗思想性。因此，中国特色社会主义政治经济学必然以马克思劳动价值理论作为核心理论，反映了广大人民群众的根本利益，呈现出我们党始终代表的社会主义生产方式。中国特色社会主义政治经济学论证的是中国特色经济运行方式的历史必然性、有效性和正义性。不过，伴随着我国经济建设与发展实践，中国特色社会主义政治经济学还具备中国"一域"的历史特点。这些特征本质上就是根据我国社会生产力的发展水平和现实要求，建立、完善起与之相适应的基本经济制度。但必须有一个清醒认识，马克思劳动价值论否定私有制以及商品市场关系。而中国特色社会主义政治经济学指出要实现共产主义，就要坚持社会主义方向，要使公有制、非公有制与社会主义市场经济相互耦合，其中公有制条件下按劳分配中的劳动者是获得劳动的价值，而非公有制经济和按生产要素分配中的劳动者则是获得工资的报酬，即劳动力的价值。

　　马克思劳动价值理论的现代政治经济学阐释。"与时俱进，实事求是"是马克思主义政治经济学的优秀品质，马克思的劳动价值理论应当坚持这一特质。几百年来，科技革命导致社会生产力的蓬勃发展，进而不断引致社会经济结构的调整和社会分工的改变，特别是经济管理的作用越来越大以及第三产业所占比例逐步提高。面对新时期、新阶段、新情况，不断发展劳动价值理论，才能丰富理论本身和指引社会进一步发展。

　　科学技术、知识劳动创造价值。马克思曾明确提出"总体"工人的概念，提出知识或技术人员不过是总体工人结合的一部分。他进一步指出，有些人会成为工程师、工艺师，有些人会成为经理、教师等，有些人则直接成为体力劳动者或者做着十分简易的工作。[①] 显而易见，科学技术与知识劳动本身就是马克思所阐述的生产劳动，既参与生产社会物质财富，又参与物质产品价值的创造。同样，在现代社会中，科学技术和知识劳动在推动生产力发展、创造价值

---

　　① 中共中央马克思恩格斯列宁斯大林著作编译局. 马克思恩格斯全集：第49卷［M］. 北京：人民出版社，1982：100-101.

财富中也发挥了重要作用。首先，科学技术和知识劳动是复杂劳动，可以进行自乘创造。马克思指出，复杂劳动是多倍简单劳动①，复杂劳动创造的价值是自乘多倍的，因而也就具有比普通劳动更大的能力。其次，科学技术和知识劳动需要受到更多的训练教育的高素质劳动能力的消耗，因而具有更多的创造价值的能力。正如马克思提出的，就是因为复杂的较高级的劳动需要较高的教育费用，它的生产力就较高，可以在相同长的时间内物化为更多的价值。② 最后，科学技术和知识劳动可以提高劳动生产率，进而产生更多的相对剩余价值。它们使技艺、工艺水平不断提升，使协作分工关系以及组织架构愈加科学，从而节约成本、降低消耗。

经营管理劳动创造价值。有学者指出马克思并没有承认经营管理者的劳动也创造价值，事实上，学界的这种说法存在一定程度上的误区。马克思曾指出，资本家作为经营管理者，一方面参与整个社会的劳动过程，这部分劳动创造了价值，本身与雇佣工人的劳动相同；另一方面，资本家仍旧凭借资本进行剥削，而且资本家获得利润的主要来源是生产资料尤其是资本的所有权。所以，马克思是承认资本家本身是具有二重性的，这一论述对中国特色社会主义政治经济学的发展有现实指导意义。我国正处于社会主义初级阶段，存在私营经验。很多私营企业主是自己管理企业，一方面负责企业的组织架构和日常经营活动，这一部分劳动就会获得比一般员工更高的工资；另一方面他们还会取得与其资本投入相当的企业利润，这一部分利润虽然存在某种程度上的剥削，但它始终是公有制主导下为社会主义建设和服务而产生的结果。

非劳动生产要素创造价值。马克思指出，一定的分配关系不过是某种历史阶段所划定的生产关系的表现，③ 而分配关系更是所有制的表现。马克思曾对萨伊的分配"三位一体"公式做出批判。依照萨伊的理论，是由资本、土地和劳动分别实现价值的创造，它们无可厚非地获得了收入。马克思指出，这种阐释方式造成资本主义剥削实质被完全掩盖住了。马克思虽然承认劳动、资本和土地是收入的重要来源，但却否认了它们共同作为创造价值的本体。马克思指

---

① 中共中央马克思恩格斯列宁斯大林著作编译局. 马克思恩格斯全集：第 23 卷 [M]. 北京：人民出版社，1972：58.

② 中共中央马克思恩格斯列宁斯大林著作编译局. 马克思恩格斯全集：第 23 卷 [M]. 北京：人民出版社，1972：223.

③ 中共中央马克思恩格斯列宁斯大林著作编译局. 马克思恩格斯全集：第 25 卷 [M]. 北京：人民出版社，1974：997.

出，工人的收入、资本家的收入和土地所有者的收入并没有创造出年产品的总价值，这种总产品只是单纯的物化的社会劳动。① 深入了解马克思这一理论，有助于中国特色社会主义政治经济学进一步深化分配方式的内涵。首先，按要素分配是现阶段我国必然存在的客观经济现象。在我国，所有制结构是多元化的，而且近年来科学技术以及生产力的迅猛发展，引致生产要素覆盖的范式越来越广，除了萨伊的定义之外，还存在专利、商誉、信息、品牌等各种要素。换言之，社会成员可以凭借管理、技术以及资产股权等获得报酬。其次，按要素分配和创造价值并没有直接的联系。学界有种看法，就是肯定现实中按要素分配同以往的马克思批判萨伊的论断是相悖的。事实上，这种看法完全是一种错误的理解，前者隶属于所有权以及分配层面，后者肯定劳动价值论，不能因为肯定劳动价值论就否定当前社会中按要素分配的合理性和必然性。

第三节　设计了中国特色社会主义政治经济学的框架结构

马克思主义政治经济学的科学架构以及《资本论》的体系结构。19 世纪中期，他在巴黎着手研究政治经济学，其目的就是要写出一本批判现有资本主义制度以及阐释未来科学共产主义制度的著作。之后，马克思经过反复推敲和琢磨，第一次在《政治经济学批判》中提出了"六册计划"。马克思表明，要写出资本主义生产方式中三大阶级的生活经济情况。② 马克思建构了政治经济学科学结构的宏伟设想，而且他一生都在追求和力图实现这个计划，由此撰写了《资本论》这一巨著。他在 1857 年至 1858 年共撰写了 50 张手稿，这是《资本论》第一稿；1861 年至 1863 年，他编写 200 多张手稿作为《资本论》第二手稿；1863 年至 1865 年，马克思雕琢完成了《资本论》首个详细系统的稿件，并在 1867 年出版了第一卷。他曾在回复库格曼的信中指出，《资本论》为四个部分。显然，马克思是依照生产、流通等市场经济各种制式对资本主义经济关系进行阐述。马克思在《资本论》中的理论阐释事实上就是政治经济学科学架构

---

① 中共中央马克思恩格斯列宁斯大林著作编译局 . 马克思恩格斯全集：第 25 卷 [M]. 北京：人民出版社，1974：929.

② 中共中央马克思恩格斯列宁斯大林著作编译局 . 马克思恩格斯选集：第 2 卷 [M]. 北京：人民出版社，2012：1.

中最为中心、最为核心的部分，不仅是"六册计划"的重要子系统，还具备完整的独立的体系。

建构它们的一般方法论也可以作为当下构筑中国特色社会主义政治经济学框架结构的方法遵循。政治经济学框架结构的构筑由研究目的决定，并始终遵从于研究目的。其一般内在逻辑是研究目的决定研究对象，二者共同决定研究内容。研究目的、研究对象及研究内容则决定框架结构。因此，马克思主义政治经济学的研究目的是说明社会生产关系的发展规律，这就决定其研究对象是各个社会经济形态发展的生产方式尤其是资本主义的生产关系。它们的质性特征共同决定其研究内容是对生产者作用以及各个社会经济形态劳动方式等生产力状况进行仔细、全面的阐释。所以，政治经济学的框架结构始终是以《资本论》为核心的"六册计划"理论体系。中国特色社会主义政治经济学理应遵循这一逻辑理路并创新自己的特色逻辑体系，其研究目的是去除剥削、消灭贫穷以及实现广大人民群众的共同富裕，并最终建立共产主义生产关系。这就决定其研究对象不仅包括社会主义生产关系，还囊括了社会生产力。他们的质性共同决定了其研究内容是围绕社会主义基本经济制度探寻如何坚持社会主义方向以及解放、发展社会生产力。所以，中国特色社会主义政治经济学的框架结构不仅要坚持政治经济学和《资本论》的体系结构，还应该侧重考虑融入经济运行、经济发展等内容。

梳理马克思研究政治经济学的历史过程，无论是他的"六册计划"体系架构，还是《资本论》中围绕"资本生产总过程和剩余价值理论等"论述的体系结构，都为构筑中国特色社会主义政治经济学的框架结构提供重要借鉴。对此，我国学者在过去的探索中，对此进行了种种尝试，获得了值得肯定的结果，具体内容如下。

分析框架一：以《资本论》为基础的结构。

20 世纪 80 年代，学界普遍认为资本主义与社会主义两部分是马克思政治经济学正确合理的结构组成。其中，资本主义部分突出《资本论》等内容，社会主义部分是对计划体制等内容进行的详细论述。不过，理论界在研究过程中经常存在概念使用的混乱现象，如在资本主义的内容中运用"扩大再生产"一词，在社会主义的内容中则会运用"经济增长"等概念。此外，除了上述两篇结构外，还存在三篇结构的观点。这种结构的划分是受到当时南斯拉夫等国经济思想的影响产生的，先设一般原理篇，阐释其中的观点、范畴与原理等，接着设资本主义经济和社会主义经济两篇。

分析框架二：以"六册计划"为基础的结构。

理论研究者的著作主要以马克思的"六册计划"的结构作为分析框架，分类探讨和研究社会主义经济：第一篇内容是生产过程，第二篇内容是流通过程，第三篇内容是生产总过程，第四篇内容是国家经济过程，第五篇内容是国际经济过程。这种写法在结构上似乎是系统完整的，但它却将资本主义与社会主义的产生前提混为一谈，而实际是前者是遵循简单商品经济到资本主义商品经济的逻辑，后者则遵循计划经济转变成为商品经济的逻辑，这就导致两者经济运行方式不尽相同。所以，采取这一分析模式，过于强调两者间的相同点，反而忽略两种模式的重要差异。①

分析框架三：以混合型为基础的结构。

学者力图将西方经济学的研究分析结构融入马克思主义政治经济学的研究体系当中，内容主要分为四部分：第一部分阐释基本经济制度，第二部分阐释市场经济体制，第三部分阐释微观经济运行，第四部分阐释宏观经济运行。这部分著作对我国理论经济界影响深远，但也存在诸多不足。在第一篇到第四篇的逻辑进路中，研究者试图把马克思经济思想与西方经济学中的两套完全不同的理论结构相互融合在一起，进而形成一个完整的框架结构。事实上，这是不会实现的，两套理论在理论基础、基本立场和发展目的上都截然不同，难以实现相互融合。

进入新时代，中国特色社会主义政治经济学有了新发展，构建新时期的理论框架成为理论学人的新使命，但必须注意两个问题，一是该框架结构如何突出中国特色的问题，强调改革开放尤其是新时代以来的理论观点，二是如何正确处理它与马克思《资本论》与"六册计划"框架的相互衔接问题，而前提就是必须坚持马克思主义政治经济学的核心指导地位和分析框架。

基于此，本书提出四个维度的新时代中国特色社会主义政治经济学的理论框架，其主要内容如下。第一维度，新时代中国特色社会主义政治经济学的序幕，分为三个章节：第一章论述中国特色社会主义经济思想到习近平新时代中国特色社会主义经济思想的历史发展过程；第二章阐述我国社会主义初级阶段的划分依据、基本内涵和主要矛盾；第三章探究中国经济社会的产生条件和前提，尤其是论述不同经济成分的产生过程。第二维度分为两个维度，首先，第

---

① 程恩富，冯金华，马艳. 现代政治经济学新编：第三版 [M]. 上海：上海财经大学出版社，2008：1-7.

一个维度从所有制层面探讨基本经济制度，尤其是混合所有制的实现形式问题；其次，第二个维度从生产视角研究社会主义生产的本质，论述小康社会已经实现的伟大意义。第三维度分为三个层次，第一个层次主要分析新时代国有企业改革、集体资产管理体制、工资改革制度和劳动就业体系；第二个层次探讨新时代市场经济价值规律、流通规律以及运行规律；第三个层次研究新时代中国特色的生产总过程，主要包括五个现代化协调发展制度、新发展理念等。第四维度探讨新时代我国经济社会进一步发展的未来趋势，分为三个章节。第一章内容是中国特色社会主义市场经济与当代资本主义市场经济的相互比较；第二章内容是提出建立现代经济体系的目标指向；第三章内容则是整个框架结构的结束，提出要实现"重建个人所有制"社会。

第二章

继承新中国成立以来的社会主义经济建设、发展思想

中国特色社会主义政治经济学在历史发展的进程中不断丰富和发展自己，毛泽东为这一学说的形成提供了理论准备，邓小平为这一学说的嬗变提供了重要原则和发展方向，江泽民和胡锦涛为它续写出新内容和新思想，习近平则阐释了我们党推动政治经济学进一步发展的新历史使命，"我们这一代共产党人的任务，就是继续把这篇大文章写下去"①。这些都是中国特色社会主义政治经济学理论逻辑的重要组成部分。

第一节　毛泽东经济建设思想相关论述

毛泽东提出了一系列有利于社会主义经济建设的独创性的论断和观点，这实质上也是党对中国特色社会主义政治经济学形成发展所做的理论准备。

一、经济建设的目标是实现"工业化""现代化"

经济建设的"工业化"目标。鸦片战争以后，中国面临着积贫积弱的现状，中华民族开启救亡运动和探索经济建设举措。曾国藩、李鸿章等封建阶级代表主张积极引入西方技术和采取"富强"技艺，企图以发展军事、工商业等手段使我国迈入现代世界。康有为、梁启超等改良派希望运用政治改良来引入西方政治、经济制度，进而实行君主立宪，尤其想要在思想上用西方"进化论"来反对传统的"保守论"，从而实现经济社会改革的目标。孙中山等资产阶级革命

---

① 习近平在新进中央委员会的委员、候补委员学习贯彻党的十八大精神研讨班开班式上发表重要讲话强调：毫不动摇坚持和发展中国特色社会主义　在实践中不断有所发现有所创造有所前进［N］. 人民日报，2013-01-06（1）.

派，希望以建立民主共和国来获得民族解放和国家发展。但是这些思想或举措都不可能成为救国救亡和实现经济社会发展目标的根本路径。毛泽东则根据我国现实国情，建设公有制，并对经济建设的目标做出独创性的探寻，提出了经济建设的"工业化"目标。新中国成立初期，中国仍是农业大国，没有完整和独立的工业体系。毛泽东曾指出，当时的中国只能造些茶壶、椅子、纸，连飞机、汽车、拖拉机和坦克都造不出。① 这样的中国是没有国防和工业体系的，甚至没有多少的人民福利，因此，只有实现工业化，才能改变我国的经济社会发展面貌。所以，毛泽东在过渡时期的总路线中就指出要实现国家的工业化。之后，毛泽东进一步指出，要在未来三个五年规划内完成这一历史性目标，将工作重心转移到实现工业化的经济建设目标上来，要使公有制成为所有制基础。

　　经济建设的"现代化"目标。社会主义改造完成后，毛泽东对"现代化"有了新的认识和思考，他指出工业化不是"现代化"建设完成的唯一指标，换言之，即使实现了工业化也不意味着完成了"现代化"，更不能说是达成了经济社会的协调全面发展。至此，如何实现真正意义上的"现代化"就成为毛泽东所考量的又一重大问题。毛泽东指出，要将我国建设成为一个具有现代科学文化、现代工业和农业的国家。同时，他进一步指出，现代化还要加上国防现代化这一重要举措。这样，毛泽东完整地提出了"现代化"的四个经济建设目标。后来，毛泽东又增加了在未来实现现代化时，要在经济方面实现赶超美国的目标。毛泽东提出的这一目标，事实上重心始终在经济领域，还未覆盖到社会、生态、教育等领域。另一方面，毛泽东在"现代化"目标的基础上提出了建设总目标，指出共产主义有两个阶段，第一个阶段是不发达的社会主义，第二阶段是比较发达的社会主义。经过后一阶段，到了物质产品、精神财富都极为丰富和人们的共产主义觉悟极大提高的时候，就可以进入共产主义社会了。②

二、将赶超战略、独立自主战略纳入经济建设策略中

　　采取赶超战略。新中国虽然获得了独立发展的机会，但当时我国仍处于苏联领导的社会主义阵营当中，一方面获得苏联的帮助，但时常也处于被抑制的局面；另一方面还直接处于与西方世界相互对立的状态中，新的国家面临着国内外复杂的政治经济环境和生存压力。换言之，如果经济没有迅速发展起来，

① 中共中央文献研究室.毛泽东文集：第六卷［M］.北京：人民出版社，1999：329.
② 中共中央文献研究室.毛泽东文集：第八卷［M］.北京：人民出版社，1999：116.

不改变过去积弱贫瘠和发展严重滞后的局面，没有实现对西方国家许多方面的赶超，新生的政权就会陷入衰败之中，中华民族很有可能再次陷入危机。对此，毛泽东做出适时判断，指出新中国成立以后发展速度是一个至关重要的问题，过去的工业落后是问题，现在的发展速度也是问题。至于运用何种具体的发展策略，毛泽东进一步指出，要推动重工业、轻工业和农业的发展。当时，国家经济正处于脱离半殖民地半封建的经济局面，受苏联模式的影响，毛泽东指出要处理好各个业态之间的关系①，强调重视发展重工业，但不能忽视和直接剥夺轻工业和农业发展的权利。这一论断在事实上符合我国是农业大国以及满足人民最基本需求的国情。毛泽东也曾指出，我国农村人口要占到百分之八十以上，只有兼顾农业发展，工业才能有市场和原料来源地，工业才能有资金积累来源。到了 20 世纪 60 年代，毛泽东确立了以工业为主导、农业为基础、重工业优先发展的战略举措。

实行独立自主战略。经济建设策略有外联发展类型与内向发展类型两种，前后者之区别在于主要依靠国内还是国外资源或要素，像新加坡就属于外联发展类型，依靠美欧产业转型升级实现自身产业发展和经济建设。但这一发展策略并不适用于我国发展情况，毛泽东基于我国"地大物博、物产丰富"的情况，制定出"独立自主、自力更生"的发展经济的道路，这才是我国经济建设道路的正确选择。早在建国以前，毛泽东就曾指出，中国人自己的事必须自己做主，中国人民不需要任何帝国主义的干涉。② 这一战略就是中国人民依靠自己的辛勤劳动、创造能力和文化智慧，依靠本国的物产资源来建设社会主义。毛泽东曾形象地指出，事物不断变化发展的原因在于事物本身，外因只不过通过推动内因起作用。③ 新中国成立以后，他就多次强调，当前的经济建设依靠的是自己人民的力量，而且要将争取外援仅作为次要手段。④ 但是，毛泽东所提出的经济建设中的"独立自主"不是清朝的闭关锁国，换言之，不是拒绝国际交往和贸易往来，其主张应当积极汲取西方先进的管理经验和科学技术知识等。毛泽东也曾指出，他痛恨美帝国主义，但是它能成为一个领先世界的发达国家，是有很多经验在里面的，对它的一些管理制度都可以进行研究。

① 中共中央文献研究室. 毛泽东文集：第七卷［M］. 北京：人民出版社，1999：240.
② 毛泽东. 毛泽东选集：第四卷［M］. 北京：人民出版社，1991：1465.
③ 毛泽东. 毛泽东选集：第一卷［M］. 北京：人民出版社，1991：302.
④ 中共中央文献研究室. 建国以来毛泽东文稿：第七卷［M］. 北京：中央文献出版社，1988：273.

三、经济建设的重要手段是正确处理各种关系

经济建设是一个复杂的多维度的系统的工程，需要正确处理各种关系，最终使人民群众可以积极发挥其活力和创造力，也使社会平稳运行。毛泽东在新中国成立初期就提出了"不要四面出击"的重要策略。当时，我们党正面对着国内严峻的形势。毛泽东指出，为了打击和孤立我们真正的敌人，就必须团结国内各民族、政党、阶级等并正确处理与他们之间的关系，如果树立的对手太多就会造成国内阶级形势形成紧张的局面，所以必须在一些方面做一些缓和和让步的事情，让众多群众拥护我们。事实上，毛泽东的这一论断是从当时的客观环境出发做出的理性决定，最有诚意、最大限度地团结了国内的有生力量，这一策略实实在在地起到了稳定社会的作用。随后，毛泽东提出处理、协调好"十大关系"。进入 20 世纪 50 年代，由于我们党对经济发展的客观规律的认识不成熟，造成在急于迈进的情绪下进行经济建设的现象。对此，毛泽东写了《论十大关系》，力图从多维度协调和调动各方面的社会力量投身于社会主义事业。其中前三条在于如何协调产业关系，第四条、第五条在于处理个人与生产单位、国家以及地方与中央之间的关系，后五条是如何处理民族、党派等之间的关系。总之，毛泽东所提出的正确处理各种关系的策略都是关系到当时我国发展命脉的问题，都是为了达成社会发展生动活泼、个人生活心情舒畅，为了实现整个社会稳定和谐的政治局面。

第二节　邓小平经济发展思想相关论述

邓小平作为中国特色社会主义政治经济学的有力破题者，主要贡献表现在以下方面。

一、以中国现实国情为出发点，探索"中国式"经济发展道路

只有社会主义才能发展中国。纵观世界经济发展模式，大多数是新自由主义下"华盛顿共识"引致的"自由化、市场化、私有化"的市场经济。西方学者坚信这一制式就是发展样板，当前一切国家的经济现代化都要遵循这类道路，这实质上是西方在贩卖、兜售甚至借用所谓"民主"意识形态进行新的殖民掠夺。然而，邓小平认为，中国的经济建设道路只能是且必须是社会主义。"中国

只能走社会主义道路。"① 他指出，中国根据自己的发展实际，不可能进行资本主义改造。在资本主义制度下只会是少数资本家的富裕与无产阶级的贫穷，而社会主义制度反对压迫和贫穷，力图实现人的全面而自由的发展。所以，我们坚决反对和绝不容忍任何诋毁社会主义的言论。邓小平曾明确表明，假设我们没有坚持社会主义，那么我国地位的最终结果不过是附属国罢了，连发展起来也十分困难。②

坚持一切从基本国情出发。苏联的社会主义革命是以城市为中心的，与之相比较，我国的社会主义革命走的是"农村包围城市"的道路。同理，我国的经济建设道路也并不囿于固定的经济发展模式，可以根据我国现实国情来制订计划。此外，邓小平还指出，革命、经济建设也应该注意借鉴和学习国外的先进经验，但是照抄照搬他国经验，不会也不可能成功。③ 这些都表明，坚持一切从实际国情出发，是我国经济不断发展的重要前提。邓小平基于我国经济社会发展实践提出，我国由于发展基础薄弱必然会经历共产主义的初级阶段。随后，他进一步指出，社会主义就是共产主义的初级阶段。我国之后一切经济建设计划，都需要根据这个现实实践来定夺。④

走"中国式"现代化建设道路。邓小平指出，要走中国式现代化道路。⑤他还提出应当树立长期艰苦奋斗的精神，并在此基础上提出了"三步走"的战略。随后，邓小平进一步论述了未来两个十年解决人民温饱和达到小康社会的重大构想。20世纪80年代中期，他又在"两步走"框架上做出论述，指出下世纪（21世纪）中叶人民要实现比较富裕以及基本实现现代化战略目标。之后，邓小平多次强调，"精神文明是实现四个现代化的重要保障"⑥。他在强调进行经济发展并建设物质文明时，要注重政治文明、精神文明的建设并将其列为现代化建设的重要内容，提出一方面要改革社会主义民主、政治和法制制度，另一方面要提高国家科学教育文化程度。至此，邓小平形成了全面现代化建设的思想，这一论述至20世纪80年代逐渐被我们党所接受。

---

① 邓小平. 邓小平文选：第三卷 [M]. 北京：人民出版社，1993：207.
② 邓小平. 邓小平文选：第三卷 [M]. 北京：人民出版社，1993：311.
③ 邓小平. 邓小平文选：第三卷 [M]. 北京：人民出版社，1993：2-3.
④ 邓小平. 邓小平文选：第三卷 [M]. 北京：人民出版社，1993：252.
⑤ 邓小平. 邓小平文选：第二卷 [M]. 北京：人民出版社，1994：163.
⑥ 中共中央文献研究室. 邓小平思想年谱：1975—1997 [M]. 北京：中央文献出版社，1998：227.

二、以生产力确定社会主义本质，赋予经济发展问题新的内涵

邓小平创造性地提出社会主义本质论。马克思、恩格斯围绕经济问题的探讨主要是为同黑格尔唯心主义划清界限并且他们的研究目的在于正确引导工人阶级推翻传统资本主义社会，于是始终侧重于从生产关系层面揭示不同经济社会形态尤其是资本主义社会的本质。这一理论也始终被苏联和我国所认可和接受，再加上学界很长时间忽略经济发展的现实实践，致使其研究范式始终教条化、本本化。而邓小平的卓越之处在于不仅对马克思主义政治经济学一以贯之，还确定了当时我国生产力的发展水平以及所处的历史阶段，以解放和发展生产力作为社会主义的本质，进而建构中国特色经济发展理论的框架结构。

三、以世界经济发展为参照，把握中国经济发展之机遇

遵从"和平与发展"的两大主题。20世纪90年代初期，世界格局发生深刻改变，苏联解体、东欧剧变，美苏争霸的两极格局转变为多极化争强的世界形势，这就使军备竞赛和军事冲突的可能性大为降低，进而爆发战争的因素减弱，许多国家减少减缓对军事的投入，转向经济社会等方面的建设。邓小平作为深谋远虑的政治家、军事家和外交家，更加注重世界时代特征和发展状况，得出"和平与发展"的两大主题的论断。① 随后，邓小平很快调整了国家发展的内外政策，在对内关系上，他做出逐步开放东部沿海至内陆的战略决策，在对外关系上，他提倡反对霸权主义，积极争取发展经济的和平环境。

吸收和借鉴国外先进发展经验。第二次世界大战以后，由于第二次、第三次科技革命的作用，以美国为首的西方国家在科技、经营、管理等方面发展迅速。面对此，邓小平明确指出，我们也可以汲取西方正在使用或研究的关于反映现代生产方式的科学技术、管理方法与经营方式。② 他进一步强调，借鉴国外先进的东西，可以实行"拿来主义"③，即中国的现代化可以用先进的科技和成果作为出发点④，引进先进的管理经验和技术设备加速我们国家的发展。这

---

① 邓小平. 邓小平文选：第三卷［M］. 北京：人民出版社，1993：223.
② 邓小平. 邓小平文选：第三卷［M］. 北京：人民出版社，1993：373.
③ 中共中央文献研究室. 邓小平思想年谱：1975—1997［M］. 北京：中央文献出版社，1998：49.
④ 中共中央文献研究室. 邓小平思想年谱：1975—1997［M］. 北京：中央文献出版社，1998：43.

样才能为中国经济由内向型转向外向型，走入国际市场夯实良好的基础，最终形成质美价廉的"中国制造"和一批成熟先进的中国特色企业的局面。值得注意的是，我国运用国外先进的科学技术以及运营方式不仅要符合基本国情以及经过现实实践的检验，还要考虑是否符合国家进一步开放的发展趋势。事实上，这些思想都是邓小平将国家经济发展、科技进步的内在逻辑与世界文明发展的一般规律、基本要求相结合的理论典范。

坚持独立自主、自力更生、艰苦创业的精神。"独立自主、自力更生"是毛泽东活的灵魂最基本的要点之一，是毛泽东领导中国革命一以贯之的基本方针，也是指引我国新民主主义胜利的宝贵经验。邓小平在深刻分析中国革命、建设和发展实际的基础上，提倡从理论思想到实践过程、从政策方针到发展规划，都要继承、发扬第一代领导人这一艰苦创业的精神。邓小平反复强调，党和国家不仅要实行开放政策，还要坚持毛泽东一贯提倡的以自力更生为主的方针。①随后，邓小平进一步指出，中国的事情要按照国情来做并由国人来办，独立自主、自力更生，这是我们国家的立足点、发展点。随后，十三大将"自力更生、艰苦创业"写入社会主义初级阶段的基本路线中。

第三节　江泽民经济战略思想相关论述

以江泽民作为领导集体核心的党中央所提出的经济战略思想，不仅建构了社会主义市场经济的基本框架，还做出了工业化的战略部署，进一步深化发展了中国特色社会主义政治经济学。

一、提出社会主义市场经济的战略改革目标

深入研究经济体制改革的可行性。20 世纪 80 年代末，以江泽民为核心的党中央审时度势，站在历史、现实的新高度，认为应当对国家改革的方向、形式等问题进行深入的讨论和研究，并进一步做出部署和规划。1990 年 9 月，江泽民指出要找到一条计划与市场可以相互结合的道路。② 随后，时任改革委员会

---

① 邓小平. 邓小平文选：第二卷［M］. 北京：人民出版社，1994：224.

② 李鹏. 市场与调控：李鹏经济日记（中）［M］. 北京：新华出版社，中国电力出版社，2007：837.

主任的陈锦华将一份国内围绕"计划与市场"争论的材料送报中央领导参阅。江泽民在审阅后指出,要转发给其他同志传阅。① 1991 年年末,江泽民和国内一大批经济学家多次召开会议,生成了"社会主义市场经济"的基本提法,提出了经济体制改革的基本目标,并对其重要作用和基本特征进行全面的研究和探讨。

统一党内的经济体制改革思想。20 世纪 90 年代初,思想理论界又发生了一次回潮。一些所谓的政治家指出市场改革引起了当时国家发展的暂时动荡,并指出"取消计划经济,实现市场化"完全是"改变社会主义制度,实行资本主义制度"。② 直到邓小平发表南方谈话。③ 随后,江泽民等中央人员传达了邓小平的讲话精神。邓小平回到北京后,江泽民主持召开政治局会议,着重研讨改革中的重大问题以及确定今后的政策主张和战略思想。1992 年党的十四大对"计划和市场"做出新的论述。同年 6 月,江泽民正式提出了"社会主义市场经济"的说法。之后,江泽民征求邓小平的指示和意见,对此,邓小平则明确指出,十分赞同这个提法。④ 随后,以江泽民为核心的领导集体广泛征求中央及国务院和 30 个省区市的意见,大家一致表示此提法是正确、合适的,这实质上标志着党内思想的日趋统一。

二、做出了工业化的战略布局

科学技术是工业化发展的强劲动力。进入新的世纪、新的阶段,科技能力已经成为评判国家实力的重要指标。如何使工业化适应新环境和新境遇已经成为我们党的重要职责和历史重任之一。江泽民认为,面对知识经济和科学技术发展的新浪潮,让工业化迈向可持续发展道路的有效途径,最为首要的就是坚持创新进而勇于创新,而创新最为核心的是在科技方面的创新。所以,江泽民在 1999 年全国技术创新大会上反复强调并指出,国家要始终注重科技的加速进步,要不断推进科学技术的创新发展。我们必须发展科技事业以及增强科技实力。

---

① 陈锦华 . 国事忆述[M]. 北京:中共党史出版社,2005:215.
② 王忍之 . 关于反对资产阶级自由化:1989 年 12 月 15 日在党建理论研究班的讲话[N]. 人民日报,1990-02-22(16).
③ 邓小平 . 邓小平文选:第三卷[M]. 北京:人民出版社 . 1993:373.
④ 陈君,洪南 . 江泽民与社会主义市场经济体制的提出:社会主义市场经济 20 年回顾[M]. 北京:中央文献出版社,2012:5.

优化产业结构。新中国成立初期推行重工业优先发展战略,引致重工业和农业、轻工业比例失调,随后,轻工业发展过快导致农业成为弱质产业以及重工业中装备制造业等关键行业发展缓慢的问题。面对此,江泽民在1993年十四届三中全会上指出,我国产业结构存在诸多问题,如国有企业活力不强、农业后劲不足等,此外第三产业也应该加快发展。因此,优化产业结构成为突破经济发展瓶颈的有效手段。他在十五大报告中反复强调,要使社会生产积极适应国内外市场需求的变化,发展第一产业,提高第二产业,推动第三产业,改造国有大中型企业和加快国民经济信息化建设。

建设工业与保护生态的协调发展。我国从20世纪50年代开始进行的大规模工业化建设,很长一段时间内,都是走资源消耗型的道路,付出了沉重的污染代价。为此,江泽民多次做出批示,衡量国家发展的指标不仅要看增长指标,还要看人文、资源和环境等指标。工业的发展必须走可持续发展道路。但如何实现工业化的可持续发展?江泽民在中央人口资源环境工作会议上强调,一方面秉持污染防治和生态保护并重的基本方针,既要控制污染物排放总量,又要重点加强流域、城市、海域和区域的防污工作,进而改善环境和保护生态;另一方面,要建立严谨的资源管理制度,要提高资源利用的效率和水平,迈入资源节约型的经济发展道路。

第四节　胡锦涛科学发展思想相关论述

科学发展观是在准确判断世界经济发展趋向、认真总结国内建设经验、深刻分析我国社会主义初级阶段特征的基础上提出的重要思想。

统筹城乡发展,建设社会主义新农村。我国是农业大国,经济社会稳定发展的一个特征是"农业兴则百业兴农业强则国强盛"。但是,农业农村经济建设与城镇经济社会发展相比,仍旧面临更多的矛盾和困难,这就决定了要实现真正意义上的科学发展的重点、难点在农村。因此,2005年,胡锦涛提出了要建设新农村。他在《求是》杂志上详细阐述了建设新农村的"三个结合"实践举措:一是使政府外生支持力度与农村内生活跃力度相结合;二是推动农村经济发展和社会发展相结合;三是将恪守客观规律和遵照农民意愿相结合。2006年,胡锦涛在干部研讨会上系统论述了建设新农村的基本任务、指导思想和重要意义。2007年,党中央指出,落实构建和谐社会和科学发展观的必然要求就是进行新农村建设。由此可看出，建设新农村已经成为党和人民的历史使命。

统筹区域发展，加快少数民族、中西部和东北地区等老工业地区的发展。改革开放后，我国区域经济发展始终是不平衡的，而且呈现出差距扩大的趋向。为此，邓小平提出"两个大局"的科学构想。江泽民主持中央工作后也指出，从第九个五年计划开始，要支持中西部地区的发展。胡锦涛继承先前领导人的区域发展思想，在认真总结区域经济变革历史以及客观分析我国发展现状的基础上提出要更加重视区域经济的系统协调成长。2005 年，胡锦涛在中央民族工作会议上指出，国家要采取有效措施加快少数民族地区的经济社会繁荣。① 随后，胡锦涛进一步指出，国家要实施推进西部大开发，② 统筹区域发展。

统筹经济社会发展，构建和谐社会。十一届三中全会以来经济的高速发展，有力地促进了现代化的建设，满足了人民对物质生活的基本需求，实现了从"站起来"到"富起来"的历史性跨越。然而，改革开放后我国社会发展程度与经济进步速度始终不同步。为此，以胡锦涛为核心的党中央设想了构建和谐社会的战略目标，逐步破解了局限于"人与物"的简单物质关系，开始关注"人与人"的辩证内在逻辑。随后，胡锦涛在十六届六中第二次会议上强调，和谐社会是中国特色社会主义的本质属性。胡锦涛的这一阐释完全符合马克思主义政治经济学关于未来社会经济形态的基本特征的论述，即共产主义是人与人、人与社会和谐共处、和谐共生的社会。胡锦涛的这一阐释也完全符合我国经济社会的发展趋向，整个国家更加注重平衡发展尤其是经济社会的协调共生以及人民群众对生产生活的全面性系统性需求。

第五节　习近平新时代中国特色社会主义
经济思想相关论述

党的十八大以来，以习近平同志为核心的领导集体创造性创新性地提出一系列新战略、新思想，谱写和构建了中国特色社会主义政治经济学的新内容、新框架。习近平经济思想是今后推进我国经济科学发展的行动指南和基本方略，

---

① 中共中央文献研究室 . 十六大以来重要文献选编：中［M］. 北京：中央文献出版社，2006：902.

② 国家教育委员会 . 十一届三中全会以来重要文献选编［M］. 北京：中共中央党校出版社，1981：708.

从根本上回答了中国经济"怎样发展""如何发展"等一系列关键性问题。

坚持加强党对经济工作的集中统一领导。当前我国全面深化改革的步伐逐渐加快，如何正确认识、理解社会主义市场经济条件下"党的领导""党政关系""党政资关系"等问题尤为重要、关键和迫切。认识不清、理解偏差最终引致的现实问题是改革开放实践中党的领导力量出现被削弱、简化甚至消退的现象，并由此带来一系列的现实问题。对此，习近平指出，"中国特色社会主义最本质的特征是中国共产党领导"①。这一重大判断是保障国家建设沿着正确的道路发展的根本性保障，也从根本上回答了中国共产党在中国特色社会主义事业的历史进程中为什么会发挥领导力量，对于完善马克思主义关于社会主义建设规律也做出了创造性贡献。习近平围绕党领导作用的阐释完全符合唯物史观的学理逻辑，即从上层建筑和经济基础的内在逻辑来看，中国共产党领导的经济建设与以公有制为主体的社会主义市场经济相互内嵌、不可分割。

坚持以人民为中心的发展思想。习近平提出："我们深入贯彻以人民为中心的发展思想。"② 习近平提出的核心立场，不仅坚持了马克思主义的人民价值观，还揭示了经济建设的主要指向，尤其是作为国家经济战略部署和制定发展规划的落脚点和出发点，是新历史条件下发展中国特色社会主义政治经济学的重要原则。首先，经济发展依靠人民群众。人民群众是推动国家发展的根本性力量。坚持劳动群众的中心地位，就是尊重劳动群众的主体地位，充分调动其投身国家建设的创造性和主动性，做到依靠群众进行全面的改革开放。其次，经济发展为了人民群众。社会主义经济建设最终将实现广大劳动群众的共同富裕。当前中国特色社会主义市场经济建设模式下实现"共同富裕"，一方面消灭贫穷，缩小贫富差距。习近平领导的中央集体，已经完成脱贫攻坚的路线图和时间表，兑现贫穷地区和群众进入全面小康社会的庄严承诺。另一方面，继续完善基本分配制度。十一届三中全会后，依照生产要素分配制式弱化劳动价值论的作用，造成劳动收入减弱以及非劳动收入扩张和收入差距拉大。为此，习近平多次强调，我们要果断采取调整国民收入分配格局、增加城乡居民收入等

---

① 决胜全面建设小康社会　夺取新时代中国特色社会主义伟大胜利：在中国共产党第十九次全国代表大会上的报告［N］. 人民日报，2017-10-28（1）.
② 高举中国特色社会主义伟大旗帜　为全面建设社会主义现代化国家而团结奋斗：在中国共产党第二十次全国代表大会上的报告［N］. 人民日报，2022-10-26（1）.

举措。① 最后，经济发展成果由人民群众享有。让广大人民享有更加普惠、公正、公平的经济改革成果，落实好他们最关心的社会现实问题，并加强完善公共服务体系和社会保障体系以及形成有效的现代化社会治理形式，使劳动群众获得安全感和幸福感。

坚持适应把握引领经济发展新常态。经典作家围绕再生产的理论虽然是涉及资本主义经济制度的具体分析，但却融合着社会化生产下经济建设的客观规律。社会再生产过程的顺利完成是实现经济平稳增长的重要前提。党的十八大以来，我国逐渐转入"十三五"规划发展时期，如何对中国经济的现实运行生产和再生产态势做出精准判断，关系到党和国家采取何种对策来推动社会主义经济改革沿着正确方向前行。基于此，面对"三期叠加"，习近平指出，我国经济社会的发展已经进入新常态，② 这一判断是对当前经济客观形势的正确判断，是新时代中国特色社会主义政治经济学进一步深化的现实根据和社会背景。习近平进一步提出，"我们一定要顺势而为"③。因此，首先，必须深化认识经济建设客观规律。只有认清现状，才能找到跨越"中等收入陷阱""修昔底德陷阱"的重要途径。其次，必须克制难题，勇闯关口。当前我国结构产能过剩，使大量资金外溢至虚拟经济，造成社会生产循环不畅。如果党和国家不重视这些问题进而进行战略性调整，就会影响世纪中（2050 年）百年目标的实现。最后，必须积极改革、敢于创新。目前我们面对的问题不仅存在国际金融危机这一外因，还囊括体制、结构和供给侧等诸多内因，必须依循新发展理念与实事求是、与时俱进的基本理念，做出政策规划上的前瞻性安排，持续挖掘经济发展的强大潜力。

坚持使市场在资源配置中起决定性作用，更好发挥政府作用。正确辨析政府和市场的内在逻辑，不仅是古典经济学、凯恩斯经济学等学派关注的理论问题，也是中国共产党人处理经济发展问题的关键命题。古典学派虽然在剖析生产领域以及剩余价值的各种形式方面得出各种有效结论，但从根本上来说是反对政府的功效和作用的。不过，1929 年后，资本主义世界多次经济危机彻底击

---

① 习近平. 不断开拓当代中国马克思主义政治经济学新境界 [J]. 求是，2020（16）：4-9.

② 中共中央宣传部. 习近平总书记系列重要讲话读本 [M]. 北京：学习出版社，人民出版社，2016：141.

③ 中共中央文献研究室. 习近平关于社会主义经济建设论述摘编 [M]. 北京：中央文献出版社，2017：88.

碎了"万能市场"的定论。随后，在解决现实经济困境和抨击古典经济学说的基础上，凯恩斯经济理论应运而生，凯恩斯着重强调政府对市场的干预作用。这一经济举措虽然在某种程度上缓解了基本矛盾，但时间一长资本主义经济社会发展会再次陷入困境。不难看出，他们对于经济模式的探索都侧重于市场或者政府的某一方面，必定会引致某些不良后果。而中国共产党对市场与政府相互融合的模式探索的伟大创举恰恰克服了古典经济学论断和举措的片面性。邓小平首创社会主义市场经济理论。历经40多年的发展，习近平提出"市场在资源配置中起决定性作用"的重要思想。这一论断立足于三个基点：一是始终尊重市场经济规律和市场运行机制，囊括了竞争规律、价值规律、价格机制和供求机制等；二是肯定经济利益驱动资源配置，促进了人力、矿产等资源的有效配置；三是坚持政府在经济建设中统筹兼顾，尤其是兼顾长远利益和发挥维护公平正义的作用。

坚持适应我国经济发展主要矛盾变化完善宏观调控。关于社会主要矛盾，西方经济学无从解释甚至极力回避，苏联政治经济学诸多教科书的认识也较为浅显。而毛泽东立足马克思主义矛盾论，洞察我国革命、建设和发展的实际，提出了不同历史发展时期的矛盾论。邓小平对社会主要矛盾的内涵进行了进一步深化。随后，经过改革开放的迅猛发展，人民群众不再囿于温饱问题。依据恩格斯的阐释，人们生活应当分为三个层次，首先是生存型，其次是享受型，最后是发展型。当前我国经济已经转变为"吃均衡、穿得体、住宽敞、行方便"的历史时期，人们对生活有了更高的期望，已经发展到恩格斯所阐释的享受与发展时期。对此，习近平创造性地提出新时代社会主要矛盾。他的阐释不仅是新阶段相机抉择、宏观调控的措施与政策，也是进一步推进国家供给侧改革的基本前提。换言之，宏观调控政策怎么调整、调整什么以及货币政策、财政政策如何搭配、是宽是松都要立足于主要矛盾的基础上，做到宏观政策要稳定、改革政策要迈进、产业政策要灵活、社会政策要保障。特别是供给端，习近平指出，"要加大供给侧结构性改革力度，重点是促进产能过剩有效化解，促进产业优化重组，降低企业成本，发展战略性新兴产业和现代服务业，增加公共产品和服务供给，着力提高供给体系质量和效益，更好满足人民需要，推动我国社会生产力水平实现整体跃升，增强经济持续增长动力。"[1] 他在 2016 年干部

---

[1]　中共中央文献研究室．习近平关于社会主义经济建设论述摘编［M］．北京：中央文献出版社，2017：95.

座谈会上从政治经济学维度进一步对供给侧改革提出了要求，它的根本是满足广大群众对物质、生态等多方面的需求。①

　　坚持问题导向部署经济发展新战略。辩证唯物主义和历史唯物主义指出，问题实质上就是矛盾的显现，是事物辩证发展过程中的矛盾外显，是不以主观意志所转移的客观事物。而坚持发现、解决问题是马克思主义理论家的显著特征。我们党在改革的过程中，始终都以解决社会面临的现实问题作为趋向。习近平多次指出，要有问题意识并坚持问题导向。他在中央小组会议上指出，坚持问题导向，尤其是关注重大战略问题的研究，关注事关长远、关系全局的重大问题。② 这一阐释不仅对实现世纪中（2050 年）百年目标、开启现代化征程做出科学安排，还提出了实现战略目标的有效举措，即围绕新时代社会现实问题，全面推进全局性、根本性的总构想和总规划。首先，"四个全面"战略布局。这一布局使党和国家在今后很长一段历史时期内的工作重点、发展方向更加简洁明了，是迈向经济建设新台阶的有力保障。其次，"五位一体"总体布局。生产力决定生产关系，因此，当前我国进行全面深化改革以及经济社会可持续发展规律决定"五位"必须协同推进，否则经济的发展成果就很难让人民群众全面享有。再次，"两步走"战略布局。这一战略目标的提出更加关注与"五位一体"的协调共生。接着，创新驱动战略布局。历史发展经验也表明，经济强国与经济总量并不是必然联系，而且近代中国也常常被落后经济体所侵略。当前，国家只有坚持创新科技发展战略，持续抢占和冲击产业高地，如海洋、空间、材料和信息等领域，才能引领经济发展潮流、引领未来。最后，乡村振兴战略布局。三农是国家立足之根本，习近平也将其作为全党工作的重心。当前，党和国家正朝着建成"产业兴旺、生态宜居"等新要求不断前行。

　　坚持正确的工作策略和方法。运用正确的工作方法可以事半功倍，而错误的工作策略则会引致事倍功半。当前面对多重变化的国内外发展态势、波动起伏的经济环境以及繁重艰巨的工作任务，采取正确的工作方法和策略对党维持经济发展的健康运行尤为重要。为此，习近平提出要坚持底线思维和稳中求进的工作基调，掌握经济工作的主动性和创造性，不断开创经济策略的新方法和新局面。首先，习近平在 2013 年经济工作会议上强调："要稳扎稳打，步步为

---

① 中共中央文献研究室 . 习近平关于社会主义经济建设论述摘编［M］. 北京：中央文献出版社，2017：98.

② 中共中央文献研究室 . 习近平关于社会主义经济建设论述摘编［M］. 北京：中央文献出版社，2017：334.

营，巩固稳中向好的发展态势。"① 稳中求进的关键在于要将"稳"和"进"作为辩证的统一的完整的体系来把握。"稳"将关注焦点放在社会生产和再生产的运行上，保证生产资料和消费资料的供需平衡，确保物价、经济增长和就业不会产生较大的波动以及不会有金融风险、危机的突然爆发，"进"就是要将焦点放在深化改革和优化产业结构方面，保证创新驱动战略的高效实施和经济发展方式的有效转变。"稳"和"进"要相互促进和相互融合，前者为后者奠定稳定的宏观经济环境，后者为前者提供良好的经济预期。其次，习近平曾指出，"要善于运用'底线思维'的方法，凡事从坏处准备"②。当前国家处于"中等收入陷阱"并转向高收入的时期，困难远比之前迈向中等收入的阶段复杂。因此，党和国家对待任何事情都要做到运用底线思维和有备无患。党和国家关注各类经济社会发展的矛盾和风险，既保持对经济中高速增长的理性，又预防经济增速突然跌落；既给予人民群众享有物质精神平等的权利，又改变对于广大人民群众的过度承诺；既强调关注民生事件、地方债务、影子银行等矛盾爆发点，又采取举措化解局部性甚至系统性经济风险。

坚持正确的土地改革方案。马克思认为产权关系是生产资料所有制关系的意志关系或法的关系，③ 是可以重新分解、重新组合的权利结合体，④ 囊括所有权、使用权、支配权和收益权等。我国产权制度改革可以规定在公有制范围内进行权利组合的优化调整，以"三个有利于"作为选择产权形式的优劣标准，以提升资源利用率、提高劳动生产率和加强农业生产经营社会化、专业化和集约化程度作为改革目标。所以，面对农村建设过程中土地碎片化的现象，如何摆脱这一生产破碎化的窘境和局面并走向农村生产规模化、集约化道路，习近平提出了破局的基本路径就是在农村土地改革方面，在确定国家、集体所有权的前提下，实现所有权、承包权、经营权的"三权"分置。这一举措既坚持农村土地的公有制性质，还保护了农户的承包权益，赋予了新型经营主体更多的土地经营权能，有助于土地经营权在更大程度上进行优化配置，发挥了适度规

① 中共中央文献研究室.习近平关于社会主义经济建设论述摘编 [M].北京：中央文献出版社，2017：319.
② 中共中央宣传部.习近平总书记系列重要讲话读本 [M].北京：学习出版社，人民出版社，2016：288.
③ 马克思.资本论：第一卷 [M].北京：人民出版社，2018：103.
④ 吴易风.马克思的产权理论与国有企业产权改革 [J].中国社会科学，1995（1）：4-24.

模经营在现代农业建设中的引领作用。显然，这是对我国农村土地改革的又一次伟大创造性发展，进一步促进我国现代农业的发展，改革的创新点在于坚持问题导向，顺应现实和时代的诉求，设计出土地经营权的新型流转方式，逐步去除了基于碎片化之上的生产局部化现象。随后，对于未来改革后农村生产的走向和格局，习近平提出农村经营制度的具体实现形式，包括家庭农业、集体经营、专业大户等，使农村经营制度更加具备活力和更加符合国情。①

坚持"双循环"新发展格局。国际复杂形势以及国内经济发展现实要求建构"双循环"模式。美国次贷危机影响全球，日本、巴西等国陷入经济危机很长时间以来都难以挣脱，中国也难以独善其身。同时，新冠疫情的暴发，更是抑制甚至阻断了世界贸易的往来，造成世界市场萎缩、经济低迷，影响了内外循环的正常运转。基于此，习近平运用长远、辩证和全面的眼光审视国内外发展环境、阶段和条件的现实情况，主动应变、科学求变和准确改变，考虑到我国发展的长期利益，提出了"双循环"这一重要理论。习近平着重提出，国家内部的循环如果可以正常、顺畅，就能够不断发挥其虹吸全球资源要素的作用，最终形成国内大循环为主体、国内外双循环的模式。习近平还提出了进一步推动"双循环"格局的举措和政策导向。首先，发挥科技的作用。十九届五中全会做出全面部署，一是推动国家层面的战略科技力量发展，尤其是加强原始创新、巩固基础研究和聚焦前沿领域；二是加强企业创新能力，进而补齐产业链缺项漏板、提高产业链供给能力；三是面对现实问题，重点攻克集成芯片、操作系统、航空发动机等技术难关。其次，贯通经济循环金融血脉。习近平强调，经济与金融荣辱与共，前者兴，后者兴。目前，一是要引导金融经济服务实体经济，提高实体经济直接融资比例并参与其结构性调整；二是不断建设多维度的资本市场，加快发挥创业板块、科技板块等对新兴企业的支撑融资作用。最后，推动城乡和新型城镇化协调发展。"双循环"不是故步自封的小循环，而是有很大范围的发展空间，这就要求一方面要发挥中心城市的带动作用，建构出一批新增长极和新兴现代化城市圈；另一方面推动农业供给侧改革，强化以城带乡、以工促农的形式，并推动城乡之间生产要素的双向合理流动和平等交换。

---

① 习近平. 论坚持全面深化改革［M］，北京：中央文献出版社，2018：73.

第三章

汲取中华优秀传统文化

马克思主义政治经济学中国化的历史进程就是其在中国革命、建设以及改革过程中实现"民族化""具体化"的辩证发展过程。中国赓续千年的传统文化奠定了中国特色社会主义政治经济学持续发展的文化底蕴。这一不断向前迈进的历史过程充分表明，既可以通过中国风格的民族文化发挥中国特色社会主义政治经济学对中国全面改革开放的指导作用，也可以使其寻求优秀传统文化的普适性因素，从而实现其现代化科学化的应用前景。而且，习近平在党的二十大报告中明确指出，只有把马克思主义基本原理同中国具体实际相结合、同中华优秀传统文化相结合，坚持运用辩证唯物主义和历史唯物主义，才能正确回答时代和实践提出的重大问题。① 因此，研究中国特色社会主义政治经济学与传统文化的深入耦合的历史必然性、结合方式以及相互影响，对于把握中国特色社会主义政治经济学生成发展的客观规律，无疑具有极大的现实意义和理论意义。

第一节　中国特色社会主义政治经济学与传统文化
相互耦合的历史必然

认识中国特色社会主义政治经济学和传统文化的内在关系和结合方式极为重要，这是我们正确处理和对待它们传承性、时代性等特征的重要凭据。如果看不到这些内在逻辑，就会引致二者在发展过程中的相互对立以及中国特色社会主义政治经济学建构内容选择的良莠不齐。

---

① 习近平. 高举中国特色社会主义伟大旗帜　为全面建设社会主义现代化国家而团结奋斗：在中国共产党第二十次全国代表大会上的报告［N］. 人民日报，2022-10-26（1）.

一、中国特色社会主义政治经济学与传统文化相互耦合的历史必然

传统文化现代化需要中国特色社会主义政治经济学的指导。文化是流动流通的，伴随历史的发展而不断演变。1840 年鸦片战争以来，我国传统文化就经历过数次洗礼，彻底摒弃了先前封建的、等级的、宗法的和旧时代的观念和内容，并被赋予了社会主义和人民立场的新内涵、新意义。这一演变过程实质上是传统文化不断进步的表现。当前进入新时代、新阶段，传统文化更应该有新的进步，否则就难以适应经济社会新嬗变的需要。而且当前阶段已经完全超越了"五四运动"提出民主、科学的时期，需要新的发展理念、新的矛盾观念、新的布局思想、新的改革总目标等，以此才能适应经济新常态的现实实际。而中国特色社会主义政治经济学中的基本理论和根本方法恰恰体现了以上的核心思想，可以使传统文化直面新的经济环境和社会发展局势，可以使传统文化辨别出自身中具有时代性和普适性的内容进而去糟粕留精华。因此，传统文化在新的起点存在和发展，要汲取中国特色社会主义政治经济学的精髓并坚定它的立场进而完成自身时代性历史性蜕变。

中国特色社会主义政治经济学的发展需要传统文化的支撑。马克思主义政治经济学是在汲取世界人类文明成果的基础上生成和发展的，尤其是对我国优秀传统文化成果的借鉴和吸收。正因为如此，它才能被我国所认可和接受并实现了中国化，成了指引中国经济建设和发展的定海神针。中国特色社会主义政治经济学作为它的最新阶段性成果继续秉承了这一良好的传统品质。毛泽东曾指出，我们应该继承从孔夫子到孙中山等的珍贵思想遗产。[1] 中国特色社会主义政治经济学深深扎根于中国文化土壤并从中吸取卓越成果，不断重塑和重构自身内在的基本内容、发展态势、逻辑体系和原则结构。也正因为如此，中国特色社会主义政治经济学才是具有我国民族特色的中国化的政治经济学，才能为广大人民群众所普遍接受和适应，才能更好地发挥其支撑作用，才能转变成物质力量。[2] 因此，中国特色社会主义政治经济学只有经过中华优秀传统文化的洗礼，才能成为人民群众需要的政治经济学说，成为指引中国经济健康发展的科学指南。

---

① 毛泽东. 毛泽东选集：第二卷［M］. 北京：人民出版社，1991：534.

② 中共中央马克思恩格斯列宁斯大林著作编译局. 马克思恩格斯选集：第 1 卷［M］. 北京：人民出版社，2012：9.

中国特色社会主义政治经济学与传统文化的共同使命。中国特色社会主义政治经济学根植于优秀传统文化基因，将"生产力与生产关系"这一政治经济学研究对象与社会主义改革开放现实实践有机结合，通过对良好文化基因的探究和转设，从理论经济学维度给予传统文化新时代的科学内涵，最终凝结出具有中国特色的和被人民群众所广泛接受的经济学理论和经济学说。这一嬗变过程实质上既是马克思主义政治经济学中国化的转换，又是中华文化唯物史观的转变。当然，传统文化也有消极、惰性因素，中国特色社会主义政治经济学必须克服和化解以往文化基因要素中某些消极力量以及负面影响，清楚地在理论和实践层面认识到建设其自身理论体系的复杂性和艰巨性，达成对马克思主义民族化、具体化的新建构、新诠释，为世界经济发展提供旗帜鲜明的中国经济发展模式和借鉴。

二、中国特色社会主义政治经济学与传统文化相互耦合的基本方式

中国特色社会主义政治经济学与传统文化的水乳融合是一个由此及彼、由低到高、由浅入深的渐进结合的历史过程，这主要有三种方式①：借言赋意、耦合再造和溯本开新。

借言赋意。这是将马克思基本原理作为衡量尺度，对传统文化基因中特定的范畴和概念加以借用、借鉴，并结合时代转变的重要特征，给予优秀文化基因新的科学内涵和表达含义。当然，借言赋意并不是围绕传统文化有关范式进行毫无根据的生搬硬套和简单模仿，而是在特定的历史阶段进行崭新创造和重塑重建，这就集中体现了中国特色社会主义政治经济学兼容并包的民族风格以及与时俱进的良好品质。比如，"小康"这一概念最早产生于《诗经·大雅·民劳》中，意思是"休息""修养"等。至汉唐时期，这一词语又囊括了政治内外安定、生活饱衣富足等含义。可以说，"小康"的基本含义浸染着农耕文化色彩。但改革开放后，邓小平给予了它新的诠释和新的意义。在1979年年底，邓小平会见日本前首相时说，我们建设"小康之家"。② 此时的"小康"不仅仅是传统文化的深切表达，还显示出了时代特点、时代特色。

耦合再造。这是指中国特色社会主义政治经济学与传统文化基因相互影响

---

① 黎康. 论马克思主义与中国传统文化的结合方式 [J]. 江西社会科学，2005（5）：49-55.

② 邓小平. 邓小平文选：第二卷 [M]. 北京：人民出版社，1994：237.

和彼此作用，是比借言赋意更加深层的融合，更加体现着中国风格和中国特色，更加具有相互的融通性和契合性。比如，中国哲学很早就有着辩证思维，从"相反相成""反者道之动"，到万物"皆各有耦"，再到"荣枯代谢而弥见其新"等，都是古代哲学家对"辩证"内在关系的深入了解，它们涉及人身修养到社会发展的各方面。而毛泽东正是有着深厚的传统文化背景，基于马克思主义政治经济学的观点、方法，汲取了传统文化中的辩证等优秀思想，提出了一些经济工作遵循的方式方法。随后，邓小平则运用辩证唯物主义解决市场经济建设中的实际问题。当前进入新时代，习近平反复强调坚持辩证唯物主义的重要性，指出要从客观实际去制定经济政策和推动经济工作。

溯本开新。这是中国特色社会主义政治经济学对传统文化中积极要素进行范式、理念的进一步创新，是属于理论层面更加艰深的结合方式。比如，中国传统的"民本"思想，可追溯至殷周时期，《尚书·夏书·五子之歌》中就有"民惟邦本、本固邦宁"的说法。之后，我国千年文化就一直存在着各种制式的"民本思想"，从商朝盘庚的"重民"到周初周公的"保民"再至春秋末期孔子的"爱民"，从战国孟子的"民贵"到汉唐的"民为邦本"，这一思想可谓是接竹引泉、流传不绝。值得注意的是，古代"民本"思想具体表现在强调民众作为政治的基石，从而劝诫封建统治者与民共息。不过，毛泽东曾对古代"民为邦本"的思想加以批判，指出我们党一切言行要契合广大人民的利益。[①] 随后，我国马克思主义理论家先后在批判汲取"民本"思想的基础上，诠释出了群众路线、群众观点。这些论断最大的特点在于由中国自身发展实际所形成，与封建"民本"思想有着很大的不同，是真正意义上的以人民为中心。

第二节　中国特色社会主义政治经济学与传统文化的深入融合

习近平指出，中华文明是现代化建设和推进改革开放的精神力量。[②] 中华民族历史长河中有着悠久的文化涵养和深厚的文化底蕴，建构出辉煌的思想谱系，代代相传、生生不息。中华文化在漫长的历史文化长河中，沉淀了丰富的

---

① 毛泽东. 毛泽东选集：第三卷 [M]. 北京：人民出版社，1991：1096.
② 习近平. 习近平谈治国理政：第一卷 [M]. 北京：人民出版社，2014：158.

治国经验，其中既有推动社会发展和维护社会稳定的治世良方，也存在引起乱世不安和治理纷乱的深刻教训。所以，发展和创新中国特色社会主义政治经济学，坚持古为今用和以古非今，深入挖掘其中的精华和精粹，为中国特色社会主义政治经济学的创新发展不断植入文化底色和中国元素。

一、关于商品经济的义利关系

传统商品经济的历史发展引致的社会关系的质性嬗变。伴随着农业社会生产力的不断提高，奴隶社会在东周时期开始瓦解和崩离，新产生的雇农和自耕农已经可以占有一定的剩余产品，于是百姓开始追逐剩余财富的累积，这就严重扭曲了以往的社会规则和价值观念，诸如"路不拾遗、夜不闭户"的社会场景随过去的时代一起无法复现。如何正确处理公利和私利这一义利关系成为摆在当时诸子百家面前的一道难题。《孟子·梁惠王章句下》就记载有"上下交征利，而国危矣"。如果一个国家无论王公贵族还是平民百姓都毫无底线地追逐利益，那离亡国就不远了。

诸子百家对于义利矛盾的化解之法。在孔子、孟子看来，人们可以通过修身养性来缓解公利和私利之间的冲突与矛盾，诸如他们提倡的"富与贵，是人之所欲也，不以其道得之，不处也。贫与贱，是人之所恶也，不以其道得之，不去也"。所谓富足和地位，是每个人都向往的，但是以不正当的手段得到它们，君子不去享受、享有。贫困和卑贱，是人们所厌恶的，不使用正确方式去除它们，君子摆脱不了。他们运用"道"作为行为准则来协调社会中的各种义利关系。另一位大家荀子也有独到的见地，他在《礼论》中提出，"先王恶其乱也，故制礼义以分之"，这里的"礼义"不再是孔孟的"道"，而是更加广泛、宽泛的社会准则和行为标准。

建构中国特色的"礼义"准则。中国特色社会主义政治经济学批判性借鉴传统文化中的良好的"义利"品质，提出"和谐、友善"等现代"义利"关系，更是建立了中国特色的"义利"体系。一方面，坚持党对经济工作的集中统一领导，这是国家稳定、社会全面发展的重要前提。党的各级领导干部及时了解新问题、新情况，虚心听取广大人民群众的意见和建议。另一方面，正确处理政府与市场的关系，特别是发挥政府宏观作用。政府加强提高公共服务质量的力度，保障和维护市场秩序和行业准则，提供公平竞争的市场平台和网络环境，不断推动市场经济的健康发展和有序运行，最终实现人民群众的共同富裕。可以看出，这些坚守举措都深刻体现了以礼义规则制约私利的传统文化精髓，也将中庸思想融入和贯彻其中。

二、关于大同社会的思想愿景

传统文化基因中存在的大同世界。西汉戴圣的《礼记》中就有对大同世界的阐释："大道之行也，……盗窃乱贼而不作，故外户而不闭，是谓大同。"[1] 这是对未来生产生活方式的憧憬，对一种"和谐社会"的设想。老子也基于当时生产力发展水平主张建立"甘其食，美其服，安其居，乐其俗"[2] 的理想社会。墨子则提出百姓应该相互友爱，做到"强不执弱，众不劫寡，……诈不欺愚"[3]。到了近代，人民群众由于清政府的腐败与无能，一直生活在穷困潦倒的生活之中。一些有识之士开启了救亡图存道路的艰难探索。洪秀全提出了一个"田、钱、饭、衣"的无处不均匀、无处不饱暖的世界。[4] 康有为也在《人类公理》中构思了一个无产界、无国界、无家界以及财产公有的社会。[5] 刘光复认为要建立一个"同作同食"的没有任何主人、奴隶并各取所需的社会。[6] 虽然这些设想忽略了我国基本的生产力发展水平状况，也没有认清自身不能担负起救国救亡的历史使命，但他们的探索还是为革命运动提供了启示。

马克思主义信仰者的"大同世界"。马克思在构想中未对未来社会细节方面做出非常详尽的阐释，但仍确定了其中一些基本特征，如生产资料的个人所有制、各尽所能并按劳分配、消灭城乡阶级差别和国家、货币消亡等，设想未来社会是一个科学的公平公正的"大同世界"。近代马克思主义研究者将这一思想与传统文化的"大同思想"相融合，如李大钊在他的"世界联邦"中融汇了大同思想，指出"民主主义和联治主义"不过是走向未来"世界大同"的标记。[7] 他在赞美十月革命取得胜利的同时，更希望人民群众继续奋斗直到实现"大同世界"。[8] 陈独秀对待中国文化总体持批判态度，但传统文化中的"大同主义"是其情之所钟，他指出未来社会必将走向大同。[9] 毛泽东还曾表达出自己的志

① 戴圣. 礼记［M］. 济南：山东友谊出版社，2000：102.
② 老子［M］. 傅惠生，编校. 长沙：湖南出版社，1994：180.
③ 墨子［M］. 施明，译注. 广州：广州出版社，2001：95.
④ 太平天国印书：上册［M］. 南京：江苏人民出版社，1979：409.
⑤ 梁启超. 南海先生诗集［M］. 广州：广东人民出版社，1998：1.
⑥ 申书. 论种族革命和无政府革命之得失［J］. 民报（第六期），1907.
⑦ 李大钊. 李大钊文集：上［M］. 北京：人民出版社，1984：625-626.
⑧ 《李大钊传》编写组. 李大钊传［M］. 北京：人民出版社，1979：53.
⑨ 陈独秀. 陈独秀文章选编：上卷［M］. 北京：生活·读书·新知三联书店，1984：234.

向："大同者，吾人之鹄也。"① 新文化运动前期，毛泽东仍将共产主义描述成拥有公共的蒙养院、育儿院、图书馆、银行、工作厂等的境界。②

中国特色社会主义政治经济学的继往开来。无论是古代社会诸子百家的"大同世界"、近代爱国者的救亡运动，还是经典作家、马克思主义理论学家的设想，都为我们党继续探寻如何实现共产主义社会提供了宝贵经验和现实启示。共产党人的共产主义理想同传统文化中的"大同世界"在某些方面具有相似性，都渴望建立一种人人生而平等、共同富裕的美好生活生产的基本方式，但二者最大的区别是共产党人的求真务实性。中国共产党人意识到共产主义社会并不是"土豆烧牛肉"那样一蹴而就和唾手可得的，需要一代又一代无产阶级的努力奋斗。这就需要中国特色社会主义政治经济学继承马克思主义信仰者的立场和方法，克服传统文化中虚无缥缈主义，扎扎实实根据我国国情面向未来。当前，我国仍是发展中国家，中国人民想要过上富足和美好的生活，还需要在共产党带领下不断付出艰辛的努力。对此，中国特色社会主义政治经济学提出了"两个一百年"的奋斗目标并规划统筹建设现代化的各个方面，以期最终实现国家民族的全面复兴。

三、关于家族本位观念的理论契合

我国传统文化中的集体主义。中国历史的发展是从家族迈向国家，是以血缘维系的由原始、奴隶向封建社会的转变，进而形成国家社会一体的局面。这就使氏族宗法制度及其相关意识形态在我国长久沉淀下来，几千年的传承中，君臣、父子和长幼等封建伦理准则贯穿到各个社会阶层之中。换言之，在宗族关系中每个人都不是独立分割的个体，而是上有父祖和下有儿孙的延伸体系中的节点。古代典籍中也说道："亲亲，以三为五，以五为九"，最终以九为"亲毕"。由此可以看出，古代文化中的个人始终在群体的包围之中，享有和承担着自身的权利和义务，如父亲慈爱、儿子孝顺、兄弟友善，由此演绎到社会政治组织中，如君主威严、臣将忠心等，最终使整个社会形成了集体主义和集体价值。

西方文化中的个人主义。反观西方国家，大多数人信仰宗教并将上帝当作唯一的信仰，他们的宗教伦理提倡一种疏远亲属甚至反对过分亲近的道德规范，

---

① 中共中央文献研究室. 毛泽东早期文稿 [M]. 长沙：湖南人民出版社，1990：89.
② 中共中央文献研究室. 毛泽东早期文稿 [M]. 长沙：湖南人民出版社，1990：454.

这就会形成超脱血缘关系依赖的社会关系。李大钊就曾指出，北道的民族是迁徙移动的，家族是十分简单的，所以个人主义盛行。① 陈独秀也曾断言，西方民族以个人为本，东方民族以家族为本。②

经济领域中集体主义与个人主义的差异。受到传统文化的影响，我国崇尚集体主义的文化，社会中人们之间存在一些血缘关系，这就很容易造成企业规模无端无序扩张，引致其交易成本和生产成本高昂的现象，尤其是家族性质民营企业时常会违背市场发展的客观规律使自身背负沉重的经营负担。相比较之下，西方个人主义社会中，人与人之间很少受到血缘关系的牵制、牵连和束缚，企业规模主要受市场需求变化的影响。所以微观企业可以随着产品需求灵活调整生产用人的投入和培养，实现降低成本获得利润的最大化。不过，传统血缘关系也并不是一无是处，它也创造了经济发展典范，就如我国创造性提出的农村家庭联产承包责任制。20世纪中期，我国建立的人民公社采取平均主义的大锅饭形式，这种组织制式超出了价值观念决定的效率边界，造成生产效率极端低下。家庭联产承包责任制在秉承家庭血缘关系的基础上，赋予农村家庭对土地经营的承包权，因其家庭内部关系，成员目标一致利益一致，这就大大提高了广大劳动群众的劳动生产效率。毫不夸张地说，这一制度的建立也为中国特色社会主义政治经济学的开启奠定了实践基础。

第三节 中国特色社会主义政治经济学与传统文化的功能契合

民主革命时期，正是传统文化的兼容并包推动了马克思主义尤其是其经济思想在我国的落地、生根与发芽。改革开放新时期，中国优秀传统文化再次以其大众性、民族性和历史性等重要特征契合中国特色社会主义政治经济学的发展，推动其大众化，使广大人民群众深入了解我国改革开放以来经济发展实践的历史经验以及享有经济建设的丰硕成果。

一、中华优秀传统文化的重要特征

传统文化的大众性。我国文化基因中蕴含着深厚的优秀的道德观念、民族

① 李大钊. 东西方文明根本之异点 [J]. 言治季刊, 1918 (7).
② 陈独秀. 东西民族根本思想之差异 [J]. 新青年, 1915 (1).

精神和价值理念，渗透在当今每个中国人的生活习惯、生产方式之中，获得了人民群众的深度认同，具备了广泛的群众基础。中国特色社会主义政治经济学运用优秀传统文化并将其融入自身体系是务实的选择。邓小平就曾提出，在全面改革开放搞经济建设的同时不能忘记精神文明建设，使广大人民群众保有文化、纪律、国际主义和爱国主义等精神。① 基于传统文化中的德治思想，江泽民提出了"以德治国"的理政方略。他还强调面对文化遗产，不仅要取其精华融入时代精神做到古为今用，还应当结合当前国情世情给予传统文化新的内涵，从而让百姓处于社会主义文化的笼罩之下。② 胡锦涛提出的社会主义荣辱观，也借鉴了传统道德文化的精髓，将热爱祖国、艰苦奋斗、辛勤劳动、团结互助等文化因素和经济因素结合起来。

传统文化的民族性。在世界市场的形成过程中，西方欧美国家总是凭借其强大的综合国力把控着意识形态以及文化输出的绝对话语权，尤其是大肆宣传自由化"华盛顿共识"的经济普世体系，企图压制其他发展中国家的经济发展。所以，如何在多维度全球文化中推进中国特色社会主义政治经济学大众化以及向世界提供中国经济发展模式的样板显得尤为紧迫和重要。而我国传统文化中具有强大的社会整合力和社会凝聚力，是维系和团结民族的思想基础和重要理论。其中既有心怀国家、天下为公的忧患意识，也有倡导团结互助、诚实守信的道德规范，保护中华民族始终有着自己的秉性和品质。也正因如此，中华民族才能在复杂的国际环境中"信念愈坚、斗志更强"③。所以，中国特色社会主义政治经济学利用优秀传统文化推行大众化并建构话语权既是一种必要，还是一种选择。

传统文化的历史性。中华优秀传统文化贯穿于马克思主义政治经济学中国化过程之中。中国经济社会发展的实践决定二者的进程是相互影响、相互作用的过程，前者是后者的理论来源和前提基础，后者是前者的实践指向和应用方向。马克思主义政治经济学之所以适应传统文化从而进行中国化，就是为了使广大人民群众接受，指引他们投身于经济建设当中。但这一彼此相互影响的过程并不是自然而然发生的，主要是因为马克思主义政治经济学诞生于西方、产生于欧洲，作为外来的文化和信仰在一定程度上讲并不符合我国水土国情，想

① 邓小平.邓小平文选：第三卷 [M].北京：人民出版社，1993：28.
② 江泽民.江泽民文选：第三卷 [M].北京：人民出版社，2006：278-279.
③ 江泽民.江泽民文选：第二卷 [M].北京：人民出版社，2006：60.

要在具有五千年文明的中国落地生根并开花结果，就需要与传统文化相互融合。也正因为这样，作为最新成果的中国特色社会主义政治经济学更加需要继续在传统文化的基础上进行创新创造。

二、以传统文化推动中国特色社会主义政治经济学大众化

以传统文化中的优秀基因建构中国特色社会主义政治经济学大众化的话语体系。话语体系应该具有民族特点和民族风格，应当符合中国人的风俗习惯和民族心理，因为只有鲜活的和老百姓喜闻乐见的政治经济学话语体系大众化才会被接受。中国特色社会主义政治经济学应当利用传统文化中的谚语、成语、典故等元素来形象质朴地阐述当代中国发展的客观规律，从而使晦涩的经济概念范畴口语化、艰涩的经济理论通俗化以及枯燥抽象的经济原理具体化。如习近平在形容面对经济深化改革道阻且长的局面时，需要领导干部有怎样的能力和思维时指出，党员干部要有"登高望远""为山九仞"的豪情与压力。① 习近平曾引用诗句"不要人夸颜色好，只留清气满乾坤"，指出不需要用过多的溢美之词形容当前我国经济社会的快速变化，而是需要比较客观的介绍和有用有益的建言献策，这直接表达出新一代领导集体不慕虚荣、真抓实干的优良作风。

以优秀传统文化中的现代价值构造中国特色社会主义政治经济学大众化的合理文化内核。传统文化中包含着适应现代化经济体系普遍需要和当前生产力水平、生产关系性质的具有现代价值的因素，诸如提倡发展农业的典故，"农，天下之本，务莫大焉"。我们需要对这些具有现代意义的文化基因予以积极汲取和保留。与此同时，我们还应该发展新的文化。当然，与社会主义经济制度相融合、相匹配的新文化不可能凭空产生，而是需要不断地在新的历史发展阶段、新的历史时期进行创新，这些新产生的文化因素也是完善社会主义经济体制所必须的需要，它们对后者建构方向起到规范和指引的作用。总的来说，将传统文化的现代价值以及后来推陈出新的相关内容同坚持发展生产力的目标有机融合起来，是建构中国特色社会主义政治经济学大众化文化内核的力量。

以优秀传统文化中的坚实品质筑牢中国特色社会主义政治经济学大众化的文化支撑体系。中国特色社会主义政治经济学大众化是社会性、系统性、全面性的工程，需要政治、社会、经济尤其是传统文化上的支持。传统文化发展到今天具备了两个突出的发展条件，一是经过国家的大力支持具备了很好的发展

---

① 人民日报评论部. 习近平用典：第一辑［M］. 北京：人民日报出版社，2018：18.

氛围，二是很多传统美德得以保留。中国特色社会主义政治经济学对我国优秀传统文化的运用具体呈现如下：第一，合理利用传统文化的社会氛围。党和国家大力保护各个历史时期的文化古迹和遗产，大力支持曲艺、戏剧、相声等艺术表演形式，尊重文化研究机构、研究者的科学成果和学术交流，这些文化形成的社会风尚都可以作为现代政治经济学传播和发展的根基。第二，承接传统文化中的美德。社会主义美德是广大劳动群众的精神动力和精神支柱，依照与经济制度、法律法规、基本政策相适应的标准选择传统文化中的美德来建设现代科学化的思想道德体系，进而弘扬集体主义精神、为人民服务情操和诚实守信品质。

第四章

借鉴西方经济学有益成分

如何评价和看待西方经济学与中国特色社会主义政治经济学的内在关系是理论界近几年来争论和关注的热点问题。事实上，从阶级立场来看，西方经济学代表资产阶级意识形态。从主要内容来看，西方经济学是欧美国家数百年围绕市场经济运行状况进行的经验总结。可以看出，西方经济学实际上具有两面性。对待这一学说，我们应当将邓小平阐释的"三个有利于"作为评判依据，否定其中错误的立场等，借鉴其中合理的有益方法等，发展和完善中国特色社会主义政治经济学理论体系。

第一节　深刻揭露西方经济学的资产阶级意识形态

西方经济学是伴随着自由市场经济和资本主义制度的建立而产生的。西方经济学天然肩负着多重使命，一方面作为新生资本主义制度的直接代言人，在理论上论证其存在与发展符合自然的客观规律；另一方面力图通过供给与需求的市场分析揭示内在的资源配置有效方式、产品价格变动规律等，探寻资本主义财富增长的现实原因。因此，西方经济学作为独立的学科从诞生之日起就具备了多重性。

一、西方经济学具有辩护性

在19世纪的欧美国家，经济理论研究者们逐渐将"经济学"当作学科名称替代了"政治经济学"这一传统术语，这里表现出两个目的：

首先，直接抛开了引发社会矛盾的政治问题。西方经济学家宣扬经济学是探讨"最大化节约资源和最高效率生产"的学科，而不是研究所谓的"人与人"之间的相互关系的学说，因此，他们摒弃了政治制度与意识文化形态等因素，致力于发展"客观科学""运行规律"等内容。西方经济学就将政治经济学探寻国家、社会等问题的视点转移到市场经济状况和微观企业运行上进而回避了引发冲突和矛盾的政治问题。这一"遁世主义"遭到诸多经济学家的批判，如约翰·米尔斯认为，英国的霸权地位正逐渐消逝，但新古典经济学却没有对此提供过分析，没有在如何遏制这种现象的发生方面得出过什么研究结论。①

其次，立足于特定的研究方法。《新帕尔格雷夫经济学大辞典》对于"经济学"和"政治经济学"术语的基本含义曾描述道，"它们诞生以来，内容含义都有所变化，但可以将二者看作是同义语"②，但事实上，前者与后者的研究方法是不相同的，"政治经济学立论在社会与历史的方法之上，与历史、阶级的互动被赋予了核心的地位。而西方经济学则建立在个人主义之上，不考虑历史的结论也不受时间和空间的限制"③。不仅如此，西方经济学还对数学形式主义极为认同，将它作为进一步发展自身理论体系的实质性方法。

这两个目的都是西方经济学希望为资产阶级辩护并成为官方主流经济学而进行的内在逻辑演变。经济学不仅仅是西方意识形态的遮羞布和庇护所，一旦获得国家的权力、货币和政客的认可，更是凭借主导地位反对多样性的理论经济学存在，使用任何手段去压制非西方经济学思想并从社会中对异己思想力量进行彻底去除。

二、西方经济学具有庸俗性

19 世纪中后期，资本主义取代和最终战胜封建社会，此时基本矛盾公开化和尖锐化，马克思主义思想的影响巨大。西方经济学以关于经济运行的分析取代围绕经济内在本质的讨论，用巧言令色掩盖资本主义私有制引起一切罪恶的事实。经济学家马尔萨斯的人口理论就指出，人口规律生长就会产生贫困，为私有制的罪行进行开脱。④ 巴师夏认为劳动阶级、资本家阶级既然都将交换看作是相互提供劳务，那么资本主义就完全是一种"和谐体系"。⑤ 西方经济学还有另一项主要任务就是攻击抵制马克思的思想，就如奥地利学派庞巴维克，他

---

① 约翰·米尔斯. 一种批判的经济学史［M］. 高湘，译. 北京：商务印书馆，2005：199.
② 约翰·伊特韦尔，默里·米尔盖特，彼得·纽曼. 新帕尔格雷夫经济学大辞典：第 3 卷［M］. 北京：经济科学出版社，1992：972.
③ 菲利普·安东尼·奥哈拉. 政治经济学百科全书：下卷［M］. 郭庆旺，刘晓路，彭月兰，等译. 北京：中国人民大学出版社，2009：1038.
④ 姚开建. 经济学说史［M］. 北京：中国人民大学出版社，2003：164.
⑤ 姚开建. 经济学说史［M］. 北京：中国人民大学出版社，2003：185.

指出马克思的"平均利润理论""生产价格理论"与"劳动与剩余价值论"是相互矛盾的，所以劳动价值论是与社会现实不符合的。①

20 世纪，一些西方学者逐渐将研究重点放在人与物的关系上，突出性的代表成果有边际生产力理论和边际效用理论。罗宾斯将经济学解释为研究稀缺手段之间关系的学说，这个内涵被广泛认同以后，西方经济学界彻底将研究对象定位在如何进行资源配置。随后，凯恩斯的经济理论又扩展到就业、经济波动等领域，使微观层面上升至宏观领域。与此同时，马克思主义引领的苏联、东欧和中国等国纷纷获得民族解放并取得独立地位，社会主义制度拔地而起。制度之争、权利之争、利益之争、文化之争、宗教信仰之争和意识形态之争已经上升到战略维度，而且伴随着欧美等国多次经济危机，西方经济学更加关注如何充分利用资源优化配置进而保持在世界经济中的领先和霸权地位。

21 世纪，西方经济学呈现多元化发展，但关注的焦点主要在市场规律和经济变量之间，如分析经济波动阐述其原因、揭示经济问题引致的结果以及寻求解决困境的措施和办法，这些研究都具有积极的意义。但是他们研究的是经济利益与经济主体、经济行为的内在逻辑的科学，不可能超越政治体制、历史文化而成为纯粹独立的学科。现代西方经济学研究的是具有消费需要、民族情怀的"社会人"，研究的是处于物质利益关系中的"利益人"，而不是天道合一、道法自然的"自然人"，他们的理论不具有完全等同于牛顿力学、微积分数学和生物进化论的普适性。不少现代西方经济学家甚至直言他们的思想具有政治色彩和包含意识形态，承认它带有自身社会和制度的"印记"。学者雷诺兹（Reynolds）就曾在《经济学的三个世界》中指出，欧美国家造就的现代经济学始终带有西式地区的制度印记。②

第二节　科学对待西方经济学的有益观点

评价和研究西方经济学需要注重全面性，坚决反对片面性。事实上，我国理论界在对待西方经济学的态度上历经两个阶段。第一个阶段主要表现在我们只看到了它的阶级性、庸俗性，而忽略了其作用和功能，对其持全面否定的态

① 姚开建. 经济学说史 ［M］. 北京：中国人民大学出版社，2003：229-232.
② 何新. 反主流经济学 ［M］. 沈阳：万卷出版公司，2010：306.

度。另一阶段，我们只强调它的实用性，导致马克思主义政治经济学的学科地位被边缘化。全面否定与全面肯定都不是正确的选择，并不符合我国理论经济学发展的实际需要。既然西方经济学有着多重性，就应该采取唯物辩证法的态度对它进行科学全面的鉴别，区别出哪些是政治意识、哪些则有利于发展社会主义经济。对于前者，要进行深刻揭露和严肃批判。对于后者，当然不是囫囵吞枣，而要经过消化吸收摄取其营养成分，最终为我所用。

一、借鉴西方经济学中的有用成分

学习西方经济学的主要研究内容。西方经济学主要探讨以下四方面：一是对市场经济运行方式的考察，如供给需求侧、就业失业端和资源配置方式等；二是有关企业管理的方法与经验的探讨，如人力管理架构、产品质量控制和生产车间设计等；三是围绕一个经济部门或者经济领域的阐释，如石油经济学、电力经济学和税收经济学等；四是关于经济理论的研究，如政治经济学比较研究、制度经济学作用影响和综合经济学形成发展等。这些内容实质上很多是市场经济的一般性问题，与资本主义意识形态关系不大，也存在于社会主义市场经济中，比如，简单的通货膨胀问题、经济波动问题等。政治经济学如果不了解和研究市场经济或者各类经济主体的运营、经营方式的本质和内在联系，就无法成为真正的科学理论。

学习西方经济学的发展经验。西方经济学存在多种流派、多种理论体系，但这些都不是一蹴而就的，而是结合西方经济实践不断发展起来的，具有较深厚的发展经验的累积和积攒。首先，西方股份制公司具有先进的管理经验，尤其是管理体系中可以驾驭大型经济组织并且适应灵活性市场供需平衡的经营方式，对我们提高国有企业的管理效率有着十分重要的借鉴意义。而且西方企业在资产配置上早已实现股份制下的多元化。借鉴西方的经营经验，我国提出要建立现代企业制度，建立多元持股基础上的符合国家通行规范的现代国有公司。其次，西方宏观经济学深入研究经济波动的原因、特点以及相应措施来稳定经济实现长久发展。我国社会主义市场经济也存在类似的问题，因而宏观经济学中有许多值得学习的地方。最后，资本主义的工业革命就是推动工业化、城市化和信息化的历史过程。要不断反思和汲取西方现代化过程中环境污染、资源浪费、财富两极分化等问题和教训，可以更好地推动社会主义建设。

二、建构的基本原则性导向

坚持问题导向。只有从现实问题出发，尤其是重大而紧迫且关乎群众切身利益的经济问题。借鉴和学习西方经济学的有益成分，要结合我国当前面临的社会现实问题以及寻求推动事情发展的方式方法。目前，国际形势充满变数、错综复杂，同时我国国内面临着不少挑战与风险，面临供需矛盾突出、经济下滑压力大、金融风险积聚、经济发展内生动力不足等问题。所以，我们要保持忧患意识和清醒头脑，深入分析产生问题的根本原因，科学对待西方经济学研究成果，做到因势利导顺势而为，统筹抓好防风险、调结构、稳增长、促改革等工作，推动我国经济迈向中高端水平、保持中高速增长。

符合基本国情。当前一些学者运用绝对的西方主流经济学的内容和框架作为标准和依据，时常对我国建设提出各式建议。他们甚至认为只要是与欧美等国的经济学思路、制度架构、价值观念不尽相同的改革措施，就应当慎重考虑，西方的思维才应该是最好的。事实上，直接照搬照抄西方经济思想的做法，都是违背马克思唯物史观以及违背了党和国家所提出的"实事求是"思想路线的。认清当下的经济发展现实，才是选取西方经济有益思想作为推动国家经济发展的助力的正确做法。目前，我们仍处于"两个没有变"的国情之中，这是我国经济发展阶段性特征的历史必然，也是不以人的意志为转移的现实境遇。认清当下的经济发展形势，去粗取精地汲取西方经济思想中的合理内容，是今后我国经济发展的合理逻辑。

三、创造中国特色的自我主体性

中国特色社会主义政治经济学理论研究的自我主体性。自我主体性指理论研究中对我国生产方式基本规律、重要特征的科学概括和系统总结。据此，中国特色社会主义政治经济学的自我主体性创新应当依据国情、揭示问题、寻求措施、建立理论，最终建构出继承与发展之上的崭新经济学体系。当前，在创新过程中，西方经济学中诸多理论、范式、方法对其发展尤其是在市场经济建立发展背景下具有十分重要的影响，但西式的诸多思想仍旧有悖于国家发展实际以及民族利益。正确处理和认识中国特色社会主义政治经济学"自我发展"和"他者借用"之间的相互关系显得十分重要。一是从内部环境来看。不仅要看到几千年以来尤其是近代以来，我国经济发展的历史环境和经营传统，还应该高度重视当前改革面临的深层次问题。二是从外部关系来看。中国特色社会主义政治经济学应把特殊性与一般性研究结合起来，既着力研究自身经济体制转轨问题，又要综合应用国外经济学方法与理论，认识和了解世界经济改革共同面临的经济困境。

理论创新是构建中国特色社会主义政治经济学自我主体性的重要途径。首先，中国特色社会主义政治经济学的范式不该完全延续传统的"苏联范式"，更不能照搬"西方范式"，更不是对"体制经济"与"市场经济"进行融合的调和折中主义，而是以马克思主义政治经济学为蓝本，以中国式原创性创新为核心的"特色范式"。简言之是将"马学为魂""中学为体""西学为用"有机地结合起来。其次，理论研究的自我主体创新是推动这一环节良性迈进的关键要素。始终致力于探讨和研究我国经济重大问题并充分认识经济社会发展基本要求的经济学家具有自我主体性特质。相比之下，国内一些提出所谓经济学"国际化"的专家都不可能推动理论的实质上创新，这表现在他们仅仅满足于一味追求有关西方资源配置方式以及制度变迁形式等相关理论在中国的应用与发展。

第三节　辩证学习西方经济学的研究方法

西方经济学的研究方法是中立的并不带有价值判断和阶级立场。事实上，西方经济学的研究方法已经超越单纯的经济范畴，实现了众多学科，如历史学、心理学、行为学的相互融合。学习西方经济学中综合的系统的研究方法，有利于推动中国特色社会主义政治经济学的方法论发展。

一、中国特色社会主义政治经济学与西方经济学在方法论上的差异

研究的出发点、哲学基础和历史结论不同。中国特色社会主义政治经济学研究的出发点是以人民为中心，解决的是如何满足人民群众对美好生活的需求。西方经济学立足的出发点则是资源的稀缺性假设和经济人假设，马克思曾用"资本化人格"来形容他们所提出的"经济人"和"利己人"，这就表明不是人的本性决定资本制度的特性，而是处于历史阶段的生产关系决定了人的特征。对于哲学基础，中国特色社会主义政治经济学始终坚持唯物主义辩证法，而西方则以伪主义为基础。此外，中国特色社会主义政治经济学从劳动价值论开始论述，通过剩余价值、商品价值等，揭示社会发展的必然规律和结果。而西方经济学，特别是亚当·斯密的论断指出，"看不见的手"能把市场经济的各种缺

陷转换成资源配置合理、就业充分、供需平衡的最佳状态，最终得出资本主义是永恒发展的结论。

理论架构不同。中国特色社会主义政治经济学从唯物主义视角采取逻辑与历史、抽象与具体相互融合的研究方法，揭示了社会主义生产关系的内部结构和经济运动规律，让我们清楚地了解社会主义市场经济是如何在政府主导下进行资源配置进而有效推动社会生产力的蓬勃发展和国民物质财富的有效增加。而西方经济学主要是关于对微观、宏观经济的孤立阐释，是关于基本运行规律和发展规律的描绘揭示，对社会整体甚至是其他经济形态之间的相互关系的论述是缺失的。所以，西方经济学的研究内容显得极为贫乏，而且大多数学者的观点仍为资本主义制度的合理性做辩护、辩解，他们的行为仍处于庸俗经济学范式中。不过，国内一些学者十分认同西方经济学的现代解释力。我认为在追求利益最大化的维度，西方经济学具有某些说服力、揭示力，但是，如果从社会内部以及社会经济形态发展演变的视角上来讲，他们的论断并没有根本性的揭示力和解释力，如经济人假设不能说明资产阶级与无产阶级为何对立与如何对立。

二、借鉴西方经济学的研究方法

实证分析方法。马克思侧重规范分析，西方侧重实证分析。西方经济学的分析方法实质上妄图超越价值判断的逻辑，单纯考虑各类变量之间的内在关系，并以此预判和分析市场规律和经济行为的效果。西方经济学研究者始终认为，要使经济学成为独立的科学体系，就必须摒弃价值判断，走入实证化。当前，这一分析方式对我国学者，特别是青年学者影响较大，他们存在两种态度：一种是否定，认为经济学实证化存在技术性困难，如文化、制度等因素难以数学化。二是肯定，如借用数学模型并采用本土数据得出实际结论。我认为这两种趋向都不可取。经济学研究中引入实证方法决定了其更加具有社会价值，但不能走向完全摒弃规范分析的道路，进而忽略了经济建设的发展方向。即便是当下发展的西方经济学，随着福利经济学不断融入微观经济领域以及制度经济学的发展，这些也都表明研究趋势呈现了实证分析和规范分析的融合趋向。

结构分析方法。它的意义在于以经济过程内部的调整与变化作为考察依据，被西方发展经济学和经济增长理论所采用。他们始终认为，发展中国家的经济结构不仅缺乏弹性，而且价格变化对资源配置影响甚小，造成供给需求不能自动匹配，最终导致市场结清效果差和供需缺口不能自动填平。他们进一步指出很多发展中国家存在着持续不均衡状态。这些论述具有很大的影响力，尤其是20世纪80年代以后，我国宏观经济学领域发生了向结构主义理论转变的思想运动，最终得出比较一致的结论，即产业结构的发展程度以及相互联系的内在结构效益影响经济成长。一些经济学家指出，结构主义已经影响到我国的政府决策，就如党的十三大制定的经济决策和"七五"计划提出的产业政策。他们对此评价道，我国这一调整符合当前经济发展的特征。

制度分析方法。西方新制度经济学派的经济学家通过将制度融入新古典模型框架，逐步理顺制度与个人的内在关系。美国学者诺斯从制度变迁的视角指出，经济增长的有效方式之一就是具有高效率运转的经济组织。而有效率的经济组织，需要分别确立产权和良好的制度安排实现激励效率，还需要依据交易费用使私人收益接近社会收益进而促使社会福利产生良好效益。① 另一位美国学者亨利·勒帕日解释道，产权理论和交易费用可以有效地理解历史上各类经济组织交替。而这一变化会引致制度变迁。换言之，既定的制度可以影响交易费用。② 正如诺思本人阐述的，制度理论集中表现的是制度对交易费用的影响，其目标是研究各类经济主体如何在现实中做出决定和改变世界。③ 制度分析比新古典经济学对中国更加有意义。因为后者分析和研究中国经济会产生诸多"悖论"，而且中国并没有新古典经济学开展研究和快速发展的制度条件。

演绎分析方法。西方经济学时常把"形式逻辑"用于经济分析，形成了完整的系统的研究框架，即分析经济环境、界定行为假设、得出行为准则、抉择均衡结果、完成评估比较，④ 这对我们分析国内经济建设模式具有借鉴意义。但是，同样的方法运用到不同经济制度下会得出差异结论。以此为例，我国基本经济环境与西方国家有着很大不同。在进行行为假设时，不可以完全借用西方模式。学者程恩富曾指出，经济学应该具有四种假设，即资源和需要双约束、

---

① 道格拉斯·C.诺思.经济史中的结构与变迁 [M].陈郁，罗华平，等译.上海：三联书店，上海人民出版社，1994：155.

② 亨利·勒帕日.美国新自由主义经济学 [M].李燕生，译.北京：北京大学出版社，1985：9-15.

③ 道格拉斯·C.诺思.经济史中的结构与变迁 [M].陈郁，罗华平，等译.上海：三联书店，上海人民出版社，1994：155.

④ 赵锦辉.发展和完善中国特色社会主义政治经济学需要辩证看待西方经济学 [J].毛泽东邓小平理论研究，2017 (5)：24-30，107.

公平与效率互促同向变动、利己和利他经济人以及新的活劳动创造价值的假设。① 在行为准则方面，我国基本经济制度与西方国家不同，这就导致国有企业的运行方式不能套用私营企业的准则。在得出均衡结果时，由于之前的假设条件不同，各个经济主体面对的激励和约束条件不同，西方均衡结果就不能完全匹配社会主义市场经济的均衡结果，也正因为如此，最好的评估和选择方案会大相径庭。

---

① 程恩富. 现代马克思主义政治经济学的四大理论假设 [J]. 中国社会科学，2007（1）：16-29，205.

政治经济学本质上是一门历史的科学。它所涉及的是历史性的经常变化的材料；它首先研究生产和交换的每一个发展阶段的特殊规律，而且只有在完成这种研究以后，它才能确立为数不多的、适合于一切生产和交换的、最普遍的规律。

——选自恩格斯《反杜林论》

第三篇

03

中国特色社会主义
政治经济学生成的历史逻辑

理论逻辑统一于历史逻辑之中，中国特色社会主义政治经济学理论伴随着它的历史发展进程而不断丰富和发展，与此同时，理论逻辑规定了中国特色社会主义政治经济学发展方向始终符合社会主义方向。中国特色社会主义政治经济学生成的历史逻辑是指它的发展逻辑，是对它的生成历程的必然性和规律性的概括。中国特色社会主义政治经济学在正确处理与改革开放前我们党对于马克思主义政治经济学初步探索时期的关系基础上，遵循坚持映射时代需求的与时俱进、坚持公有制为主体和共同富裕、坚持把握社会主义市场经济改革方向的基本原则前提下，形成了起点范畴、初步探索、纵横发展和拓展集成的四个历史发展阶段，实现了国民经济保持较高质量的发展、社会主义市场经济体制的确立完善和对外开放格局的全面提升的经济建设伟大现实成就。

第一章

中国特色社会主义政治经济学的历史发展脉络

当前，学界始终未能从时间界限上确定中国特色社会主义政治经济学的开端和起点。"政治经济学本质上是一门历史的科学"①，中国特色社会主义政治经济学理应有正确、合理的时间逻辑。因此，本章从马克思主义政治经济学的理论场域与话语体系出发，依循中国特色社会主义政治经济学理论逻辑，站在我国经济建设的现实实践高度，回溯其历史形成和辩证发展过程，试回答中国特色社会主义政治经济学"何时生成""如何生成"等问题。

第一节　中国特色社会主义政治经济学的
起点范畴（1978—1992）

历史和实践的发展已经表明并将继续证明，党的十一届三中全会做出的改革开放伟大历史性决议，掀起"解放思想，实事求是"的思想解放运动以及经济制度的重要变革，这一质性嬗变过程实质上奠定了中国特色社会主义政治经济学诞生的逻辑起点和历史起点。

一、逻辑起点：掀起"解放思想，实事求是"的思想解放运动

逻辑起点是"思维过程最初的东西"②。基于改革开放初期对社会主要矛盾的明确和对经济发展中面临的困境的全面认知，全党产生了一系列重要的理论性纲领性文件，开启了一场"解放思想，实事求是"的思想解放运动。这一革

---

① 中共中央马克思恩格斯列宁斯大林著作编译局 . 马克思恩格斯选集：第 3 卷 ［M］. 北京：人民出版社，2012：525.
② 黑格尔 . 逻辑学：上卷 ［M］. 北京：中国商务出版社，2019：52.

新是中国共产党寻求国家发展出路的思维起点，是改革开放新时期理论突破的思想起点，是中国特色社会主义政治经济学产生的逻辑起点。

1978 年 5 月，《光明日报》刊文，指出只有靠社会实践才能检验理论是否真正地反映客观规律，又强调此方式和情形也适用于检验党的路线方针是否正确，① 这使党和人民群众对神圣不可侵犯的"以阶级斗争为纲""计划经济体制"等固有理念质疑。之后，邓小平发表讲话，指出党和国家只有坚持思想的解放，才能改革同当前生产力发展不相匹配的上层建筑、生产关系。② 这些重要论述为重新确立党的马克思主义思想路线做了充分准备，为经济制度改革奠定了思想根基。

1978 年 12 月，党的十一届三中全会恢复了"解放思想、开动脑筋、实事求是、团结一致向前看"的思想路线，做出建设"社会主义现代化"的战略决策。1981 年 6 月，中共中央召开十一届六中全会，指出要继续坚持三中全会拨乱反正的思想、政治和组织路线，并以科学严谨的态度确立毛泽东思想的指导地位和以实事求是的作风评价毛泽东晚年所犯的错误。会议通过解决历史遗留问题和总结经验教训极大地调动了全社会探索国家"如何发展"的积极性。

1984 年 10 月，党的十二届三中全会通过了《中共中央关于经济体制改革的决定》的决议。会议着重指出依照马克思主义基本原理与中国国情相结合的原则和建设中国特色社会主义的总要求，实行改革开放的方针政策。邓小平对此做出评价，该决议写出了马克思主义基本原理与国家经济社会发展相互融合的政治经济学，写出了政治经济学的"初稿"。③ 这标志着中国特色社会主义政治经济学概念的正式提出。

十一届三中全会至 20 世纪 90 年代初期的党和人民关于真理标准大讨论等一系列思想解放运动使我国逐步认识到"社会主义生产关系的发展"并不是一套唯一的固定的模式，应当根据"生产力发展的实际要求"，改革和建立与之相适应并不断推动其前行的生产关系。④ 至此，中国共产党翻开了改革开放的新篇章，推动中国特色社会主义政治经济学理论本体的诞生。

---

① 胡福明，孙长江．实践是检验真理的唯一标准［N］．光明日报，1978-05-11（1）．
② 邓小平．邓小平文选：第二卷［M］．北京：人民出版社，1994：143．
③ 邓小平．邓小平文选：第三卷［M］．北京：人民出版社，1993：83．
④ 中国共产党中央委员会．关于建国以来党的若干历史问题的决议［M］．北京：中国党史出版社，2010：114-115

二、历史起点：建构社会主义基本经济制度

历史起点也是实践起点，是学科发展的本源和开端。中国特色社会主义政治经济学的历史起点回答的是何时开启实践历程这一问题。依照马克思、恩格斯的构想，无产阶级达成对全部生产资料的占有。① 列宁、斯大林结合俄国实际情况将生产资料公有制具体化为国家、集体所有制。这些理论与实践对我国确立社会主义制度无疑有着巨大的指导意义。不过，与马克思设想的高度发达的生产力阶段相比②，我国生产力水平仍与其有很大的差距，建设单一公有制并不符合我国实际。因此，探寻适合我国社会主义初级阶段的经济制度成为我们党改革开放初期思想突破后的首要任务。

1980 年 8 月，中共中央批准的有关文件指出，鼓励城镇个体经济的发展。同年 9 月，中央再次指出，经过相关部门准许，少数要求从事个体经营者可以持证外出劳动和经营。党的一系列重要理论性文件为经济制度的改革开启了闸门。1982 年，党的十二大明确指出，坚持国有经济主导地位并发展多种经济形式。1997 年，党的十五大正式提出，建立"公有制为主体、多种所有制经济共同发展"的基本经济制度。

首先，基本经济制度明确了社会主义性质。马克思指出，所有制决定社会性质。依循这一思想，邓小平指出，我们应当坚守"公有制为主体和共同富裕"的社会主义根本原则。③ 而基本经济制度始终以公有制为主体，始终闪耀着"普照的光"，既坚持了社会主义的根本属性和发展方向，肯定了科学社会主义的基本原则，还使广大人民群众成为全部生产资料的主人。与此同时，坚持公有制的主体地位也是中国特色社会主义政治经济学发展遵循的根本原则。

其次，基本经济制度释放了社会主义生产力。基本经济制度对我国经济发展起积极作用。从根本力量上来说，以公有制经济为主体符合社会化大生产的历史趋势，彻底克服资本主义基本矛盾，快速发展社会生产力，是社会主义经济现代化建设的中流砥柱。从重要力量来说，非公有制经济是推动社会主义市场经济发展以及实现国家富裕的有生力量。从社会合力上说，多种所有制经济

---

① 中共中央马克思恩格斯列宁斯大林著作编译局. 马克思恩格斯选集：第 2 卷［M］. 北京：人民出版社，2012：812-813.

② 中共中央马克思恩格斯列宁斯大林著作编译局. 马克思恩格斯全集：第 18 卷［M］. 北京：人民出版社，1964：610.

③ 邓小平. 邓小平文选：第三卷［M］. 北京：人民出版社，1993：111.

成分并存，契合我国社会主义初级阶段各个部门、地区多层次生产力发展水平不尽相同的客观需要，共同促进整个社会生产效率的提高。可以说，基本经济制度符合我国生产力发展多层次多维度的状况，也表明中国特色社会主义政治经济学更加关注生产力这一维度。

至此，我国在这一时期逐步建立起的社会主义基本经济制度，成为中国特色社会主义政治经济学发展的历史起点。此后，如何建设中国特色社会主义经济制度以及探索出一条符合我国实际的经济发展模式成为经济理论界研究、关注的重要内容。

第二节　中国特色社会主义政治经济学的初步探索（1992—2002）

20世纪80年代末，受经济危机、政治风波和苏联巨变的影响，关于计划和市场问题的争论突然加剧，甚至有人提出要重返"计划经济"时代。直到1992年，邓小平南方谈话后，经济与思想方面的混乱现象才得以遏制。邓小平强调，计划和市场都是经济手段，资本主义也可以有，社会主义也可以掌握，而且它们并不是两种经济制度的本质差异。① 这一讲话破除了束缚人民思想的理论和认识问题，为社会主义市场经济体制的确立以及新型工业化发展道路的战略部署等的有效实施夯实了思想基础，推动中国特色社会主义政治经济学进入新的阶段。

一、坚持社会主义市场经济的改革方向

党的十四大坚持邓小平南方谈话的基本精神，确定我国经济体制的改革目标。② 随后，党的十四届三中全会进一步提出了社会主义市场经济的基本框架，而对于改革的方式则提出了"整体推进、重点突破"的战略。③ 我国计划体制向市场体制的方向转变，意味着中国特色社会主义政治经济学理论的发展突破了重要节点，这一改革方向是贯穿于中国特色社会主义政治经济学创新发展的

---

① 邓小平. 邓小平文选：第三卷［M］. 北京：人民出版社，1993：373.
② 江泽民. 加快改革开放和现代化建设步伐夺取有中国特色社会主义事业的更大胜利——在中国共产党第十四次全国代表大会上的报告［R］. 北京：人民出版社，1992：23.
③ 改革开放以来历届三中全会文件汇编［M］. 北京：人民出版社，2013：58.

逻辑主线。

（一）经济体制转型是渐进的历史过程

1995 年，党的十四届五中全会将经济体制改革思想融入国民经济五年规划中，提出要顺利实现第九个五年计划等具有全局意义的转变，首要的是实现经济体制的转变。该会议还对"产业结构关系""改革、发展、稳定关系""市场机制和宏观调控关系"等全局性的矛盾关系提出了建设性意见。1997 年，中国共产党十五大胜利召开，指出要建成比较成熟的社会主义市场经济和中国特色的社会主义经济。

2001 年，我国政府通过几十年的艰辛谈判正式加入世界贸易组织，社会主义市场经济逐渐成为全球市场不可或缺的部分。在此经济形势基础上，党的十六大正式宣布，从所有制经济发展程度、市场体系建设程度、宏观调控体系完善程度以及政府职能转变程度等方面进行考虑，我国已经初步建成了社会主义市场经济体制。但是，这一体制仍存在市场经济秩序建设等方面的一系列问题。所以，党的十六大进一步强调新世纪仍要不断完善这一体制。

（二）经济体制转型是必然的历史趋势

市场经济不等于资本主义。邓小平曾指出，市场经济并不是资本主义。①这一阐释是科学严谨的。马克思曾指出，相异的经济制度都具有商品生产、商品流通等经济现象。因此，我们只是单纯地认识这些经济制度普遍拥有的商品生产、流通体系，依旧不能充分了解这些经济制度所涵盖的不同本质特征，也不能对这些经济制度做出有效准确的判断。② 马克思的论述清楚地表明，市场经济可以存在于不同的社会经济制度中，是各社会经济制度共有的互通的基本属性，不能使之等同于任何生产方式尤其是资本主义制度。马克思还指出，把市场经济看作独立的制度就是一种必然的虚幻的假象。③

社会主义也可以运用市场经济。马克思主义领导者曾在理论上对这一思想进行了多次论述。斯大林发表了《苏联社会主义经济问题》，提出商品生产、流

① 邓小平.邓小平文选：第三卷［M］.北京：人民出版社，1993：367.
② 中共中央马克思恩格斯列宁斯大林著作编译局.马克思恩格斯全集：第46卷上［M］.北京：人民出版社，1979：153.
③ 中共中央马克思恩格斯列宁斯大林著作编译局.马克思恩格斯全集：第46卷上［M］.北京：人民出版社，1979：153.

通发生于全民所有制和集体所有制两种所有制中，也是苏联国民经济体系中必要的应有的因素。① 在我国，毛泽东研读了《苏联社会主义经济问题》一书后，不仅赞同斯大林的观点，还指出商品经济是否存在要归于生产力的发展水平，强调我国当前应该存在两种所有制，即商品生产、商品交换是国民经济体系中极其必要的存在。② 邓小平则进一步指出，市场经济只存在于资本主义制度中是完全不正确的。市场经济也可以存在于社会主义制度中，可以为其发展生产力。③

综上所述，党的十四大以来关于社会主义市场经济理论的科学探索，成为跨世纪我国经济体制改革所遵循的基本原则和行动指南。这一理论既不同于西方经济学中资本主义市场经济的私有制研究前提，也不等于苏联传统经济学中将公有制与市场看作是"方枘圆凿"制度矛盾的论断，促使中国特色社会主义政治经济学实现了质的飞跃。

二、施行新型工业化道路的战略部署

如何走出和实现一条中国特色的社会主义新型工业化道路。基于我国工业发展的历史经验和对基本形势的科学判断，党的十六大报告明确指出，走新型工业化道路，要坚持科教兴国战略、可持续发展战略以及经济结构调整战略。这些重要部署思想不仅实现了工业发展道路与经济发展战略、经济结构改革的相互统一，更是中国特色社会主义政治经济学重要的、特色的理论。

推行科教兴国战略。改革开放之初，邓小平就曾阐述道，建设现代化工业需要先进的科学技术④，而先进的科学则需要工程技术专家和科学家⑤。邓小平关于"科学和教育"的重要论述表明科教兴国战略是实现新型工业化的重要基石。之后，党的十四大提出，劳动者素质的提高和科技的进步可以有效推动经济建设和发展。随后，中共中央指出，科学和技术教育有助于四个现代化的建设。1997年，党的十五大正式提出，要实施"科教兴国战略"。2002年，党的十六大明确提出，走新型工业化道路，注重依靠提高劳动者素质和科技进步，发挥科学技术的作用。

---

① 斯大林. 苏联社会主义经济问题 [M]. 北京：人民出版社，1962：11-12.
② 中共中央文献研究室. 毛泽东文集：第七卷 [M]. 北京：人民出版社，1999：440.
③ 邓小平. 邓小平文选：第三卷 [M]. 北京：人民出版社，1993：236.
④ 邓小平. 邓小平文选：第三卷 [M]. 北京：人民出版社，1993：86.
⑤ 邓小平. 邓小平文选：第三卷 [M]. 北京：人民出版社，1993：91.

实践可持续发展战略。1992 年，联合国通过以可持续发展为主旨的《21 世纪议程》，表明"先污染、后治理"的旧有工业化模式已经引起各国的关注，实现可持续发展成为世界各国的普遍共识。面对此，邓小平指出，建设现代化不仅需要综合平衡①，也要"讲究经济效益和总的社会效益"②。随后，国务院环境委员会制定通过中国版"21 世纪议程"，中国走上了可持续发展道路。2001 年，江泽民指出，妥善处理经济与环境、资源等的关系，努力改善生态环境和开创文明发展道路。③ 2002 年，党的十六大报告明确提出，走新型工业化道路，要把可持续发展放在首要的地位，坚持"计划生育、保护环境和保护资源"的基本国策。

执行经济结构调整战略。邓小平指出，经济发展需要调整正确的经济比例。④ 之后，我国制定了调整产业结构的基本策略。1992 年，党的十四大报告指出，始终重视农业，坚持发展基础工业和第三产业。1994 年，政府颁布了《90 年代国家产业政策纲要》，其中规定建筑、化工、汽车等作为支柱产业。1997 年，党的十五大报告指出，积极发展第三产业、稳定基础工业和保障农业基础地位。2002 年，党的十六大提出，走新型工业化道路，要建构高新技术产业作为先导产业、基础产业和制造业作为支撑产业、服务业全面发展的产业格局。⑤

自 20 世纪末至 21 世纪初，以南方谈话为起始，我们党构筑起具有中国特色的社会主义市场经济理论。与此同时，我们党形成了重要的战略部署思想，迈入了新型工业化道路。经过经济体制向工业化模式转型的艰辛探索，我国新一轮改革路径正逐步实施，新一轮改革开放大局正逐步展开，也充分说明中国特色社会主义政治经济学理论发展取得了承上启下的阶段性成就。

---

① 邓小平. 邓小平文选：第二卷［M］. 北京：人民出版社，1994：250.
② 邓小平. 邓小平文选：第三卷［M］. 北京：人民出版社，1993：143.
③ 江泽民. 在庆祝中国共产党成立八十周年大会上的讲话［R］. 北京：人民出版社，2001：44.
④ 邓小平. 邓小平文选：第二卷［M］. 北京：人民出版社，1994：161.
⑤ 江泽民. 全面建设小康社会开创中国特色社会主义事业新局面：在中国共产党第十六次全国代表大会上的报告［M］. 北京：人民出版社，2002：21–22.

第三节　中国特色社会主义政治经济学的
纵横发展（2002—2012）

十一届三中全会以来，我国理论经济学获得了发展并指引建设实践，推动了社会生产力的快速发展，但仍面对一些新问题，如居民收入增长乏力、经济与社会发展不协调、区域发展不平衡以及城乡结构二元化。新世纪初中国特色社会主义政治经济学理论深化的叙事逻辑正是回应经济发展中遇到的新情况、新矛盾，主要表现是以社会主义分配制度为核心的纵向理论延伸，以科学发展观为核心战略举措实施的横向理论拓展，包括社会主义分配制度思想、经济与社会全面发展思想、城乡一体化发展思想和区域协调发展思想。

一、建立社会主义基本分配制度的纵向理论深化

马克思指出，分配因素对经济运行至关重要，尤其是分配环节如果出现绝对平均主义或不公平现象，就会影响生产者和要素所有者的投入和创造性。正如十六大报告所指出的，广大人民的创造性和积极性受到分配关系的影响。[1]所以，我们党在深化认识市场经济价值规律的基础上，逐步实现分配关系由破除"平均主义"到"按劳分配"向"按劳分配与按生产要素分配相结合，并注重防止两极分化"的适时转变。

首先，按劳分配是社会主义的具体分配形式。"各尽所能，按劳分配"是经典作家预设的社会主义具体分配方式。马克思在《资本论》中指出，劳动者获得消费资料的多少是凭借劳动时间在共同劳动中的份额。[2] 马克思在《哥达纲领批判》中进一步强调，生产者个人以他给予联合体的劳动量领取相同劳动量的生活资料。[3] 基于此，十一届三中全会明确指出，各个公社要依照按劳分配的基本原则，坚决克服平均主义，依照劳动的质量和数量来计算个人获得的薪酬。党的十六大、十六届三中全会以及党的十七大强调，要不断完善按劳分配

① 江泽民. 全面建设小康社会开创中国特色社会主义事业新局面：在中国共产党第十六次全国代表大会上的报告［M］. 北京：人民出版社，2002：28.
② 马克思. 资本论：第一卷［M］. 北京：人民出版社，2018：96.
③ 中共中央马克思恩格斯列宁斯大林著作编译局. 马克思恩格斯选集：第 3 卷［M］. 北京：人民出版社，2012：363.

为主体的分配制度。

其次，按生产要素分配契合社会主义市场经济的发展要求。按劳分配的方式有效地发展了社会生产力，但是市场经济中还存在非公有制经济，按生产要素分配成为进一步解放生产力的必然选择。党的十六大首次提出了按生产要素贡献参与分配和不断完善分配制度的要求。① 十七大进一步明晰了上述思想。这一系列决议不仅肯定劳动者在生产过程中的关键地位和作用，还给予其他生产要素所有者极大的发展空间。但必须有一个清醒认识，按劳分配中的劳动者在公有制下获得的是劳动的价值，而按生产要素分配中的劳动者获得的则是工资的报酬即劳动力的价值。

最后，防止两极分化遵循共同富裕的最终目标。实行按生产要素分配不应回避由此造成的居民收入差距不断扩大问题，主要是由于不同生产要素所有者的占有收益差异，也是因为社会主义市场机制体制发育不健全和基本分配制度不成熟。党的十六大提出，在初次分配和再次分配中坚持"效率优先、兼顾公平"的原则。十六届三中全会进一步提出了"缩小部分社会生产收入差距、加大收入分配调节力度"等具体实践途径。党的十七大提出四个"提高"举措，提出两次分配中要注重公平。

二、践诺科学发展观战略举措的横向理论拓展

深入贯彻落实科学发展观，要正确处理统筹城乡建设关系、区域协调关系以及经济社会发展关系并将其上升为系统化的经济理论学说，从而丰富拓展中国特色社会主义政治经济学的理论体系。党的战略举措思想既着眼当下现实经济建设实践的共同发展又立足于未来布局的可持续发展，尤其是兼顾社会整体的全面和系统发展，促使生产关系更加和谐的中国特色社会主义政治经济学理论的形成与发展。

统筹城乡发展。良性互动的城乡发展结构事关我国现代化经济体系远大目标的实现。党的十六大提出，统筹城乡经济社会的发展，一方面通过建立现代农业等举措繁荣农村经济，另一方面通过壮大县域经济等举措加快城镇化进程。党的十六届三中全会指出，建立转变城乡二元经济结构的制度，构筑农村富余劳动力城乡双向流动就业机制来增加农民收入和推进城镇化。党的十六届五中全会提出推动城乡经济社会的共同发展，要积极发展现代农业，推动农村深化

---

① 改革开放以来历届三中全会文件汇编 [M]. 北京：人民出版社，2013：133.

改革以及夯实农村公共事业，从而实现社会主义新农村建设。党的十七大报告指出，建设中国特色农业现代化模式，形成以工促农、以城带乡的长效机制。

统筹区域发展。20 世纪 50 年代，毛泽东指出要正确处理好"内地工业"和"沿海工业"的发展关系。① 改革开放后，邓小平提出"两个大局"的思想。② 我国区域经济发展也正是按照这一理论逻辑有序推进，率先实现了东部地区的快速发展。21 世纪，十六大、十六届三中全会和十六届五中全会提出了一系列统筹区域发展的系统的、具体的举措。党的十七届五中全会强调，形成"区域经济优势互补、主体功能定位清晰"等的区域发展格局。

统筹经济社会发展。党的十六大将健全社会保障体系、建立现代教育体系、扩大就业等作为提高人民生活水平的实践举措。党的十六届三中全会进一步指出，促进社会、经济和人的全面发展，把扩大就业放在经济社会发展更突出的位置。党的十六届五中全会全面阐述了"十一五"时期经济社会发展的主要目标，囊括了卫生、文化、居住等多方面内容。党的十六届六中全会指出，推动经济社会协调发展，尤其是注重发展社会事业。党的十七大将社会建设作为重要报告中的重要内容，构建了"四位一体"建设格局，提出"完善社会管理、深化收入分配制度改革"等具体路径。随后，党把"布局"写入党章总纲之中。

第四节　中国特色社会主义政治经济学的
拓展集成（2012 年至今）

中国特色社会主义政治经济学伴随经济社会现实实践的变化而不断地发展演变，但这一质性嬗变过程始终坚持社会主义根本属性和发展方向。从时间范围来讲，中国特色社会主义政治经济学对十八大后我国经济现状进行了最新理论概括，指出经济发展进入新常态、社会主要矛盾和发展理念发生新变化。从空间范围来讲，中国特色社会主义政治经济学的"中国一域"体现了我们党对"坚持党对经济工作领导的政治原则""坚持以人民为中心的根本立场""坚持不断解放和发展生产力的重要原则"等发展经验的基本恪守。

---

① 毛泽东. 毛泽东文集：第七卷［M］. 北京：人民出版社，1999：25-26.
② 邓小平. 邓小平文选：第二卷［M］. 北京：人民出版社，1994：277-278.

一、遵循时代课题转换的客观事实

经济发展进入新常态。这一重要判断的创新价值在于准确刻画了我国当前发展阶段表现的经济特征。习近平在河南考察时首次阐释了经济发展"新常态"的基本概念，并指出它的特点在速度、结构、动力方面呈现出来。① 随后，习近平在党的十八届五中全会提出，建设适应新常态并引领经济前行的发展方式和体制机制。习近平指出，要在经济新常态中不断发挥新发展理念的指引效用，实现经济发展质量、结构和方式的合理转变。② 可以说，经济新常态是未来我国发展的重大逻辑。

社会主要矛盾发生新变化。经过经济体制的历史变革和社会生产力的巨大发展，我国经济社会取得了极大的进步，当前的经济发展程度已经不能用"落后的社会生产"来形容，人民群众也不再局限于"物质文化"的需要。对此，党的十八大指出在继续坚持社会主要矛盾没有改变的基础上，表明了国家发展中存在不平衡、不协调、不可持续等突出问题。十九大报告中正式提出，社会主义主要矛盾已经转化为人民日益增长的美好生活需要和不平衡不充分的发展之间的矛盾。

发展理念产生新改变。邓小平提出"发展才是硬道理"；江泽民指出"发展是党执政兴国的第一要务"；胡锦涛强调"科学发展观"。党的十八大以来我国进入了发展新时期，既面对诸多风险隐患的严峻形势又处于机遇良多的关键时刻。习近平在党的十八届五中全会上指出，树立五大发展目标，有助于实现"十三五"发展目标。③ 他进一步在党的十九大报告中指出，贯彻新发展理念，建设现代化经济体系。④ 总之，新发展理念是引领新时代经济建设的新指引。

二、恪守经济发展经验的价值导向

坚持党对经济工作集中统一领导的政治原则。万山磅礴，必有主峰。"党对一切工作的领导"是民族幸福安康的命脉所在，坚持党对经济工作的领导是

---

① 中共中央文献研究室. 习近平关于社会主义经济建设论述摘编［M］. 北京：中央文献出版社，2017：74.

② 习近平. 习近平谈治国理政：第二卷［M］. 北京：外文出版社，2017：38.

③ 中共十八届五中全会在京举行［N］. 人民日报，2015-10-30（1）.

④ 决胜全面建成小康社会　夺取新时代中国特色社会主义伟大胜利：在中国共产党第十九次全国代表大会上的报告［N］. 人民日报，2017-10-28（1）.

"党对一切工作的领导"的题中应有之意。这一政治原则不仅是发展社会主义各项事业的重要保障，也是中国特色社会主义政治经济学不断发展的关键原则。习近平在十八届四中全会指出，加强和改善党对经济工作的领导。① 随后，习近平进一步指出，党员尤其是领导干部要掌握较高的经济专业水平，要自觉加强学习和提高管理水平。② 2016 年中央经济工作会议上强调，党员干部要增强分析、解决问题的能力，提高经济工作的领导能力。历史实践已经表明并将继续证明，党在复杂多变的局面下坚持经济改革方向始终是正确的。

坚持以人民为中心的根本立场。中国特色社会主义政治经济学坚持以人民为中心的根本立场并将其作为价值导向。党的十八届五中全会提出，必须坚持人民群众的主体地位，让人民在共建共享发展理念中获得更多成就感。2018 年中央经济工作会议上强调，要把以人民为中心贯彻到"五位一体""四个全面"两大战略中。换言之，要在这两大战略中做到处处考虑人民，事事关心人民。随后，党的十九届三中全会指出，我们党所有工作的落脚点和出发点始终是广大人民的根本利益。十九届五中全会着重强调，我们制定发展的"十四五"规划，始终坚持以人民为中心。我们重申这一根本立场，有助于站在新的历史起点上，确保实现国家发展的最终目的。

坚持以现代化为目标的发展方向。改革开放以来，我国始终将四个现代化作为推动经济社会进步的目标指引，尤其是进入新时代，党和国家更加注重实现全面的现代化的发展目标。为此，十八大提出了具有新含义的"四个现代化"，包括信息化、农业现代化、城镇化以及新型工业化，契合时代发展潮流融入了信息化这一新要求。党的十九大报告适时判断我国国情，指出我国有能力提前实现现代化，提出了新时代现代化的两步走战略。随后，十九届三中全会提出，国家治理体系和治理能力的现代化的有效实现途径是推动党和国家机构的改革。党的十九届五中全会强调，当前"十四五"时期要遵循全面建设现代化的原则，还勾画了 2035 年中国现代化社会的美好远景。党的二十大提出，要走中国式现代化道路，全面建成社会主义现代化强国。

坚持对外开放的基本国策。当前由于孤立主义、保护主义和反全球化的泛滥以及新冠疫情的影响，造成了全球经济发展失速。对此，我国仍旧坚持打开

---

① 中共中央文献研究室. 习近平关于社会主义经济建设论述摘编 [M]. 北京：中央文献出版社，2017：320.

② 中共中央文献研究室. 习近平关于社会主义经济建设论述摘编 [M]. 北京：中央文献出版社，2017：328.

国门搞建设，为全球经济增长做出自己的贡献。首先，坚持走和平发展道路。党的十八大报告指出，中国走和平发展的道路，但绝不屈服于任何外来势力，也同时把全球各国人民的利益结合起来。其次，建设人类命运共同体。十九大报告提出，我们要在注重国内国外两个环境、遵循互惠互利开放战略以及建立新型国家关系的基础上，构建人类命运共同体。最后，推动建设"一带一路"。这一倡议不仅是地理概念，更是政治经济学范畴，无疑在逆全球化倾向加重、国际贸易受阻等背景下，为世界经济的包容性发展起到了重要的推动作用。

坚持不断解放和发展生产力的根本任务。党和政府提出了有助于发展生产力的新思路、新办法。首先，发挥社会主义市场经济的决定性作用。伴随着市场经济体制在我国的建立与完善，十八届三中全会指出，要进一步使其发挥决定性作用。随后，十九大提出了一系列举措进一步发挥其在资源配置中的决定性作用。中国共产党十九届五中全会明确表示，我国已经建成了更加完善的社会主义市场经济体制、更高标准的市场体系、更加健全的公平竞争制度、更加充满活力的市场主体、更加流转顺畅的要素市场化机制，从而形成了更高水平的开放型经济新体制。

其次，完善社会主义基本经济制度。党的十八大强调保障非公有制经济各项基本权益。党的十八届三中全会做出"两个都是"的重大判断，提出通过建立产权保护制度等举措来支持各种所有制经济健康发展。党的十九大将"两个毫不动摇"划入基本方略。党的十九届四中全会指出，在坚持公有制为主体、多种所有制经济共同发展的基础上，将社会主义基本分配制度、社会主义市场经济体制等上升为基本经济制度。2020 年，国务院出台意见指出，坚持"两个毫不动摇"的决议，探索公有制的多种实现形式和支持、鼓励民营企业的发展，还提出建构体现效率、促进公平的收入分配制度和高水平的社会主义市场经济体制。

政治经济学是研究社会经济运行规律的理论经济学，并有着诸多流派，如古典政治经济学将研究从流通领域转移到生产领域并奠定了研究劳动价值论的基础。不过，他们将资本主义生产方式看作永恒不变的客观规律，就表现出了其固有的历史局限性。与之相比较，只有马克思主义政治经济学才能被称为真正的科学理论，它立足于唯物主义辩证法，揭示了人类社会经济形态发展规律，尤其阐释了资本主义的生产关系以及其终将被共产主义所取代的历史必然趋势。而中国特色社会主义政治经济学正是马克思主义政治经济学的一个重要历史发展阶段。

具体而言，中国特色社会主义政治经济学在坚持马克思主义政治经济学的核心指导地位的基础上，研究我国具体的现实的经济关系的理论规律、经济范畴和逻辑体系。从时间节点来看，它以十一届三中全会后的思想变革和经济制度改革为起始，历经社会主义市场经济建立初期的发展和新型工业化道路的战略部署阶段，再经过社会主义分配制度的确立和科学发展观战略举措的实施阶段，至十八大以来党对经济发展经验的系统概括阶段。从具体内容来看，它以"富起来""强起来"为主要内容，摆脱传统苏联政治经济学的僵化模式，回应我国社会主义初级阶段如何解放生产力的时代叩问，是当代中国马克思主义政治经济学的重要组成部分。从历史使命来看，中国特色社会主义政治经济学不仅指引我国经济建设完成首个"百年目标"，还要继续围绕下一个"百年目标"、国家繁荣和民族复兴而展开，并且它将继续发展当代中国马克思主义政治经济学。

首先，中国特色社会主义政治经济学引领我国实现了全面建成小康社会的目标。我国达成了从"短缺经济"到"供给充裕"的重大转变，实现了"票证时代"到"全面小康"的历史性变革，正由"富起来"迈进"强起来"。进入历史新阶段，中国特色社会主义政治经济学基于经济新常态和社会主要矛盾新变化等现实国情，继续遵循、把握经济增长客观规律，力求科学解答国内外宏观经济形势下存在的各种经济问题并谋篇布局，指引中国经济实现高质量的发展，并带领中国人民朝着建成社会主义现代化强国迈进。

其次，中国特色社会主义政治经济学进一步发展了当代中国马克思主义政治经济学。苏联解体和东欧剧变给社会主义运动带来了极大的伤害，苏联传统的政治经济学体系遭遇被遗弃的境遇，福山甚至提出了"历史的终结论"，即社会主义与马克思主义政治经济学都应该被历史发展的潮流所终结。改革开放后，新自由主义认为"私有化、市场化和自由化"的华盛顿共识是对中国经济发展取得辉煌成就的"合理解释"。面对此，用中国特色社会主义政治经济学讲好中国故事显得尤为迫切和重要，既对苏联政治经济学以及西方经济学进行系统审阅与检视，消解其中不合理的概念内涵、具有偏见的制度歧视和意识形态，又对中国发展经验进行概括提炼，进而形成中国特色的范式、范畴和逻辑体系，这一过程就是在不断创新发展政治经济学体系。

科学性、系统性考察和探究中国特色社会主义政治经济学演进历程，为进一步认识、把握其生成逻辑提供了事实性线索。中国特色社会主义政治经济学在迈进中世纪"百年目标"的新征程中得到不断丰富和发展，不断凝练出中国特色的生产关系、生产方式的崭新特征以及总结出新的经济形态、经济运行方式的客观规律。习近平曾阐述道："马克思主义必定随着时代、实践和科学的发展而不断发展，不可能一成不变，社会主义从来都是在开拓中前进的。""现在，我们这一代共产党人的任务，就是继续把这篇大文章写下去。"①

---

①　习近平在新进中央委员会的委员、候补委员学习贯彻党的十八大精神研讨班开班式上发表重要讲话强调：毫不动摇坚持和发展中国特色社会主义　在实践中不断有所发现有所创造有所前进 [N]. 人民日报，2013-01-06（1）.

第二章

中国特色社会主义政治经济学形成与发展的历史前提

中国特色社会主义政治经济学对于如何正确认识和处理自身与改革开放前我们党对于马克思主义政治经济学中国化初步探索时期的关系是其形成与发展的重要历史前提。关于如何处理改革开放前后两个历史阶段，学界形成了"以前否后""以后否前""前后都否"等几种论断。对此，习近平做出决断，既不能用后一阶段否定前一阶段，又不能用前一阶段否定后一阶段。① 这一重要论述符合历史发展逻辑，集中表现了我们党对于改革开放前后阶段问题的鲜明态度和根本立场，使我们从宏观科学的视角正确认识和把握两个发展过程的辩证关系，更加坚定中国特色的"四个自信"，进一步推进伟大社会主义事业。

第一节　不能全盘否定新中国改革
开放前的历史时期

不能为了突出中国特色社会主义政治经济学形成与发展的历程，而全盘否定新中国改革开放前我们党对于探索马克思主义政治经济学中国化的历史时期。中国特色社会主义政治经济学是在改革开放历史新时期开创形成的，但也是在新中国建立起的社会主义制度基础上开创的。十八大曾高度评价了以毛泽东为核心的党中央对于探索出适应我国基本国情的社会主义建设道路所做出的卓越贡献，指出我们党在这一时期获得的伟大理论性成就，为发展中国特色社会主义提供了物质基础、理论准备和宝贵经验。

毛泽东提出了撰写中国版中国式的政治经济学教科书的历史重任。他曾指

---

① 中共中央文献研究室．十八大以来重要文献选编：上［M］．北京：中央文献出版社，2014：11.

出，结合建设社会主义事业的实际问题来学习和了解经济理论的相关内容，效果是十分显著的，比脱离社会实践要容易懂、好得多。研究和探讨政治经济学问题，具有很大的现实和理论意义。① 随后，毛泽东又提到了社会主义政治经济学如何才能写好等问题。② 此外，对于编写中国式政治经济学教科书的主线这一重要问题，毛泽东以为，社会基本矛盾的不平衡是绝对的，而它们相互适应的平衡则是相对的。如果只有平衡，而没有不平衡，那么社会发展和进步就是停滞的。也正是基于这种认识，毛泽东提出了政治经济学教科书的纲领，我们应该将基本矛盾的不平衡和平衡的相互转变作为研究社会经济问题的纲领。③

毛泽东探讨了政治经济学的研究对象。毛泽东曾对研究对象下过科学的定义，并指出某一研究领域具有的矛盾，事实上就构成了科学的一门研究对象。④ 斯大林曾把研究对象直接等同于生产关系，苏联政治经济学教科书体系正是秉持了斯大林的这一说法。然而，毛泽东却突破了斯大林对生产关系认识的局限，指出研究对象应当是生产关系，但是要联系生产力来对其进行研究，还需要考量上层建筑与生产关系的相互影响等因素。⑤ 此外，他还深入思考到了研究对象的研究范围和界限，指出研究对象如果过分强调生产力，则会使其陷入自然科学之中，如果过分强调上层建筑，则会使其落入国家、阶级斗争论当中。⑥ 毛泽东的这一规定，一方面避免了孤立、静止地看待生产关系问题，另一方面又开辟了研究的范围和视角，为中国特色社会主义政治经济学确定研究对象的具体内容提供了有效的思路指引。

毛泽东阐述了政治经济学的研究方法。毛泽东盛赞辩证法的重要性，以马克思与列宁对于政治经济学的贡献举例，强调马克思、列宁分别创作出《资本论》和《帝国主义论》是因为他们是哲学家并具有辩证法这个思维逻辑。如果

① 毛泽东. 毛泽东读社会主义政治经济学批注和谈话 [M]. 北京：中华人民共和国国史学会，1998：25.
② 中共中央文献研究室. 毛泽东文集：第八卷 [M]. 北京：人民出版社，1999：137.
③ 毛泽东. 毛泽东读社会主义政治经济学批注和谈话 [M]. 北京：中华人民共和国国史学会，1998：421-422.
④ 毛泽东. 毛泽东选集：第一卷 [M]. 北京：人民出版社，1991：309.
⑤ 毛泽东. 毛泽东读社会主义政治经济学批注和谈话 [M]. 北京：中华人民共和国国史学会，1998：422.
⑥ 毛泽东. 毛泽东读社会主义政治经济学批注和谈话 [M]. 北京：中华人民共和国国史学会，1998：422.

他们不具备哲学家的头脑,要想写出好的经济学教材那是万万不可能的。① 与此同时,毛泽东还指出苏联撰写的政治经济学教科书总体来说是好的,但这部著作最大的问题是缺乏辩证法这一重要武器。他进一步指出世界上诸多基本范畴尤其是对立统一法则,对任何事物的分析都是适用的,这部著作恰恰缺乏了这一世界观和方法论。② 毛泽东还提出苏联政治经济学教科书总是先入为主先下定义,毛泽东对此进行批判并指出定义并不是分析其出发点而是其结果。③ 随后,他还强调对政治经济学的研究要始终从经济事实和经济现实出发,强调教科书要有说服力和吸引力,而不能势如破竹、高屋建瓴,如果读者读起来没有兴趣,那一定是没有实际经验、只写文章的书生所写。换言之,一方面做工作的具体的人具有实际经验,而他们不善于运用逻辑和概念等方式方法,另一方面理论工作者却缺乏实际的经济实践经验。所以,这两方面怎样结合起来是需要进一步探讨的。④

毛泽东论述了中国特色社会主义政治经济学的一系列重要理论和观点。习近平高度评价了毛泽东对政治经济学的贡献,指出"在探索社会主义建设道路过程中对发展我国经济提出了独创性的观点"⑤。毛泽东关于政治经济学的论述囊括:毛泽东指出社会主义经济建设是长期的、艰巨的历史重任。当时中央提出的社会主义建设总路线、"大跃进"和人民公社化运动一味强调经济建设速度,最终引致了国民经济的比例失调和人民群众的困苦生活。毛泽东判断了社会经济建设的长期性和艰巨性。他指出,在我们这样一个经济社会落后的国家建设共产主义,这完全是一个十分艰巨的历史重任。⑥ 1961 年 1 月,毛泽东指出,社会主义的建设尤其是经济建设应当放慢点速度,可以破浪式地不断向前

① 毛泽东. 毛泽东读社会主义政治经济学批注和谈话 [M]. 北京:中华人民共和国国史学会,1998:802.
② 毛泽东. 毛泽东读社会主义政治经济学批注和谈话 [M]. 北京:中华人民共和国国史学会,1998:421-422.
③ 毛泽东. 毛泽东读社会主义政治经济学批注和谈话 [M]. 北京:中华人民共和国国史学会,1998:170.
④ 毛泽东. 毛泽东读社会主义政治经济学批注和谈话 [M]. 北京:中华人民共和国国史学会,1998:803.
⑤ 习近平. 习近平在中共中央政治局第二十八次集体学习时强调:立足我国国情和我国发展实践 发展当代中国马克思主义政治经济学 [N]. 人民日报,2015-11-25(1).
⑥ 中共中央文献研究室. 毛泽东年谱(1949—1976):第 4 卷 [M]. 北京:中央文献出版社,2013:270.

发展。① 同年9月，毛泽东在同英国蒙哥马利的谈话中指出，革命、建设我们都没有多余的经验，这就必须有一个历史过程，这个时期可能需要几十年，甚至一个世纪也都不算长。

毛泽东非常重视科学技术对生产的作用。1960年，在中苏关系不断紧张的境况下，苏联突然损毁支援合作协议，导致这一时期我国正在进行的众多中苏合作性大型项目被迫下马，尤其是尖端科技领域受到的影响更大，给国防事业工业体系建设造成了重创。为此，毛泽东指出，之前我们关注上层建筑的建设，根本目的是发展生产力，当下我们注重科学技术的发展同样是为了生产力的解放。他还具体指出，用于科学家稿费方面的经费可以多一些，购买外国书刊的经费也可以多一些。② 与此同时，科学技术的快速发展还需要从国外引进大量技术。毛泽东也注意到这一点，提出国外一些先进技术都可以被我国工业所引进。③ 随后，他进一步做出补充，我们要走技术发展的新路，打破常规的技术路线和方式方法。他强调我们要力争在较短的时间赶上西方几百年才能达到的水平。④

毛泽东提出"三线建设"的重要战略决策。当时，国际上以美国为首的西方资本主义国家对我国在经济、军事以及政治方面进行多维度的封锁包围。中苏关系破裂后，苏联在我国北部边界陈兵百万，虎视眈眈。印度政府也在西南边界对我国进行严重挑衅。与此同时，国内台湾国民党当局也多次在东南沿海进行骚扰。毛泽东对此局势做出判断："要打仗，我们的行动要重新考虑。"⑤自此，我国围绕备战开启了三线建设。毛泽东指出，面对苏联的威胁没有后方是不行的，要建设好三线。他还针对三线建设中的地区具体建设问题指出，一方面酒泉和攀枝花的钢铁厂一定要做好，⑥ 宜宾没有煤炭和钢铁，还得修铁路

---

① 中共中央文献研究室. 毛泽东文集：第八卷 [M]. 北京：人民出版社，1999：236.

② 中共中央文献研究室. 毛泽东年谱（1949—1976）：第5卷 [M]. 北京：人民出版社，2013：294-295.

③ 中共中央文献研究室. 毛泽东年谱（1949—1976）：第5卷 [M]. 北京：人民出版社，2013：349.

④ 中共中央文献研究室. 毛泽东年谱（1949—1976）：第5卷 [M]. 北京：人民出版社，2013：446-447.

⑤ 毛泽东. 建国以来毛泽东文稿：第十一册 [M]. 北京：中央文献出版社，1996：120.

⑥ 顾龙生. 毛泽东经济年谱 [M]. 北京：中共中央党校出版社，1993：559.

和疏通金沙江，不适合进行建设。① 三线是一个阵地，沿海的一、二线的生产要对其支援。同时毛泽东同意成立专门的领导班子负责三线建设，尤其重视三线建设中产业分布存在的问题。我们的三线建设不只是修铁路、规划煤和钢铁产业，还应当有机械、军工、煤气以及化工等产业。② 随后，中苏爆发了"珍宝岛"战争，"三线"建设再次进入了新的建设高潮。

毛泽东做出"备战、备荒、为人民"的重要战略部署。20世纪60年代中期，我国棉花、粮食、钢铁和化肥产量都获得了极大的提高。但是，我国经历过"大跃进"后的三年困难时期后，再加上当时突发的自然灾害，一些地区出现了饥荒和经济发展溃败的景象。党中央将目光集中到农业生产和粮食安全问题上，把防止灾荒作为发展底线和首要任务。毛泽东指出，向老百姓征税征粮发展钢铁等其他工业，要按照客观可能还要留有余地的原则施行，不能搞得太紧。总而言之，计划要考虑民生、战争和灾荒三个因素。③ 至20世纪70年代中期，党中央把毛泽东提出的"注意灾荒、战争和一切为人民"总结为"三备"，系统详细地阐释了它们之间的内在逻辑。随后，周恩来进一步补充道，备战、备荒就是要依靠人民和为了人民。备战是国内外的阶级斗争，备荒是同自然进行斗争，使二者同人民相互联系并打成一片，这是最为可靠的。④

毛泽东推行了三大产业协调发展的重要战略举措。新中国成立后，我国开始集中力量进行以苏联援助项目为核心的重工业建设，这一战略安排有效地促进了我国产业布局的形成与发展。但是，我国长期过度强调重工业的发展，造成了忽视农业的不利局面，也致使轻工业发展滞后。为此，毛泽东指出，重工业是国家建设的重点，但绝不能忽略生活资料的生产。工人吃饭不能成为问题，否则国家进一步的发展就无从谈起。他进一步补充道，"可以适当发展轻工业、农业"⑤。毛泽东还在《关于正确处理人民内部矛盾的问题》中做出补充，指出

① 中共中央文献研究室.毛泽东年谱（1949—1976）：第5卷［M］.北京：人民出版社，2013：405-406.
② 中共中央文献研究室.毛泽东年谱（1949—1976）：第5卷［M］.北京：人民出版社，2013：472-473.
③ 中共中央文献研究室.毛泽东年谱（1949—1976）：第5卷［M］.北京：人民出版社，2013：500-502.
④ 中共中央文献研究室.周恩来年谱（1949—1976）：中［M］.北京：中央文献出版社，1997：751.
⑤ 中共中央文献研究室.毛泽东文集：第七卷［M］.北京：人民出版社，2012：24.

我国经济建设始终以重工业为中心，但不能忽视其他两个产业的发展。① 毛泽东从总结东欧苏联正反两方面的经验和教训时，注意到苏联以较大农民利益换取工业化发展的问题并指出，经济建设必须注重实际情况，在优先发展重工业的同时，要统筹农业和轻工业的发展。

毛泽东的经济体制改革思想。毛泽东在《论十大关系》中指出，要向生产者个人放权让利，从而充分调动他们的积极性。这一思想实质上与其他国家"逆向斯大林化"过程中加强对国有企业职工的物质刺激的思想潮流是相符合的。随后，刘少奇在党的八大所做的《政治报告》中也指出，国有企业应该在计划管理、财务管理、干部管理、职工管理等方面具备适当的支配权。在这些思想的指导下，我国在 20 世纪 60 年代末进行了国家经济委员会组织的"全国经济管理体制调查"，突出地反映了企业要求扩大自主权的呼声。这一思想为我国政治经济学的发展起到重要的借鉴作用，也为改革开放提供了实践经验。中共中央八届三中全会通过的一系列决议，标志着"体制下放"举措已经开始实行。一是下放计划管理权和项目审批权。1958 年，中共中央提出，逐步建构以专业部门和地区相结合、以地区综合平衡为基础的管理计划体制，形成以地方为枢纽的自下而上的、平衡的预算编制制度。与此同时，地方也获得了限额以下的项目审批权，可以在中央划拨的财政和以自筹的方式范围内筹建各类各式项目。地方还遵循"存贷下放、差额管理"的重要原则获取信贷的基本权利。二是下放企业管理权和劳动管理权。1958 年，我国发布了《关于工业企业下放的几项规定》等文件，将之前隶属于国家的诸多企业，除了事关发展大计以及重要的民生企业外，一律交由地方管理，而且要求同年的前半年就要完成这一重要任务。当时全国近半数以上企业下放到各级地方政府、街道和公社。与此同时，国家将劳动用工计划也由全国计划委员统筹调整转变为由各地区灵活执行。三是下放物资分配权、财政权和税收权。国家逐渐减少计划委员会对一类二类的生产生活物资的管理权限，管理物资由 500 多种下降到 100 多种。国家采取"包干制"的方法增加地方财力。国家规定了部分地方固定收入，如文化娱乐、印花税等，将货物税、营业税和所得税等按照比例分成。

历史已经证明，如果没有我们党早期对社会主义建设的艰辛探索，积累了很多重要的思想、制度和物质条件，改革开放就难以顺利推进，中国特色社会主义也很难建设成功，中国特色社会主义政治经济学更是无法形成和发展。

---

① 中共中央文献研究室. 毛泽东文集：第七卷 [M]. 北京：人民出版社，2012：241.

第二节　新中国改革开放前后两个历史时期本质上　都是对社会主义的坚持和发展

两个历史阶段都是对社会主义的坚持与发展。党领导的两个时期的社会主义建设实质上都是对社会主义实践的艰难探索。① 换言之，改革开放前后对于马克思主义政治经济学在中国应用与发展的探索的两个历史时期都是在坚持社会主义的基础上进行的。不过，两个历史阶段确实存在差异，在党的政策、方针和路线等维度发生了改变，在实践和理论上对一些问题形成了突破，尤其是改革开放后我们党在解答"什么是以及怎样建设社会主义"等问题上实现了创新发展，提出了本质论、阶段论、改革开放论等。具体来说，两个时期的一些理论成果有着比较大的差别，比如，如何健全厂长党委负责制、如何做好统购统销、如何处理好公社与村集体的财产财务关系等，这些只在改革开放前的时期存在。而如何解决农村环境问题、如何处理家庭联产承包责任制下的水利建设、如何应对农村劳动力流失问题等，这些在改革开放后才出现。虽然两个阶段有所差异，但事实上这两个阶段从根本上来说是相通的，都坚持社会主义性质、基本经济制度以及最终奋斗目标。具体来说，两个阶段必然有很多一致性因素，如怎么保持国民经济健康稳定发展、怎样处理政治、社会等各领域的协调发展、怎样坚持人民群众的主体地位、怎样进行国有企业改革等。从这些因素中都可以看出，改革开放后的中国特色社会主义政治经济学发展阶段也是对社会主义的坚持与发展。总之，改革开放后随着社会主义制度的完善与发展，政治经济学的相关内容产生了变和不变的内容，改变的是同生产力发展不适应的思想方式，不变的是它在发展过程中始终坚持社会主义制度、党的初心和使命、党的宗旨等。邓小平曾指出，人们只说开放政策是否变了，很少考虑社会主义制度没有变。② 习近平也指出，有些方面坚决改，但有些方面不能改的绝不改。③

新中国改革开放前我们党对政治经济学的初步探索时期是改革开放后中国

---

① 中共中央文献研究室．十八大以来重要文献选编：上 [M]．北京：中央文献出版社，2014：111-112.
② 邓小平．邓小平文选：第三卷 [M]．北京：人民出版社，1993：217.
③ 习近平．在庆祝改革开放40周年大会上的讲话 [M]．北京：人民出版社，2018：28.

特色社会主义政治经济学创新发展时期的重要奠基阶段。列宁曾指出，我们首次进行的事业，须多次尝试，也许会随波逐流，那是由于我们不能很好地区分出不正确和正确的东西，而且做出区分也是需要时间的。① 回溯改革开放前我们党对马克思主义政治经济学如何在中国应用与发展的探索时期，可以了解到，那时中国经济建设的实践才开始，我们对于如何建设社会主义经济制度，准备不够、认识不够、经验不够，加上面对内忧外患的不利局面，想要快速摆脱经济落后情形，就造成急于求成的心态的形成，这种情形下就很容易依照苏联以及过去的"经验"来进行建设。不过，惨痛的历史经验告诉我们，不管出于何种愿望，不管动员怎样规模的群众运动，只要忽略经济发展的客观规律，就会造成严重的甚至灾难性的经济后果。这一历史时期给予了我们深刻的经验教训，也正是在总结历史经验的过程中，我们党意识到社会主义不是一成不变的，而是不断发展变化的。不过，最近一些学者提出了"历史无用论"，指出改革开放前马克思主义政治经济学中国化的这一历史时期是无用的。事实上，这不过是历史虚无主义思潮的又一次泛起。国内外诸多敌对势力总是以丑化的中国革命史、建国史、改革开放史来惑乱人心，根本目的就是推翻社会主义制度。而且苏联解体在很大程度上就是意识混乱的结果，即大搞历史虚无主义，忽视和否定列宁、斯大林和整个苏联历史。习近平在 2013 年就曾明确指出，否定毛泽东，我们党就不可能立得住，社会主义制度也不能站得住。② 所以，正确对待改革开放前的历史尤其是客观评价毛泽东等领导者的历史地位对于推行中国特色社会主义政治经济学的进一步发展十分重要。

改革开放后的中国特色社会主义政治经济学的诞生与发展阶段是对新中国改革开放前我们党对政治经济学初步探索时期的进一步创新发展。邓小平指出，当前我们要做的，就是将毛泽东已经提出的还没有做的事情做好，把毛泽东反对错的改正。未来我们很长时间都要这样做。③ 历史也正是依照这一思维理络发展的，我们党首先肯定了毛泽东同志的历史地位，指出不能因为毛泽东晚年所发生的错误，从而否定他的卓越历史贡献，否则我们会丧失信仰、丧失前进的方向和动力。此外，改革开放前很多正确的经济理论和主张都应该在之后得

---

① 中共中央马克思恩格斯列宁斯大林著作编译局．列宁全集：第 38 卷［M］．北京：人民出版社，1986：283.

② 中共中央文献研究室．十八大以来重要文献选编：上［M］．北京：中央文献出版社，2014：113.

③ 邓小平．邓小平文选：第三卷［M］．北京：人民出版社，1993：173.

到真正的贯彻和执行。如邓小平就曾指出，一个是公有制要成为经济主体，另一个是遵循共同富裕的最终目标，这是我们始终要坚持的根本性原则①。我们党在改革开放中旗帜鲜明地坚持社会主义。与此同时，我们党还开启了对计划经济体制这一苏式模式的改革，将其逐渐转变成为社会主义市场经济体制。这一举措推动了我国经济理论的产生和发展。中国特色社会主义政治经济学正是继承了改革开放前我们党对于经济实践探索的制度成果、物质基础和正确思想，结合当时的经济发展现状，根据时代条件和民族秉性重新从理论上回答了如何在一个经济底子薄、人口基数大的国家建设和发展中国特色经济。中国特色社会主义政治经济学是与时俱进的。十三届四中全会后，江泽民领导集体进一步推动国有企业改革和市场经济建设，将中国特色成功地推向新世纪。随后，胡锦涛领导集体继续坚持和发展了中国特色社会主义政治经济学，提出了科学发展观这一重要思想。十八大以来，习近平领导集体带领人民成功实现了全面建成小康社会的伟大目标，提出新发展理念、供给侧改革等新战略、新思想，使中国特色社会主义政治经济学焕发出旺盛活力和勃勃生机。

第三节　正确认识和处理新中国改革开放前后两个历史时期的关系

用联系和发展的眼光正确认识改革开放前后两个阶段的关系。人类历史发展本身就有自身的客观规律。习近平指出，我们党也必须依照历史规律办事，这是实现成功的重要途径。② 所以，要用联系和发展的眼光尊重两个历史阶段的相互关系的客观性。值得注意的是，历史发展并不是平铺直叙的，而是螺旋式不断前进和上升的。改革开放前对政治经济学的探索，虽然步履蹒跚、准备不足，思想理念和经济建设实践受到"传统模式"的局限和束缚，但是这一时期之后的经济快速腾飞夯实了经济发展经验以及一定程度上的物质基础。而改革开放则极大地丰富了我们党对于中国建设道路以及社会经济形态发展阶段质性嬗变规律的认识和了解，既是对前一个阶段错误的纠正和改正，又是对前一个时期理论成果的继承和发展。所以，我们不能使两个阶段相互否定，而是需

---

①　邓小平. 邓小平文选：第三卷［M］. 北京：人民出版社，1993：111.
②　习近平. 论党的宣传思想工作［M］. 北京：中央文献出版社，2018：43.

要用唯物辩证的方法联系，系统和全面地看待中国特色社会主义政治经济学的产生与发展。

用科学的思维正确处理改革开放前后两个历史时期的内在关系。做到辩证思维，要在历史发展的各种要素下发现矛盾、承认矛盾和分析矛盾，在社会矛盾变化过程中区分出主次矛盾，进而正确认识历史前进的主流和支流，从而使我们可以把握历史发展的主流主脉和判断整个经济形态的前进方向。做到历史思维，要贯串以往、现在和未来，总结过去经济发展的历史规律服务当下，概括当下经济社会的发展经验把握未来。做到战略思维，要以宏观视野全面科学地把握当前经济现状并制定合理有效的中长远规划。做到底线思维，需要对历史发展中的事物有全面的了解，尤其是事物变化的临界点和警戒线，促进事物向好的方向转变。在评判历史任务的功过是非时，关键要看历史人物从根本上是否做了处于当时历史条件下有利于经济社会发展的事情。做到法治思维，要用法律法规作为在人类社会发展过程中维系私人利益与公众利益的介质。做到创新思维，要在顺应事情发展客观规律的基础上，用发展的眼光看问题，做到引领潮流和保持历史前列。

新时代的改革开放，不能将十一届三中全会以来的很多经济方面的做法当成新教条。改革开放 40 多年后，我国进入了新时代。新时代新阶段我们党要继续进行改革开放，继续深化改革。当然，我国现在的基本国情与改革开放初期甚至同 21 世纪初期都有着很大的不同，之前一些行而有效的方法不一定适应当前的情况，之前某一领域的改革经验不一定适合其他领域。这就使我们更加注重深化改革的方式，不要再做教条主义的事情。如部分学者指出，既然分田到户可以调动农民群众的积极性，那么不如在当前继续分下去最终成为土地私有制；既然非公有制经济大幅度增加了经济发展的动力和活力，那么不如直接拆分、减少国有企业；既然市场经济可以发挥很大的作用，那么不如完全去除政府在商品交换流通中的作用。事实上，这些都是错误的理论和做法，不会起到促改革、调结构和稳增长的作用，换言之，把某个阶段的经济做法当成永恒不变的规律是不可行的，也不符合辩证唯物主义的基本原则和基本要求。

第三章

中国特色社会主义政治经济学历史发展遵循的基本原则

2015 年，习近平提出"坚持中国特色社会主义政治经济学的重大原则"①，这一阐释推进政治经济学概念范式和理论体系的重大发展，还详细地表明了它重要的基本原则，为我国政治经济学进一步实现理论守正和端正迈进方向提供了理论支撑。中国政治经济学形成与发展遵循的基本原则如下：

第一节 基于时代发展特征，坚持映射时代 需求的与时俱进原则

马克思主义政治经济学是不断变化发展的。马克思认为任何理论都是不断变化发展的体系，是随着时代背景和实践活动的转变而不断更新的。他指出，辩证法就是至高无上的权威，是不断革命和批判的，② 当前我们所考察的经济范畴都带有历史的遗迹。③ 马克思本身就是立足于这一逻辑来进行经济学的研究。就拿他对于一些概念范畴的界定历程来说，伴随着资本主义生产方式的发展变化，他在 1849 年撰写《雇佣劳动与资本》时，认为劳动者给予资本家的是劳动并以"劳动的价值"对这一行为进行界定。但是，他进一步研究劳动价值论背后的经济行为时，发现工人出卖的不是劳动而是劳动力，后者是可以被衡量估计的。再如，马克思还曾对共产主义做出预言，在《资本论》中详细地阐

① 中央经济工作会议在北京举行：习近平李克强作重要讲话 张德江俞正声刘云山王岐山张高丽出席会议［N］. 人民日报，2015-12-22（1）.

② 中共中央马克思恩格斯列宁斯大林著作编译局. 马克思恩格斯全集：第 44 卷［M］. 北京：人民出版社，2001：22.

③ 中共中央马克思恩格斯列宁斯大林著作编译局. 马克思恩格斯全集：第 44 卷［M］. 北京：人民出版社，2001：197.

释了它是联合体中的个人所有制，后来又在《哥达纲领批判》中进一步将这一预想具体化细则化，将共产主义划分为低级阶段和高级阶段。还比如，马克思曾计划将"世界市场"当作是续篇也就是六册计划中的最后一册，进而建构《资本论》的结构。但他随后积累了25年来欧洲经济社会发展巨大变化的丰富材料时，又进一步指出这些框架结构对当下来说已经有些过时了。① 所以，恩格斯曾对马克思做出评价，认为他的思想最为伟大之处是他的世界观是方法，即始终将具体的不断变化的实际作为理论研究的出发点以及赋予研究使用的方法。②

改革开放的经济建设实践是持续变化和发展的，以马克思主义为核心指导的中国特色社会主义政治经济学也应当不断丰富和坚持与时俱进原则，才能始终成为真正揭示当代中国发展问题、反映时代需求以及指引社会经济建设的科学指南。

首先，系统总结我国经济发展伟大实践。马克思曾写作《布鲁塞尔笔记》《巴黎笔记》等著作类笔记，这些都是马克思深入进行社会实践调研和观察得出的结论。同样，马克思在编写《资本论》时，曾对法国、英国工人运动和资本生产方式做过详细的考察，并将现实的实践提升为学理性经济理论。同样，中国经济理论建构的关键要点在于始终要以经济建设的现实实践为学源基础。十一届三中全会以来，我们党总结和提炼经济发展实践中一系列规律性成果并把它们上升为学理化的经济学说，主要有经济新常态理论、初级阶段理论、供给侧结构性理论、共同富裕理论等。

其次，坚持问题导向探寻经济发展的客观规律。马克思坚持问题意识，同样，习近平指出，中国共产党的努力奋斗从来都是为解决我们国家的现实问题。③ 坚持问题导向是时代赋予中国特色社会主义政治经济学的使命。中国特色社会主义政治经济学是服务和面向当下问题的现代政治经济学，分析问题产生的原因，提出解决问题的思路。就当下来说，我国面临着发展不协调、不平衡、不可持续的问题，这主要是源于创新能力不足、发展方式粗放、生态环境恶化、部分产能过剩、资源约束趋紧、人口老龄化过快等原因。面对这些困难

---

① 中共中央马克思恩格斯列宁斯大林著作编译局．马克思恩格斯全集：第1卷［M］．北京：人民出版社，1995：244.

② 中共中央马克思恩格斯列宁斯大林著作编译局．马克思恩格斯全集：第44卷［M］．北京：人民出版社，2001：17.

③ 习近平．习近平谈治国理政：第一卷［M］．北京：外文出版社，2014：74.

和不足，中国特色社会主义政治经济学必须迎难而上，在发现和解决矛盾问题中形成新理论、新思想，就好比最近提出的供给侧理论、新发展理念、市场决定性作用等重大理论，丰富和发展了中国特色社会主义政治经济学发展理论。

最后，吸收借鉴其他经济学派思想。马克思主义政治经济学体系并非封闭的、保守的，而是包括古典政治经济学、重农学派的思想等，体现了包容性、开放性的原则。如马克思再生产理论的来源主要是重农学派魁奈的"经济表"，魁奈提出了简单再生产模型作为其进行抽象的重要基础。马克思指出，政治经济学要感谢天才的著作，① 任何再生产总是以简单再生产作为出发点的。② 马克思借魁奈简单再生产研究范式，从商品资本循环运动的模型出发，探究了资本两大部类的相互循环过程和总生产过程，详细地说明了分配、生产等问题。之后，马克思结合资本循环运动知识进一步构想了完整的再生产体系。中国特色社会主义政治经济学理应正确认识和了解西方经济学思想中各个学科的优秀观点，加强与其的交流和合作，兼收并蓄有益的分析视角和研究方法，成为可以被世界各国尤其是发展中国家理解和学习的科学理论。不过，中国特色社会主义政治经济学要警戒和批判西方经济学思想庸俗的一面，其庸俗思想具体表现在西方运用自然主义视角看待人类社会，运用形而上学思维看待人的行为，十分强调个人主义和追求超越历史。

第二节　立足经济改革过程，坚持公有制为主体和共同富裕原则

中国特色社会主义政治经济学立足于我国改革开放进程中的基本国情。一方面，与改革之初的起步相比，我国综合国力已经发生了质的飞跃；但另一方面，我国仍处于"两个没有变"的阶段之中。从这些具体的国情出发，邓小平多次强调，我们坚持的社会主义根本原则是以公有制为主体和共同富裕。③ 前者反映了经济改革的基本要求是依据我国社会主义初级阶段生产力发展的程度

---

① 马克思. 剩余价值学说史：第1卷 [M]. 郭大为，译. 北京：生活·读书·新知三联出版社，1949：97.
② 中共中央马克思恩格斯列宁斯大林著作编译局. 马克思恩格斯全集：第45卷 [M]. 北京：人民出版社，2003：410.
③ 邓小平. 邓小平文选：第三卷 [M]. 北京：人民出版社，1993：111.

需要，以在公有制为主体的前提下发展非公有制，后者则表明社会主义根本的特质是共同富裕。

公有制为主体是基本经济制度的必然要求。社会主义公有制是"普照的光"，消除资本主义的剥削关系，去除片面畸形的劳动异化，防止占有不均的两极分化。我国经过改革开放的历程，当下已形成了公有制主导下多种所有制经济共同发展的形式。但是，近年来，公有制"全面退出论""功能定位论""私有化论"等不当言论时隐时现，严重地影响基本经济制度的不断完善以及社会主义现代化经济建设的有效推进。造成这一现象的原因在于一些学者并未站在历史唯物主义立场上审视和分析我国的经济发展实践。事实上，我国取得举世瞩目的建设成就正是通过公有制作为发展主体，一方面让人民群众成为生产资料、社会与国家真正的主人，最大限度满足人民群众对生活资料的直接享有以及对美好生活的向往追求，使人民群众成为社会主义经济建设的首倡者、拥护者。公有制不仅契合人民群众的根本利益，客观上还与大生产相适应、相匹配，支配整个社会生产的规模和效益，保障国民经济平稳顺利协调的进行，根本上克服了资本主义的基本矛盾。另一方面，社会主义公有制是社会主义的经济基础，控制整个国家经济发展的关键领域和重要行业，引领非公有制经济始终作为国家发展的重要力量，决定社会主义市场经济的发展方向。

共同富裕是社会主义本质的必然要求。我国建立的基本经济制度，符合共同富裕的发展目标。但是，我国在取得经济发展成就的同时，也出现了贫富差距趋于扩大的经济态势。在这种情形下，广大的学者对"共同富裕"有了不同认识。首先，有一种观点认为高收入水平就是"共同富裕"。这一看法实质上是不正确的，当前高收入国家大部分为发达国家，本身以私有制为根本经济制度，对内剥削、对外压迫，换言之，高收入不过是少数资本家的高收入，根本不是所有人的共富。其次，还有一种观点是希望形成均等均衡收入上的"共同富裕"。事实上，这不过是小资产阶级分散的个人的所有制，是蒲鲁东主义的翻版。蒲鲁东们试图迎合法国知识分子、小生产者、小资产阶级的政治趋向建立一个生产资料人人占有的小私有制世界。事实上，这一说法也是幻想，因为其依旧是私有制，无法实现平等工资。最后，还有学者提出科学社会主义的"共同富裕"观点，希望以贯彻按劳分配以及先富带后富的原则来实现。邓小平指出，社会主义是全国人民的共富。当前的必要举措就是先富带后富，实现生产力高度发达基础上物质充裕的普遍富裕，不仅包括物质财富，还囊括了精神、文化、意识等方面的内容。

公有制为主体是共同富裕的经济基础。共同富裕具有历史的规定性和科学性，就原始社会而言，生产力极度低下引致物质财富匮乏，当时不可能达成共同富裕。私有制也只是少数人的富裕。只有公有制才能实现共同富裕。马克思在《1857—1858 年〈经济学手稿〉》中指出，待进入了共产主义阶段，劳动群众自己占有了自己的剩余劳动，再也不能被他人剥夺剩余劳动了，生产力发展如此迅速，以至于将以所有人的富裕作为目标。① 基于此，中国特色社会主义政治经济学必须将以公有制为主体和共同富裕作为重要原则贯彻到经济学发展以及社会建设的方方面面。首先，将它们贯彻到混合所有制经济改革的研究中，探讨怎样发挥公有制主导力、控制力、影响力和带动力，如何调动非公有制的创造力与创新力，形成公有制经济与非公有制经济的利益结合体，使公有制和非公有制共同成为提高国家经济发展质量的所有制形式。其次，将它们贯彻到新发展理念的研究中，这样才能更好地解决发展不平衡、不协调等问题，化解企业效益低下、行业产能过剩和创新能力不够等难题。最后，将它们贯彻到新常态理论的研究中，提高经济发展的效益和质量，完成调结构、转方式、保增长的经济任务等。

第三节　展现中国发展特色，坚持社会主义市场经济改革方向原则

"必须坚持社会主义市场经济改革方向。"这是我们党对经济改革目标的再次强调，是我们党对马克思经济思想中的理论逻辑与当代我国发展的历史逻辑的相互融合的伟大应用。研究中国特色社会主义政治经济学要坚持"特殊"与"一般"相结合的方法，不仅要继续遵循和坚持马克思主义基本原理，还要在探究社会主义市场经济存在的生产要素配置不畅、市场法律规制不健全、市场竞争不充分等矛盾中，在研究混合所有制改革、新发展理念、供给侧调整、创新驱动发展战略等问题中，概括、综合和总结出现代式的市场经济规律。

坚持社会主义市场经济改革方向，核心问题是处理好政府与市场的关系。社会主义市场经济是高阶段的商品经济，之所以将其称为最高阶段的市场经济，

---

① 中共中央马克思恩格斯列宁斯大林著作编译局 . 马克思恩格斯文集：第 8 卷 ［M］. 北京：人民出版社，2009：199-200.

是因为它已经具备了其他资本主义国家市场经济不具有的优势；其既可以很好地运用政府宏观调控手段来弥补市场失灵问题，也可以发挥市场的决定性作用。而中国特色社会主义政治经济学对这一经济体制尤其是政府与市场的关系的理解和阐释，从下面四个维度展开。一是从哲学维度用辩证思维来把握。政府与市场的关系是对立统一的，二者良性地相互交融于我国经济体制建设过程中。为此，中国特色社会主义政治经济学需要用发展、动态、联系的眼光探讨问题，需要随着条件、地点、时间的变化验证结论。二是从市场发展的历史逻辑来把握。首先，研究中国特色社会主义政治经济学可以对 20 世纪 30 年代凯恩斯主义的政府过度干预和美国政府各种干涉举措进行深入探讨。其次，对 20 世纪 70 年代里根—撒切尔主义进行全面审视。最后，对当代国家垄断资本主义基本特征尤其是当下各国资本主义市场经济的类型进行对比研究。三是从社会主义制度的高度来把握。我国是以公有制为主体的，党和政府代表人民群众的根本利益。党和政府通过巩固和加强国有企业、国有资本的主体地位，稳定宏观经济和制定中长远发展规划，这实质上就构成了中国特色社会主义政府与市场关系的重要特征。四是从价值取向层面来把握。价值取向就是实现共同富裕，当前，我国已经发展到以部分地区、部分先富带动共同富裕的时期，需要政府的宏观调控机制去建立合理的社会保障机制、收入分配机制等，从而促进社会公平正义。

建构中国特色的新型的政府与市场关系。党的十九届四中全会通过的有关决定，回答了在国家治理和国家制度上应当坚持什么、完善什么、发展什么和巩固什么的问题。

一是坚持和完善特色的宏观调控。这是国家治理能力的重要体现。宏观调控的方式方法、政策措施、范围内容等，在不同国家有不同形式的表现。西方宏观调控理论主要是基于凯恩斯主义经济学思想，指出需求不足导致危机。相比之下，马克思则认为资本主义经济危机是生产相对过剩引致的。当然，有学者会指出，相对过剩与需求不足不过是同一个生产过程的两方面。我认为凯恩斯的有效需求不足回避了资本主义基本矛盾这一根源性问题，把问题归咎于市场的交换领域，所以这一学派给予的药方是政府出面增加有效需求。而马克思认为资本家追逐利益带来生产相对过剩，建立公有制让两大部类之间形成良性循环是根本办法。因此，坚持公有制为前提发展市场经济是必然选择，从根本上克服资本主义基本矛盾，保持社会生产总供给、总需求的平衡，实现布局生产力的优化，促进经济结构的协调和保持区域经济的平衡发展，等等。我国宏观调控不仅仅单纯依靠公有制的主体地位进行生产结构的调整，还从顶层设计上制定发展战略目标和中长期规划等，尤其是在调控政策上，除了囊括财政、货币政策外，还包含了投资政策、区域政策、产业政策等。

　　二是坚持和完善民生指向的社会治理。中国特色的国家治理体系始终坚持以民生为核心指向。习近平指出，中国共产党领导勤劳勇敢的人民进行现代化建设就是为了提高人民群众的物质文化水平。[①] 当然，有理论研究者会问，西方国家会不会考虑民生问题？任何国家都具有公共属性，也都会考虑民生问题，不过因为西方政权具备的阶级属性导致它们只是做出有利于劳资利益关系部分改善和局部调整的举措，不能从所有制这一根本层面解决问题。也就是说，任何政党和西方发达国家都不可能在经济纲领和宪法上写上为人民服务的宗旨，相反，他们都是在维持资本主义利益和维护劳动力储水池等方面表现出诸多掩盖剥削性的言语。中国特色社会主义政治经济学却有着根本性不同，从改革开放以来邓小平的"共同富裕"一直到十八大以来习近平的"共享发展"，都充分表明我们党始终是为了人民。尤其是进入新时代，我国治理体系在就业、医疗、社会保障等民生问题上，采取多种有效途径，如健全公租房制度来建立住房保障体系等。

---

　　① 中共中央文献研究室. 习近平关于社会主义经济建设论述摘编［M］. 北京：人民出版社，2017：19.

第四章

中国特色社会主义政治经济学的历史成就

理论的伟大作用在于指引实践发展。改革开放后的 40 多年，我们一代代共产党人努力探索出适应中国的客观生产条件和发展现状的政治经济学理论体系，创立了邓小平理论和习近平新时代中国特色社会主义思想。也正是这些科学理论指引了我国经济社会的不断发展，换言之，它是促进我国经济增长的发展前提和理论基础，是我国经济建设取得伟大辉煌的根本动力。

第一节　推动国民经济保持较高质量发展

经济结构实现升级优化。经济结构表达了经济体中各种要素在经济体系中所占的比例。首先，所有制结构发生了改变。在我国经济建设过往中，又纯又单一的公有制生产关系在很长一段时间内被认为是最好的经济体制。战时时期，列宁曾进行过全面国有化。待列宁逝世后，斯大林迫不及待进行单一所有制模式建设。改革开放前我国也模仿苏联建构起社会主义全民所有制。但事实表明，这很难适应我国多层次、分散化和水平低的落后生产力，而且将农业和工业直接拼揉在一起也是行不通的。十一届三中全会后，一方面我国逐渐改变所有制结构，发挥公有制经济的控制力、影响力等，进而维护国家安全和经济平稳发展；另一方面发展非公有制经济来适应初级阶段的生产力特征，充分释放了经济发展活力和竞争力。其次，产业结构实现了升级优化。产业结果代表着不同经济部门在一个国家所占有的比例。美国经济学家库茨涅兹认为，三大产业中第二、第三产业会随着经济社会的发展而不断增加所占比例。经过几十年发展，我国产业结构比例得到有效改善，这些变化符合库茨涅兹的产业演化变化规律。当前，农业基础性重要地位得到巩固，谷物、花生等产量始终保持世界第一位，油菜籽、甘蔗等产量稳居世界前列。工业实现跨越式发展，工业产品生产规模已经实现扩大，传统产业升级改造步伐加快，高新技术产业和战略性产业迅猛发展。服务业成为国家体系中比例最大的产业，新兴服务业、现代服务业逐渐改变老百姓日常生活方式，逐渐成为经济增长新动力。

经济增长方式产生深刻改变。我国作为发展中国家在低质量阶段主要采取生产要素驱动、粗放式增长和注重产品数量的生产方式是必然的选择。我国经济社会发展的初期，只要能克服短缺经济引致的食品、工业原料的不足问题，这样的生产方式就是有效增长的方式。但是，当我国经济发展到一定程度，人民对生产生活的质量需求就会随之增加，就需要注重经济发展的质量、生态环境的好坏、资源使用的效率以及科技创新的程度等，需要经济健康稳定运行。党的十八大以后，我国经济发展已经到了高速向高质量转变的阶段，强调创新驱动、集约发展和绿色发展。首先，在创新驱动方面，由于我国已经抓住了第四次工业革命的重要战略机遇，实现了信息化与工业化的有效融合，培养了新一代的生物、信息、高端制造和节能环保产业，一大批国际性企业进入了世界市场的制高点。其次，在集约发展方面，国家倾全力打造航天、高铁等产业集聚，逐渐改变着我国在全球价值链和世界产业格局中的地位。最后，在绿色发展方面，我国已经出台一系列政策规划和法律法规，环境生态执法范围和力度大大增强，建立起生态文明环境污染绩效评价、国土资源空间监督体系等在内的保护生态文明的机制。

城乡区域协调发展格局逐步形成。为了改变落后经济社会发展的面貌，我国率先发展沿海沿江地区，这一战略引致地区发展不平衡。对此，我们党多次提出要建立有效的区域发展新机制。当前，乡村发展具有了新面貌。党和政府提出的乡村振兴战略，将农村发展问题作为重中之重，使农村面貌发生了质的改变。农村生活水平、农村生态环境得到极大的改善，公路、宽带里程大幅度提高，农民医疗保险水平、农民社会保障基金水平显著提升；城镇化水平明显提高。伴随工业化和农业生产力快速发展，很多农村人口涌向城镇。近年来，党中央提出了要以人为根本的新型城镇化举措，一方面使各类产业在城镇合理布局和集中，容纳吸引就业能力增强；另一方面促使中心城市群为主体的发展格局不断完善，初步形成了以特大城市为核心、以省会城市为中心、以中小城镇为补充的广覆盖、多层次城镇系统。与此同时，在城镇内部空间中，各级政府注重地上地下轨道交通和原料绿地的建设推进；南北、东中西地区协调发展。21世纪以来，东部地区再次在技术创新、体制创新、产业结构创新方面先试先行；中部和西部地区则合理科学承接沿海地区的产业转移。另一方面加快基础设施和公共服务建设，并利用生产要素成本低、资源丰富和市场潜力大等因素进行产业升级；重大区域发展战略稳步推进。党的十八大以来，长江经济带、海南自贸区、京津冀协同发展等规划渐次推出、扎实落实。

第二节　促进我国社会主义市场经济体制确立和完善

社会主义市场经济体制得以确立完善。长期存在一种观点认为社会主义只与计划相联系，资本主义只与资本相联系。但历史实践证明，这种认识是不正确的。如战时共产主义时期，苏联采取余粮收集制并废除一切货币商品关系，对生产消费资料进行集中统一供给和调配，最终结果是带来严重的经济政治危机。而且我国的计划经济体制也产生了效率低下、管理僵化等严重制约生产力发展的问题。从根本上科学揭示市场与社会制度内在关系的是邓小平，他提出了两个"不等于"的论断。至此，我国相应地推进金融、财税、价格、计划、流通等体制机制改革，最终使市场在资源配置中起决定性作用。这种探索包括：一是理顺市场与计划的关系。明确了无论是市场手段，还是计划手段，都不过是调控经济的方式，这在思想上去除了人们对于资源配置方式认识的偏差和不足。二是培养了丰富的市场经济运行主体。公有企业充当中坚力量的同时，外资、私营经济在监督、引导中得到快速发展。三是推动了市场体系的形成与发展。当前市场类型、规模和结果不断扩大和调整，金融、劳务、信息、文化、房地产等领域形成了全国开放、稳定和统一的体系。四是确定了市场决定性作用。伴随非公有制的发展和法律法规的健全，市场发挥着越来越重要的作用。市场经济的发展是我国历史进程中最具有意义的事情。如今，我国众多领域价格由市场所决定，天然气、医药等价格调整机制不断建成和完善。除了特大城市，户籍壁垒逐渐破除，劳动力流通自由的环境已经形成。农村土地"三权"分置改革已经落实，农村发展潜力得到进一步释放。

国家宏观调控体系持续创新完善。政府与市场关系始终是国家在改革中直接面对的核心问题，我们党在经济发展实践中对其认识实现了从"计划为主市场为辅""国家调节整个市场"到"有为政府与有效市场统一"的转变。由此可见，国家始终强调政府宏观的调控作用，这是因为一方面市场本身具有盲目性、缺陷性和不确定性，另一方面我国是社会主义国家，有能力进行宏观调控。我国在经济发展过程中，面对经济发展的起伏波动，运用各种调控手段努力克服市场失灵引致的危害和冲击。改革开放初期，主要运用财政和货币政策。依据经济发展快慢，调整财政为紧缩或扩张。对于利率管制手段，我国将利率浮动界限接入市场浮动范围。十八大后，我国推动产业升级、经济结构优化、发展动能转化以及进行供给侧改革。近年来，我国政府还推动了"放管服"改革，面对已经存在的轻监管、重审批、弱服务等突出问题，采取减少直接干预、实行微观管理和加强公共服务等举措，实行多证合一和证照分离等办法，出台互联网政府服务等方案，使营商环境不断改善。当前，面对疫情冲击的世界经济缓慢发展、中美贸易摩擦持续升级和俄乌局势动荡等问题，我国持续发挥宏观调控的"防风险、稳增长、调结构和促改革"的作用，推动经济增长健康稳定持续发展。中国宏观调节手段显著有效，改革开放40多年来，我国经济发生了翻天覆地的改变，这在世界发展史上也是绝无仅有的。

第三节　实现对外开放格局全面提升

对外贸易水平明显提升。改革开放以来，中国特色社会主义政治经济学将对外开放作为基本国策，生成全面开放的新格局。如今，我国贸易进出口总量已经成为全球首位，外汇储备量居于世界第一，经济增量已经相当于全世界排名前几十位之和。首先，我国实现了出口初级产品到高端产品的转换。我国科技创新能力显著提高，由过去的"跟着跑"到现在"并排跑和领着跑"，一大批核电、家电、装备、航天和高铁等传统产业和新兴行业积极走出去，实现了中国在全球产业链中由低端向高端的华丽转变。其次，我国已经实现了过剩产能的转移。当前，越南出口已经超越深圳，引起国内学者的担忧，但其实不然，这正是我国进行全球布局的结果。2000年年初，我国就加快了企业走出去的步伐，在国外收购营销渠道和优质设备，将加工型、人力资源密集型产业转移至东南亚地区。当前，我国对外贸易的格局正逐步影响着世界经济平衡与再平衡。

独立自主经济发展模式已然形成。生产力快速发展必然引起经济的全球化，全球各国人民最终走到一起是必然的历史现实选择。事实上，经济全球化的快速步伐是在资本主义制度下推动形成的，促进了各种资源在世界范围内的有效匹配，也使发展中国家通过劳动力、矿产资源和自然资源的出口得到一些好处和益处，但这种全球化却将资本主义式生产关系延伸到全世界，造成了南北之间贫富差距的拉大和世界范围内的经济危机。而我国作为全球化的一员，将国内市场与世界经济的发展融在一起，用好世界内外两个市场和两种资源。尤其是中国特色社会主义政治经济学提倡始终在对外贸易中坚持独立自主的发展模式，这就使我国在对外开放的全球化进程中一方面坚持引进来，学习和汲取西方先进科学技术和管理经验，另一方面坚持吸收消化、借鉴和超越西方原有科学和经济体系并使其本土化进而更好地发挥其在国内的作用。我国在 20 世纪 60 年代到 70 年代就采取大规模的工业建设，力求对苏联援建经验技术模仿发展并建立独立完整的工业体系来应对苏联和西方对我国的经济制裁。到 21 世纪，尤其是当前在美国主导的逆全球化背景下，我们国家一方面积极倡导经济全球化潮流的必然发展趋势，另一方面旗帜鲜明地反对单边主义和保护主义，坚持多边贸易和自由主义，建立合作共赢的关系准则和共享、共商和共建的基本原则。与此同时，我国在反对逆全球化的过程中，高度重视保护国家经济安全和工业独立完整，主张建立如芯片产业的新兴独立自主产业，严防各种不确定性和风险，与各种损害我国主权和独立的霸权主义、霸凌主义进行坚决斗争。

积极参与世界经济治理事务能力显著提高。我国经济发展实力和对外贸易能力不断增强，据世贸组织的报告，中国经济的发展贡献对世界贸易增长带来了积极影响。曾有一份全球贸易数据明确指出，中国经济内生动力已经由投资转移到消费，当前中国消费对全球增长年均贡献率成为全球首位，依照不变美元价格结算，年均贡献率达到四分之一以上。由此可以看出，我国国内市场已经成为世界消费增长的重要力量，这些实际上为我国积极参与全球治理夯实了经济基础。"独乐乐不如众乐乐"，面对 2008 年金融危机下贸易保护政策，我国首先提高对外开放水平，积极参与上合组织、金砖国家组织等，为世界治理主动贡献中国经济发展的红利。另一方面，我国还提出"一带一路"倡议。当前联合国安理会和联合国大会都对中国"一带一路"的建设内容和建构方向给予充分的认可，而且全球已有 153 个国家参与其中。借助这个宏观计划，中国也积极投资建设了埃塞俄比亚国家工业园、吉布提港口和中国—巴基斯坦走廊中的电力、交通、能源等一大批项目，使我国对外投资的领域和行业分布更加广泛，投资方向兼顾了资源、技术和基础设施等领域，形成了面向全世界的生产、金融、贸易、服务和创新网络。

实践没有止境，理论创新也没有止境。不断谱写马克思主义中国化时代化新篇章，是当代中国共产党人的庄严历史责任。

——选自党的二十大报告

第四篇 04

中国特色社会主义
政治经济学生成的实践逻辑

理论逻辑、历史逻辑统一于实践逻辑，都需要与实践逻辑相互衔接，否则脱离实践逻辑的理论逻辑就会成为本本主义的产物，脱离实践逻辑的历史逻辑也不能很好地回溯经济发展历程。实践逻辑是中国特色社会主义政治经济学伴随时代发展而前行，从这一维度来看，改革开放伟大历史性变革是中国特色社会主义政治经济学的实践坐标，推动其理论、教材的创新发展以及话语权的建构重塑。社会主义新时代是中国特色社会主义政治经济学的实践方位，决定了它是引领中华民族"富起来和强起来"的政治经济学。新时代社会主要矛盾是中国特色社会主义政治经济学的实践依据，促进其更加注重平衡充分的发展问题、更加突显美好生活的需要导向、更加关注建构稳定的社会环境、更加重视健全宏观经济的调控体系。社会主义新发展理念是中国特色社会主义政治经济学的实践理念，是其思想精髓，并引领中国特色社会主义政治经济学更加契合时代发展。

第一章

中国特色社会主义政治经济学的实践坐标

改革开放是中国特色社会主义创立发展的实践坐标和开端起点。换言之，中国特色社会主义政治经济学的生成就是改革开放历程的理论反映。2016 年，习近平强调："坚持和发展中国特色社会主义政治经济学，要以马克思主义政治经济学为指导，总结和提炼我国改革开放和社会主义现代化的伟大实践经验，同时借鉴西方经济学的有益成分。"① 因此，中国特色社会主义政治经济学是在改革开放的历史沿革中酝酿形成的，改革开放中的新问题新情况新局面，不断向中国特色社会主义政治经济学提出宏大的理论诉求。改革开放的现实实践持续拓宽经济理论创新的视野，决定着中国特色社会主义政治经济学的理论品质，推动着中国特色社会主义政治经济学话语体系的建构重塑以及教材的发展变革。

第一节　改革开放推动中国特色社会主义政治经济学 话语体系的建构重塑

中国共产党成立一百多年，创造了举世瞩目的经济奇迹，但我们对西方经济学中一些经济学概念范畴存在教条主义的误用混用现象。面对于此，本节对当前中国发展实践中看似相同本质上却相异的范畴进行辨别分析，如社会主义市化不等同于私有化、政府宏观调控不等同于政府干预、中国道路不等同于中国模式，从而更好地建构中国特色社会主义政治经济学话语体系。②

---

① 习近平主持召开经济形势专家座谈会强调：坚定信心增强定力　坚定不移　推进供给侧结构性改革［N］. 人民日报，2016-07-09（1）.

② 周文，李超. 中国特色社会主义政治经济学：概念辨析与话语构建［J］. 教学与研究，2019（8）：33-45.

一、改革开放后建构中国特色社会主义政治经济学话语体系的出场挑战

其一，话语权的滞后。国家是否掌握全球经济领域话语权，在相当大程度上取决于国家经济实力。17世纪开始，英国跨越全球建立首屈一指的大英帝国。当时，在其经济领域诞生了威廉·配第、亚当·斯密等古典经济学家，他们论证的自由放任思想成为这一时期的主流，不仅对各国经济政策产生重大影响，还对马克思创造政治经济学体系产生了理论影响。随后，进入19世纪，边际革命开始兴起，英国萨伊、马歇尔、穆勒等学者成就了新古典经济学。随后，凯恩斯打破了古典均衡理论，创造性提出宏观经济学的基本分析框架，这一经济学说对众多国家的经济决策产生了深远影响。到了20世纪，英国的国家综合实力逐渐衰退，同时，美国经济影响力随之兴起，国际话语权很快转移至美国。这一时期，涌现出弗里德曼、萨缪尔森、科斯等一大批具有影响力的经济学家，他们所提出的分析方法以及政策报告影响着世界各国的经济政策。反观当代中国，获得的经济地位却没有带来相应的话语权。经济学术界不仅受到西方思想严重影响，尤其是长期深受区域优越与种族主义、价值观念与社会制度和话语体系与思维方式的以西方为中心的话语体系的影响，导致中国特色社会主义政治经济学在国际上影响甚微。

其二，经验主义的教条。主要表现在国内一些学者对西方经济思想的借鉴方式的错误。首先，"市场万能论"在我国学界遍地开花。国内一些学者反对任何关于市场的行政干预，反对任何调节市场的经济行为，力图使市场机制高于一切胜于一切。事实上，经济建设的现实过程中一味过分发展市场经济，就会造成诸如财富集聚、贫富分化、权钱交易等社会弊端和问题。他们还认为解决这些矛盾的方式也应该继续学习西方社会中的一些做法，如建立人人皆有"选票"的普选制度进而实现"人人"的自由平等。显然，这些做法的后果仍旧是带来市场经济作用无限扩大以及资本主义制度建立发展的结果。其次，西方经济学注重研究私有制或物质形态，不会关注到经济的社会解放和发展功能。这种"只见物而忽视人"的经验主义是受到经济学家洛克思想的影响，即未经过哲学评判的经验主义精神，推动着市场经济的发展，产生市场机制对人的统治、剥削，洛克的目的在于反对封建社会。基于此，西方经济学就容易塑造出"资本主义制度永恒"的固有思想。受这些思想的影响，国内一些学者遵从甚至直接挪用经验主义原则，一方面认为经济学范式是永恒不变的，另一方面认为市场是天然自发的，如坚持"看不见的手""理性经济人假设"等观点来论证市

场是天然自发形成的。

其三，方法论的错误。分析方法是经济学话语体系出场的内容之一。国内一些理论研究者以西方经济学分析方法论为主导，虽然取得了一些成绩，但却忽略了理论基础进而失去对中国经济发展奇迹的话语权。西方经济学方法论对于揭示资本主义经济发展规律尤其是市场规律有一定的借鉴意义，但将它延伸和应用到研究人类社会经济形态发展的客观规律层面就产生了形而上学的现象。17世纪，古典经济学采取从具体到抽象的方式，总结出西方资产阶级运动规律。① 到了现代，西方经济学则过于注重模型化、计量化等实证方法，造成脱离经济建设实践的抽象化研究结果。事实上，西方经济学家的做法不过是庸俗经济学的具体表现，即运用一般理性范式为资产阶级截取利益提供研究路径，以形而上学逻辑证明资本主义合法性。无疑这些分析方法有一定借鉴意义，但是国内学者一味地沉迷于此并用其研究中国问题和回应我们在改革开放中不断面临的新矛盾则会将中国特色社会主义政治经济学发展带向西方化道路之中，更是使我国政治经济学失去了揭示经济发展原因的权利。马克思曾在《资本论》开篇就指出，西方的研究方法和叙述方法虽然在形式上不同，但本质上仍旧是一回事。它们是在进行经济规律的"事后表述"，是形而上学辩证法的直接体现。

二、关于中国特色社会主义政治经济学的概念辨析与话语建构

国内一些研究者对于中国特色社会主义政治经济学的理论与学术研究总是滞后于中国经济发展的鲜活生动实践，具体表现在话语体系建构的不系统不科学，尤其是其中对于重要的基本概念的混用和误用。所以，构建中国特色社会主义政治经济学首要的迫切的任务就是理清概念范式。

（一）社会主义市场化不等同于私有化

从我国经济体制改革历程上来讲，市场化和私有化不是同一条道路。长久以来，市场经济建设始终都是我国经济体制改革的方向。但学界有一种观点指出，市场化与私有化在一定程度上是密切相关的，前者务必要后者来推动。如

---

① 中共中央马克思恩格斯列宁斯大林著作编译局. 马克思恩格斯全集：第30卷［M］. 北京：人民出版社，1995：41—42.

周义程指出，市场化等同于私有化结合政府参照企业管理办法或是称为民营私有化。① 另外，某些理论研究者用直观化、数量化指标来研究和评判市场化、私有化进程。董晓宇指出，企业多维度所有制结构以及各类经济主体自由化水平是判断市场化程度的重要标识。② 但这样的论断并不准确。首先，二者并不存在必然的联系。一些学者指出，国家在市场化过程中私有制比例上涨，根据西方市场化中资本主义发展的历史，因而得出我国市场化过程等同于私有化历史的论断。这一说法完全是武断和错误的，因为公有制主体并没有改变。其次，国家所有制改革主题并不是永恒不变的。第一次主题是运用增量改革推动存量变化，第二次主题则是存量内部进行改革。国家改革后期更加关注的是国有经济内部的调整和变化，并不是一味地重视非公有制经济增量。换言之，社会主义市场化改革以及经济社会的发展主要依靠的是公有制经济。所以，一些学者将私有产权改革路线作为推动市场化途径的想法是极其错误的。

从西方国家市场化历程上来讲，私有化程度和政府效用强弱此消彼长。虽然西方始终以自由主义为核心，但西方经济结构中国有企业在捋顺财政压力、弥补市场失灵、提高市场效率等方面发挥着重要作用。如英国私有化实践中，私有企业生产效率时常比国家企业低，而且后者在任何行业和领域都占有一席之地甚至处于领导地位。德国的经济发展模式也是如此。日本的国有企业占有非常重要的地位，影响着社会经济生活的方方面面。西方经济学家戴维·柯茨将西方发展制式归类，包括以英国、美国为典型的自由资本主义模式，以西班牙、德国为典型的协商资本主义模式和以日本为典型的国家资本主义模式。③此外，从这些国家的私有化历史过程中可以看到，市场化程度并没有一直提高，甚至二者的同向发展带来了严重问题。就如里根总统的决策和撒切尔夫人的政策导致了非常严重的市场失灵问题，虽然私有化暂时缓解了"滞涨"困境，但加剧了下一次经济危机的爆发。所以，国有企业盲目私有化也不是西方国家处理经济问题的最佳选择，更不是当下学者进行私有化议题和提倡私有化举措的依据。

---

① 周义程，李阳. 市场化、民营化、私有化的概念辨析［J］. 天府新论，2008（3）：92-96.

② 董晓宇，郝灵艳. 中国市场化进程的定量研究：改革开放30年市场化指数的测度［J］. 当代经济管理，2010，32（6）：8-13.

③ 戴维·柯茨. 资本主义的模式［M］. 耿修林，宗兆昌，译. 南京：江苏人民出版社，2001：25.

市场化不等于私有化，但也不存在公有与私有的直接对立。市场化与私有化是不同质不同层面的问题，市场化完全属于经济体制的改革方向问题，私有制则是生产资料所有制维度的问题，二者并不在一个维度层面。而且市场化的目的在于寻求探索公有制的最好实现形式，将公有制经济与市场经济有效地结合起来，充分表明市场经济也可以存在公有制基础上。但一些学者将市场看作私有，进而认为公有与私有是完全相互对立的，这一说法也是完全错误的。从现实层面来看，我国市场化遵循"两个毫不动摇"的原则，坚持基本经济制度，培育可以公平参与竞争、具有独立性平等性的各类市场主体，依法依规保护他们的权益。其中在国有企业改制方面，不仅采纳灵活的公有制实现形式，还不断深化其混合所有制改革，为民营企业建立稳定的良好经济环境。另一方面，民营企业也为国有企业提供先进的管理经验、生产方式以及销售模式等，促进国有经济的快速发展。所以，市场化不等同于私有化，但公有与私有并不完全相互冲突。

（二）政府宏观调控不等同于政府干预

中国经济发展最为成功的经验，就是政府与市场的有机融合，尤其是创造出中国特色的政府宏观调控模式。这完全超越西方对市场与政府关系的理解，他们不断滋生的经济危机表明，无节制的市场经济与过度干预的政府规制，都难以形成有效的现代经济体系。西方经济学界至今都没找到一种统一起来的联合机制。反观中国特色的改革，使市场经济立足于公有制，使政府与市场相得益彰、相互辅佐，最终形成辩证统一的机体，这正是基于我国传统思想、经济理论和社会制度等方面的优势从理论和实践双重层面推动我国政府宏观调控模式实现了对西方政府干预制式的超越。

首先，中国传统经济思想的优越推动了我国政府宏观调控模式实现了对西方政府干预制式的超越。重农主义学派魁奈在《中国的专制制度》里论述了中国"道法自然"的观念，提出了尊重自然秩序的准则，这一思想对西方经济思想影响深远。众多西方经济学家始终认为市场规律是天然客观的。不过，凯恩斯指出国家调节对现代经济发展有着重要作用。[1] 近些年，新自由主义认为市场经济运行是脱离意识之外的。如卢梭就指出，任何物体一经人手就会转变为

---

[1]　姚开建. 经济学说史［M］. 北京：中国人民大学出版社，2003：363.

坏的。① 如此，市场与政府内在关系的争议就在这氛围中产生和始终存在着。斯密的"看不见的手"与政府的"守夜人角色"的界限也因为西方传统经济思想的混乱而没有得到划定。相反，中国很久之前就具备辩证统一、阴阳结合的分析方法，对传统的"道法自然"有着很深的理解，尤其是老子阐释的"道常无为而无不为"的辩证思想，这些都远比亚当·斯密等学者的思想高明得多深奥得多。可见，中国优秀传统文化基因为建立相互统一的"有效市场"和"有为政府"奠定了文化基因。

其次，我国国家治理能力的优越推动我国政府宏观调控模式实现了对西方政府干预制式的超越。大多数西方经济学家认为，政府的作用是暂时的，甚至把"看得见的手"看作"抢夺之手"。这是因为一些西方经济学家始终认为政府失灵或失误导致的后果会更加严重，他们对于政府的社会治理能力始终是质疑的，甚至指出资本主义国家的金元政治常常使各国陷入"塔西佗陷阱"的危机之中。即便是西方国家采取某些宏观手段，也只是为了使自身生产与再生产循环更加平衡稳定。如果宏观手段还带来社会福利的不断提高，不过只是一种巧合罢了。只是由于它们假定会使福利最大化，由于错误假设前提，该模型的意见始终与服务公众的初始背道而驰。② 所以，西方宏观手段始终是虚假的，没有发挥效用的现实基础，也是软弱和有协商余地的。发展中国家理应克服这一根本性缺陷，学者福山对此做出批判并指出，国家治理能力的建构必须是重要议题，特别是在发展中国家，无能、可欺、软弱的政府是各种社会问题的直接原因，治理良好则是国家发展的重要条件之一。③ 因此，政府是必须在市场经济中发挥较好的作用。相比较之下，党和国家关注治理能力和体系的现代化建设，提出它是全面深化改革的目的之一，提出不断坚持中国特色的重要制度、基本制度和根本制度，着力强弱项、补短板、固根基和扬优势，构建运行有效、正确规范和统筹完毕的国家治理系统，最终将"有为政府"在"有效市场"中发挥作用，彻底打破了西方国家关于软弱治理能力不足的局面。

---

① 让-雅克·卢梭. 爱弥儿：论教育 [M]. 李平沤，译. 北京：商务印书馆，1996：5.

② 安德烈·施莱弗，罗伯特·维什尼. 掠夺之手：政府病及其治疗 [M]. 赵红军，译. 北京：中信出版社，2004：3.

③ 弗朗西斯·福山. 国家构建：21世纪的国家治理与世界秩序 [M]. 北京：中国社会科学出版社，2007：158.

（三）中国道路不等同于中国模式

中国道路和中国模式的先后阐述都是理论界对十一届三中全会以来我国经济建设形式进行的总结，体现在经济发展理论认知上的不断深入，我认为新时代背景下中国道路的提法更加贴切和科学。

中国道路与中国模式分属于不同的"时态"体系。经济模式是指成熟的理论体系或基本概念，是值得借鉴和学习的范式范畴，是对一个相对完善的经济体制社会做出的概括总结。我国正处于现代化建设的快速变革之中，经济理论处于探索和变化之中。简单地照搬照抄西式中国模式的概念语义，不仅不符合中国快速经济发展的现状，还会掩盖经济社会发展中面临的诸多问题，甚至会重演苏联模式的悲剧。反观新时代赋予中国特色社会主义政治经济学的历史重任，就是总结改革开放以来尤其是新时代以来中国经验并使之上升到理论高度，而且这一探索并不是停滞不前的。所以，改革40年以来是一条生动鲜活延续发展的道路，当前的中国特色社会主义政治经济学仍旧是中国特色社会主义的，所分析的是一条不曾间断的道路。因此，中国道路这一概念是比中国模式更加贴切、科学，更加适应当前中国国情的分析框架。

中国道路与中国模式分属于不同的话语体系。早在2004年，美国学者乔舒亚·库珀·雷默提出中国模式相同的表达方式"北京共识"，肯定了我国对于特色发展模式的探索。但他的主要理论更多的是与"华盛顿共识"的比较和对照，即从西方思维探寻中国经济举措的特殊性和有效性。随后，劳伦斯·萨默作为首席顾问阐释了"孟买共识"，提出了在民主基础上的扩大中产阶级、提高消费水平等核心思想。可以看出，西方经济学中各种共识实际上都没有特别大的本质性差异，强调私有化、市场化以及政府干预等基本特征。所以，他们认为的中国模式是通往彻底的自由化市场归宿。依照这样的逻辑，发展中国家只能进行市场化发展，采取政府举措不过是被迫手段，过度干预带来的结果只是中等收入陷阱。用这样的逻辑阐释中国发展原因，容易使话语体系陷入西式思维之中。事实上，为了揭示中国改革开放以来的成就，必须要求坚持在马克思主义视域场域和话语体系中探寻中国经济发展内在的发展逻辑、思想理念等，最终用中国道路建构话语权。显而易见，中国道路表现出的中国经济发展规律，绝不是西方话语中的修补，而是更高层次更高水平上的科学揭示。

第二节　改革开放增进中国特色社会主义政治经济学理论的创新发展

十一届三中全会以来，我国经历了经济体制和经济发展方式的双重转轨。前者肇始于中国道路的选择，后者伴随着新一轮技术革命与经济全球化的历程。这一变革不仅与苏联模式有很大的不同，而且与西方经济思想也有很大出入，表现出我国在制度设计、发展方向和政策选择上有独特的国情、特色。在这一巨大变革之中，改革开放的实践经验是中国特色社会主义政治经济学理论创新根植的土壤，实践不断推动着理论创新。把十一届三中全会以来经济发展理论思想进行整理，其创新主要表现在以下几方面：

改革开放丰富了马克思主义社会主义学说，创新形成了社会主义本质理论。马克思、恩格斯创造性地揭示了生产资料公有、生产关系高度和谐等科学社会主义的一般规律，为建设社会主义的实践提供根本性理论指导。但是，马克思主义所论述的不是教条，而是进一步研究和运用的科学方法。[①] 究竟什么是社会主义，其本质是什么？事实上，不同国家的经济学者提供了不同答案。如波兰经济学家布鲁斯以经济决策划分为依据将社会主义理解为战时共产主义、苏联模式和分权模式，指出社会主义就是工人阶级实际参与公家的统治同时占有生产资料。前南斯拉夫经济学家卡德尔认为社会主义是各级联合劳动组织的生产资料所有制。这些有益的探索对我国认识社会主义及其本质有着深厚的启示。1978 年改革开放后，党对社会主义及其本质的认识发生了几次飞跃，产生了当代中国回答。邓小平首先对社会主义及其本质的确切内涵做出揭示。党的十五大报告对这一理论内涵做出了高度评价。党的十九大，以习近平同志为核心的党中央对社会主义本质进行了进一步的丰富，指出"中国特色社会主义不是别的主义，而是科学社会主义，它最本质的特征就是坚持中国共产党的领导"[②]。

改革开放丰富了马克思主义发展阶段观点，创新形成社会主义初级阶段理论。社会主义的发展是否要依据生产力水平划分发展阶段？马克思、列宁等经

---

① 中共中央马克思恩格斯列宁斯大林著作编译局. 马克思恩格斯文集：第 10 卷 ［M］. 北京：人民出版社，2009：691.

② 习近平. 关于坚持和发展中国特色社会主义的几个问题 ［J］. 求是，2019（7）：4-12.

典作家分别有着自己的看法。马克思、恩格斯曾指出，高度发展的资本主义进入社会主义甚至共产主义需要经历过渡阶段。① 列宁认为，社会主义会经历初级形式的社会主义与不完全的共产主义等时期。与此同时，他进一步指出，如果一直将社会主义当作凝固的、僵死的以及不变的思想观念，是十分愚弄的事情。社会主义促使生产力以什么样的速度迈进是不可能预知的。② 在我国，对社会主义阶段进行了长期艰苦卓绝的科学探索并付诸了实践。党的十八大多次强调和重申初级阶段的基本国情并没有改变。党的十九大，我国仍处的阶段并没有发生改变。这一阶段理论的确定，是长期经济建设经验的深刻总结，是对马克思阶段理论的创新发展，是回应如何在不平衡不充分生产力社会中进行经济建设，为制定正确的党政方针提供了最为根本的依据，在此基础上我国不断完善了基本经济制度、市场经济制度等内容。

改革开放丰富了马克思主义经济制度思想，创新形成了中国特色社会主义基本经济制度理论。依据马克思、恩格斯的设想，高度发达的资本主义合力上的社会主义是占有全部生产资料进行有计划的生产。列宁、斯大林结合俄国现实情况，将这一设想具体转化为国家所有制。这些理论与实践对我国经济制度建构有着重要的指导意义。我们一方面坚持社会主义方向毫不动摇，另一方面不囿于经典作家的判断，以利于提高人民生活水平和生产力水平为标准，结合国家生产状况逐步建立了囊括所有制、市场经济以及分配制度的多层次基本经济制度。尤其是在所有制结构方面，一是进行非公有制经济的增量改革；二是进行国有企业改革、股份制改革以及混合所有制改革；三是进行产权制度体系建设，包括农村土地"三权"分置、国有企业产权保护等方面。再者是逐步完善了多元化的收入分配机制。首先，正确处理效率与公平的关系。中国共产党第十七次全国代表大会指出，要效率优先兼顾公平，再分配更加注重公平，重新确定了分配体制的改革方向。其次，关于按劳分配与按生产要素分配的关系。一方面注重前者的主体性，另一方面强调后者合法性和重要性以及增加其内生性。最后，强调共同富裕问题。提出共享发展理念，采取社会福利和保障等多种有效举措。

改革开放丰富了马克思主义商品经济理论，创新形成了社会主义市场经济

① 中共中央马克思恩格斯列宁斯大林著作编译局. 马克思恩格斯文集：第3卷［M］. 北京：人民出版社，2009：435，445.
② 中共中央马克思恩格斯列宁斯大林著作编译局. 列宁专题文集·论社会主义［M］. 北京：人民出版社，2009：35-39.

理论。在集体的或公有的社会中，生产者是不交换产品的。① 恩格斯也补充指出，商品生产应当被消除。② 在我国社会主义建立的初期，也曾依据设想实行计划经济，但历史实践证明这一经济体制并不符合国情。事实上，即便是苏联领导人和东欧的众多经济学家，在建立苏联经济体制时，也不否认商品经济存在的必要性。列宁就曾认为，计划经济条件下要考虑价值规律的作用，应该充分利用市场经济为经济建设服务。斯大林在理论上承认商品货币关系的存在。其他东欧理论研究者也有一些独到见解，如布鲁斯指出社会主义中实行有调节的市场机制模型。前南斯拉夫社会主义政治经济学家卡德尔也较早地认识到社会主义有商品经济的存在。与苏联、东欧等国家的经济思想以及"休克疗法"不同，我们党选择了一条适合的发展道路，不断推动市场化改革使其在配置中发挥重要作用。在建构市场经济的过程中，既满足不同经济主体的发展诉求，也有效避免市场本身存在的盲目性和自发性，这是中国特色社会主义政治经济学实践与理论的重大创举。

改革开放丰富了马克思主义发展理念，创新形成了中国特色发展理论。马克思有着丰富的关于经济发展的思想，如社会基本矛盾理论、社会生产再生产按比例发展理论、劳动生产率理论、科学技术决定理论等。在这些思想的指引下，中国共产党从思想理论上进行进一步创新，深刻回答了什么是发展以及需要怎样发展等关键问题。邓小平首先提出"发展是第一要务""发展是硬道理"的思想，之后逐步形成了"科学发展观"的观念。党的十八大，习近平指出了新发展理念这一重要论断。不同的发展理念在不同时期指导着我国经济发展实践。改革开放初期，"摸着石头过河"要解决的是转移工作重心进行经济发展，使人民群众脱离温饱状态并奔赴小康社会。进入新世纪，伴随初步目标的实现，资源环境问题对发展产生了约束效用，甚至限制了产业结构优化和区域经济的协调发展，科学发展方式成为重要举措。进入新的时代，面对主要矛盾的变化以及经济发展进入新常态，新发展理念进一步推动经济发展持续健康稳定。

---

① 中共中央马克思恩格斯列宁斯大林著作编译局. 马克思恩格斯文集：第3卷 [M]. 北京：人民出版社，2009：433-434.

② 中共中央马克思恩格斯列宁斯大林著作编译局. 马克思恩格斯文集：第3卷 [M]. 北京：人民出版社，2009：564.

第三节　改革开放促进中国特色社会主义政治 经济学教材的发展变革

十一届三中全会以后，经济改革实践和经济理论发生了质的变化，促使我国政治经济学有关教材不再囿于苏联教科书体系之中，与此同时，我国许多教科书开始重视市场经济的基本规律以及国内外经济形势的变化，在框架结构上取得了重大成果。尤其是党的十八大以来，党和国家更加积极推动中国特色社会主义政治经济学教材的编写。

一、中国特色社会主义政治经济学教材编纂的背景和基础

（一）背景

中国特色社会主义政治经济学教材起步的理论来源不足。马克思、恩格斯当时处于资本主义自由竞争转向国家垄断资本主义的阶段，目的在于揭示资产阶级社会的弊端和问题，这就决定了他们没有也不可能将当代社会主义的经济问题作为研究对象，他们受到时代和经济发展的局限，始终没有展开对其具体形式和运行机制的明晰、准确和系统的分析。后来到了列宁时期，理论界对经济的实践探索的总结也未充分展开，导致十月革命后很长时间以来，苏俄流传着政治经济学消亡的言论。原因就在于有些学者将政治经济学的研究对象狭隘地界定为探讨资本主义商品经济。布哈林就曾指出，资本主义生产方式和商品经济的告终实质上是政治经济学的死亡。与此同时，尔·雅罗申柯、德·科纳科夫等人也持有这样的错误观点，他们认为生产力吞灭了生产关系，其研究对象不再是生产关系而是生产力或经济政治。因此，当时苏联高等学校课程就从"苏维埃经济"变更为"经济政策"。这些现象造成了我国政治经济学教材编写的理论准备薄弱。

中国特色社会主义政治经济学教材起步的实践基础不足。只有具备这样典型的资本主义国家的基本特征和历史发展，马克思才能研究出《资本论》。新中国成立初期，我国经济百废待兴，正处于物质基础严重匮乏和经济制度未能形成的时期，还面临着严重的外部帝国主义威胁，并没有多少经验可谈，当时主要还是处于借鉴和依靠苏联建设经验的时期。如毛泽东所说，当前写出一本中

国式社会主义的政治经济学教科书，是极为困难的事情。这是因为我们缺乏基本的经济建设实践。毛泽东进一步指出，整个社会主义的实践历史，到今天不过才 40 多年，社会成熟度不够，距离共产主义还有很大的差距，所以当前就编出一本系统完整科学的教科书是不现实的。[①] 即便是到当下，经过 70 多年的经济政治等多方面建设，虽然人民生活水平有了很大程度的提高以及生产力获得了极大的发展，但仍旧面临着不可持续不充分不平衡发展等问题，尤其是经济结构调整、产业布局紊乱和区域发展差异，仍然面对着国内外风险和挑战，仍处于整个共产主义的最初阶段，从长远看，编写出一部宏伟的政治经济学教科书仍旧存在现实实践薄弱的问题。

（二）基础

从理论来源来看，主要是马克思主义政治经济学。一是一般性政治经济学原理，来源于《资本论》《政治经济学批判》等。马克思强调"生产一般"的概念，归纳起来，这些共同概念包括价值规律、收入分配规律、所有制规律等理论。二是资本主义部分以马克思《资本论》与列宁《帝国主义论》为代表，其基本逻辑、基本概念和基本理论都生成于此，这些理论对当今时代都有着深刻的指导意义。三是社会主义部分，包括列宁、斯大林、毛泽东在革命和建设中提出的经济思想。马克思、恩格斯在批判旧世界时发现新世界，在《共产党宣言》等著作中阐述了重要特征。列宁则在领导无产阶级夺取政权过程中逐渐形成了过渡思想。斯大林在《苏联社会主义经济问题》中指出社会主义中经济规律也具有客观性。毛泽东思想中则蕴含了社会主义根本任务、国民经济比例协调等重要经济思想。四是《苏联政治经济学教科书》的结构体系，它在体例上表现为"导论"再加"三篇"的模式，运用两分法将其分为社会主义与资本主义两部分，这对改革开放后经济学教材依旧有着深远影响。

从先前著作来讲，主要是新中国成立初期的政治经济学教材。影响最大的是 1954 年许涤新的《广义政治经济学》，这是最早的教材版本，首次将新民主主义经济作为研究对象。他曾在内容提要中指出，本书论述为中国特色社会主义政治经济学教材编写做了充分的准备。随后，于光远、苏星以及徐禾主编的《政治经济学》遵从《资本论》结构，影响巨大。之后，政治经济学教材分为人民大学、北京大学、武汉大学等高校编写的《政治经济学》以及南开大学编

---

① 中共中央文献研究室. 毛泽东文集：第八卷 [M]. 北京：人民出版社，1999：137.

写的《政治经济学》，前者延续了计划经济的思维，以有计划按比例发展规律、社会主义工业化内容等作为主要框架。南开大学的论述以社会主义部分为例分为六篇，包括总论、社会主义生产过程、生产总过程等。但是，需要强调的是，改革开放之前我国也有商榷市场经济理论的著作。例如，1956 年在《把计划和统计放在价值规律的基础上》中，孙冶方就强调价值规律的作用。① 随后，顾准同样没有拘泥于经典作家的论断，而是认为社会主义是经济核算与经济计划的统一体，价值规律是其重要内容。②

二、中国特色社会主义政治经济学教材的历史沿革

1978 年 3 月，邓小平描绘出了现代化道路的壮志蓝图，同年 12 月，党提出经济建设遇到的问题和矛盾需要经过经济学"真理"的检验。中国特色社会主义政治经济学教材适应这一变化的要求，正本溯源、解放思想、拨乱反正，纠正以往对马克思主义的误解和歪曲，根据建设中面临的新问题、新情况，提出了很多新理论新思想，使中国特色社会主义政治经济学走上正轨，自此，中国特色社会主义政治经济学教材开始了自主探索阶段。

（一）突破传统苏联教科书模式（1978—1992 年）

1979 年，在教育部组织下我国集中出版了高等院校使用的政治经济学教材，有吴宣恭、蒋家俊主持的南方十六所高校编写的南方本《政治经济学（社会主义部分）》，对社会主义生产关系的特点和经济发展应有的过程做出十分详细的阐释，特别是在理论分析上该书比较注重基本理论概念的循序渐进和良性诱导。与此同时，还比较有影响力的教材是北方十三所著名大学主编的《政治经济学》，简称"北方本"。该教材与苏联教科书相比，已经有了明显进步。第一版书籍已经将按劳分配、商品生产、物质利益原则等内容作为主要内容写入。该书在分析商品流转时指出，在国有企业与集体企业之间以及全民所有制内部都必须存在商品生产与交换。③ 此书第三版还吸收了十一届三中全会中的若干内容。最后，全国多家单位编写的北方本《中国社会主义经济问题》，这本书是作为高校代用教材，内容十分经典，具有教学时数上简短等特点。该书从提出经

---

① 孙冶方. 把计划和统计放在价值规律的基础上 [J]. 经济研究，1957（6）：30-38.

② 顾准. 试论社会主义制度下的商品生产和价值规律 [J]. 经济研究，1957（3）：21-53.

③ 北方十三所高等院校编写组. 政治经济学（社会主义部分）[M]. 西安：陕西人民出版社，1985：102.

济发展要按照客观规律入手的维度，着重阐释了社会主义中几个发挥作用的客观与主观条件。

此外，伴随国有企业的改制以及对外开放的交融，政治经济学逐渐将市场经济、商品经济纳入其中。这一时期也是中国特色社会主义政治经济学教材充分涌现和发展的时期，主要教材和特点如下：卫兴华主编的《政治经济学教科书》，重点揭示商品经济以及其一般规律，并用很多部分对社会主义中经济增长、经济运行和经济制度等内容进行论述，极具时代感。蒋学模编辑的《政治经济学教材》曾指出二战后的众多新问题，尤其是对建设社会主义积累的新经验做出新的概括。随后在第三版"后记"中，又强调要依据三中全会以来的经济建设经验，对社会主义责任制、经济效益和市场调节为辅等问题进行阐释。①厉以宁主编的《社会主义政治经济学》从经济运行视角，通过"社会主义经济与发展目标""人的地位""某种经济体制下经济运行"三个维度揭示了社会主义经济的全貌，其中关于个人作为经济决策者的分析是之前从未有过的创新。侯恒著的《新编政治经济学教程（下册）》针对以往的内容安排、结构体系进行了改革，将之前的"两分法"变换为三部分，不仅包括社会主义的经济本质，还论述了宏观经济、微观经济等运行、发展规律。

（二）生成社会主义市场经济理论教材（1992—2012 年）

1992 年，邓小平在南方讲话以后，中国经济发展进入新局面，经济建设中众多重大理论问题也取得了新突破，许多学者在研究对象、方法、原理等方面做出了多方面探索，其中包括国家教委组，谷书堂、吴树青、吴宣恭等为代表编辑的《政治经济学（社会主义部分）》。该书由经济出版社发行，曾获第三届高等教育国家级一等奖。该书是作为财经类专业教材，主要目的在于检验学生的政治经济学应用能力和基础知识而编纂的教材，分为四部分，主要为微观经济运行、市场经济体制、宏观经济运行和基本经济制度。此外，在运用方法方面，该书还借鉴西方经济学和其他社会主义国家经济理论的优秀成果，从市场经济与基本经济制度双向层面探讨研究社会主义经济运行，还纠正了以往将社会主义描述的"理想化"的倾向，突显了这一时期邓小平经济建设的思想，将中国特色社会主义政治经济学教材拔升到一个很高水准。

进入新世纪，教育部确立了政治经济学作为本科经济学重要八门课程之一，

---

① 蒋学模. 政治经济学教材［M］. 上海：上海人民出版社，1980：400，404.

并随着面向 21 世纪的课程体系和教学内容改革等项目的推进,一大批课程教材面试了。张维达著的《政治经济学》实现了多重突破,首先是表达了新的经济现实以及科学发展对于理论的系统要求,在结构上突破了两部类框架,依照从本质到现象、一般到具体的基本逻辑,从商品经济一般着手,续写出基本经济、经济运行和经济发展的主要内容,从而建立起系统完善的体系结构。其次,该教材是在经济概念范畴的解释上,打破原先"资社"范畴的分析方法。最后,该书突破之前囿于经济制度、生产关系本质的研究,重视生产关系形态、所有制形式等的研究分析,从最为本质和现象的两个维度探讨经济规律。2002 年,教育部再一次组织编写教材,林岗、逄锦聚和洪银兴等人主持的《政治经济学》正式出版。该教材在原有的"二分法"基础上,创造性地新增了"政治经济学一般理论"等内容,还强调正确处理特殊与一般、创新与继承、中西经济学、理论探索与教科书规范等关系,明确提出政治经济学要汲取西方经济学的成分发展自己。

(三)建设中国特色经济学教材(2012 年至今)

2014 年,国内涌现了很多中青年学者,发表了很多成果,主要是以论文、专著等普及读本为主要形式,但也出了很多定位于高校的教材,其中陈伯庚、沈开艳等人主编的《中国特色社会主义政治经济学》尤为重要。陈伯庚就是 1958 年的政治经济学教科书的作者之一。新时代,陈伯庚在一些杂志、报刊独立发表关于政治经济学方向的论文,这部最新著作是他带领上海团队的理论创新之作。从逻辑起点来讲,该著作以初级阶段实践与理论为起点,探寻了中国特色社会主义政治经济学的核心理论。从编写顺序来讲,该教材首先分析了经济制度、经济体制和根本任务,再以宏微观和国际关系视角总结理论建设经验。从体系结构来讲,该教材分为六篇,包括了对外开放、经济全球化、发展动力论等主要内容。第一主编陈伯庚还认为,人民为中心是马克思经济思想区别于西方经济理论的重要标志,是中国特色社会主义政治经济学的根本基础。总之,这本著作是彰显中国特色的重要成果。

2017 年,张宇、蒋永穆的《中国特色社会主义政治经济学》出版,希望建构系统的完善的教材体系。第一,该体系具有中国风格的基本前提。党的十八大以来,很多国内学者在他们的《政治经济学》教材中,对于结构体系进行了多方面的探索,该著作正是在这些理论成果的基础上,融入团队的最新概括生成了自身的逻辑脉络。依照张宇的概述,该著作形成以下特点:中国特色社会主义政治经济学研究对象囊括发展道路、发展策略和生产关系等，逻辑主线是生产力与生产关系及其相互作用，逻辑前提是经济制度，等等。第二，该体系具有循序递进的思维逻辑。首先，基本经济制度是生产关系最重要的具体体现，表达了中国特色生产与分配以及交换关系，这是一切经济活动的制度前提。其次，经济体系在这一经济制度下稳定运行，包括微观、中观和宏观三个层次。再次，经济运行发展包含了经济增长、发展和城乡一体化。最后，国际经济是国内关系的外在延伸。第三，该体系采纳了总体、具体的研究方法。首先从总体上阐述理论基础，接着论述了主要内容，再分别阐述经济制度在不同环节、领域的过程。很明显，这部教材就是探寻马克思经济思想现代形态的最新表达。

三、中国特色社会主义政治经济学教材创新发展的经验总结与启示

中国特色社会主义政治经济学始终要紧随经济现实条件的发展而不断变化。改革开放后，政治经济学不再囿于传统经济理论中，而是伴随经济体制和市场经济的改革，不断创新发展。党的十八大以后，中国特色经济建设取得了新成就，产生了之前从未遇见过的新问题、新情况与新挑战，这就要求我国经济学在已有成果基础上，继续创新发展，做出体系化、系统化的新解释。

正确处理一般与特殊的关系。新中国成立初期，我国经济学单纯沿用苏联经济建设模式和理论，造成了不可估量的经济方面的重大损失。改革开放之初，中国特色社会主义政治经济学注重区别马克思主义政治经济学中的一般原理与特殊原理，趋利避害，尤其是避免教条主义和本本主义，进而突破了传统苏联教科书体系约束和束缚。随后，中国特色社会主义政治经济学又关注经济体制的特殊与经济运行的一般，从理论和现实两个层面分别指出将市场经济等同于资本主义的观点是完全错误的论断。这些认识在教材表现上就是基于马克思基本原理的"两分法"框架结构，即"一般性原理—资本主义—社会主义"，尤其是后来突出了社会主义市场经济理论。在建构中国经济理论的过程中，我国理论研究者还着力处理马克思经济思想的一般与特殊关系，既要坚持其基本理论，又要立足中国经济实际，认清其一般原理的正确性，既要看到社会主义与资本主义的区别，也要了解到二者在经济结构、经济模式、生产力等方面的共同点，在教材中必须坚持马克思经济思想的一般性经济运行思想，还要关注到中国经济社会建设的具体实际。

正确处理方法论继承与创新的关系。能否继续秉承唯物史观的方法论，能否对马克思传统方法论进行创新，是中国特色社会主义政治经济学生命力是否

顽强的重要标志。但教材发展变革曾存在两种趋向，一种是马克思方法论教条化，《资本论》内容与结构长期不变。另一种是马克思经济思想西方化。中国特色社会主义政治经济学的众多理论研究者们注意到这两种现象，并克服两方面极端影响，注重生产关系基础上融合生产力与上层建筑，探讨生产关系的变化发展。这一做法正是表现出了诸多教材坚持唯物辩证法，并将其贯彻到整个体例始终。另一方面，众多学者也表现出了创新性。如程恩富主编的《现代政治经济学新编》（以下简称《新编》），该书在指出研究对象不仅是社会主义生产关系，还包括了资源配置、经济行为、人的福利等因素，很显然扩展了研究对象。又如《新编》中提出要应用规范方法、实证方法、综合方法等手段，适当吸收伦理学、心理学、系统论等方法，还采用了投入产出法、博弈论法等，所有这些共同构成该著作的方法论体系。再有，《新编》还指出了鲜明的"人本性"特点，认为经济学中的研究除了阶级性、阶层性外，还体现出了以人为本、人文关怀等特征。以《新编》为例，众多教材的重要或细微变化，都创造性地为研究方法注入新动力。

正确处理理论性与前沿性的关系。很多经济学教材的首要任务是传授经典作家基本原理，还会引导学生使用正确科学的方法来解释、认识众多经济现象，这就必须有很强的理论性和前沿性，进而激发灵感，使之产生志趣。一是当前很多经济学教材具备了"思想性"。首先，一些书籍尽可能地引用经济作家的原本思想，使学生可以直接与思想家对话，增加他们对经典文献的理解。其次，一些著作融入传统文化和现代经济思想，不仅拓宽了学生的知识面，还有助于学生了解马克思经济学为何生根于中国。二是在具备理论性的同时众多书籍关注了前沿性。第一，对最新理论成果进行吸收、运用。如社会主义经济中经济周期、马克思经济增长模型等，这些都是学界关于马克思主义的最新研究成果。第二，思考题设计前沿化。它是指导很多学生迈入政治经济学知识海洋的指挥棒，也是检验学生对内容了解程度的重要方法。很多教材中思考题首先考虑的是加深学生对基本原理的深化理解，如"阐明市场机制中的功能弱点""揭示影响资本积累的因素"等，强化了学生理论联系当前经济实际的能力。第三，篇章设计前沿化。很多学者加入个性化因素，如在开篇融入"学习目的""学习要求"等，还增加了"辨析""小词典""课外阅读"等内容，一改以往教材的严肃风格。

如今，70多年过去了，世界社会主义运动既有伟大成就，也遭遇了严重的危机，其经验和教训为中国特色社会主义政治经济学的发展打下了现实基础。

目前来看，中国特色社会主义政治经济学在结构上不断完善，内容上日趋合理，培养作用越来越大。但同时我们也应该了解到，社会主义事业仍有很长的道路要走，对其经济规律的探索不可能穷尽，关于共产主义科学理论的教材更不可能一蹴而就，将始终伴随着经济发展而不断向前推进。

第二章

中国特色社会主义政治经济学的实践方位

唯物史观指出，人类社会始终遵从着从低级到高级、从简单到复杂的规律，这个漫长的过程是根据特定的历史发展时期面临的不同主要矛盾的阶段所决定的。正如恩格斯指出的，社会主义不是始终不变的形态，而是会和其他制度一样，会变化、改革和发展的。所以，无论是社会主义还是其作为理论反映的中国特色社会主义政治经济学抑或是一个复杂的艰辛的动态过程。当前的中国特色社会主义政治经济学是立足于社会主义初级阶段的政治经济，迈入新时代面对新情况解决新问题，是朝着科学社会主义不断发展的理论学说。

第一节　社会主义初级阶段的中国特色社会主义政治经济学

任何经济理论都是对一定时期生产关系的理性反映，是一定阶段的理论产物，这是对其内部本质关系的呈现和揭示。中国特色社会主义政治经济学作为理论体系也不会例外，它始终以社会主义初级阶段为阶段性依据，以动态性为基本特征，以肃清"历史阶段曲解论""殊途同归论"等为行为准则。

一、中国特色社会主义政治经济学的阶段性依据

实现共产主义的两类路径。空想社会主义者试图运用"理想"力量，凭借"先哲"努力，建立一种财产公有制，甚至提出经济计划方式消灭无政府状态。但他们的认识是浅显的，立足于唯心主义以及落后生产力水平上的认识和主张是不能实现的。如摩莱里和马布利，就具有禁欲、平均主义的印记。摩莱里在《自然法典》中将自己的理想社会建立在自然哲学和现实基础上，指出自然界天然要求同劳动和公有制相结合。而马布利则强调人的理性，主张自然状态和自

然权利，指出私有制违背了自然，希望建立一个比"柏拉图"更加完美的共和国。而马克思、恩格斯在先驱们思想基础上，确立了科学社会主义理论，指出社会主义理想不是空中楼阁，而是历史发展的必然结果。列宁结合实际提出了发展阶段的命题。我国经过改革开放前后两个历史阶段的探索，对科学社会主义有了许多新的认识，尤其是中国特色社会主义政治经济学在坚持共产主义远大理想的前提下，更加关注当前经济发展的阶段性现状。

当前社会主义生产关系的发展现状。当前的经济关系不是成熟的，主要表现在以下三方面：第一，公有化程度不可能绝对单一。我国公有制形式主要包括合作制、股份制、股份合作制等，特别是十八届三中全会将混合所有制当作基本经济制度的有效实现形式。而在传统的经营模式上，产生了承包经营制和租赁制等有效形式。第二，按劳分配程度不可能绝对充分。一是依照马克思的科学构想，以时间为标准，不可能完全回避出工不出力的现象，不能反映实际的劳动效率和劳动功效。再者，按生产资料最终成果来划分，也不能在大生产中的取舍劳动成果来体现。因此，无论是何种分配标准或方式都不能完全公平。第三，富裕程度不可能绝对平均。从发展效率方面来看，当前阶段允许一部分群众先富起来，并实行各类生产要素参与分配，这造成不同要素所有者富有程度不一致的情况，诸如行业差距、地区差异、部门差异等。很明显，依据现有的当下的经济关系，初级阶段还有很长的时间过渡，还有很长的路要走，改革的重要维度仍是在宏观调控下的生产关系调整，所以，作为经济改革实践理论反映的中国特色社会主义政治经济学也是显示出了初级阶段特征。

党的十九大关于我国所处阶段的再阐释。党的十三大曾指出，初级阶段不是任何国家都要经历的阶段，而是专门指我国落后生产力、落后商品经济下的不发达条件中建设社会主义所必须经过的特殊阶段。经过40多年的改革开放历程，党的十九大再次强调，尽管主要矛盾发生变化，但没有改变我国所处阶段的基本国情。为何我们党在生产力有所发展和商品经济有所繁荣的情况下会做出这样的阶段判断？我认为它反映了党和国家对国内经济发展情况以及世界经济走向认识的判断。首先，未来的共产主义需要更高的生产力。无论与马克思预想的生产力相比，还是与当前左翼经济学家提出的具体构想相比，还是与西方发达国家的现实经济水平相比，我国生产力水平仍旧是不充分不平衡和不够发达的。其次，我国当前所取得的成就，都是基本经济制度取得的，恰好说明当前的经济体制和生产关系是适应生产力现状的，这一成功的经济发展实践也表明当前绝不能急于向更高阶段过渡。所以，一些学者提出当前就要使民营经济退出历史舞台进而建立单一的公有制，这一观点是不正确的。因此，坚持中国特色社会主义政治经济学的社会主义初级阶段这一阶段性特征，是正确的抉择。

二、中国特色社会主义政治经济学的动态性特征

十九大规定了社会主义初级阶段下未来我国经济发展的两个阶段性目标，这就决定了中国特色社会主义政治经济学必然是一个动态经济学体系，那么长期动态分析方法就成为重要的分析方式。

新古典和新自由主义经济学反对长期动态分析法。代表人物马歇尔将"自然界没有飞跃"当作至理名言写入该书，[1] 而这句话来自机械唯物主义者鼻祖之一的爱尔维修的言论，即不间断规律被准确遵从，尤其是在自然界中没有飞跃。[2] 他们的言论被诸多经济学家当作唯一的肯定的方法论，为西方主流经济学提出的均衡分析方法夯实了哲学基础。西方主流经济学界认为每个人都可以通过市场竞争实现自身的发展和生存，否认任意的经济危机、阶级冲突以及历史变化的事实。不过，这些解释也都是不符合现实发展的。与此同时，作为凯恩斯主义的忠实信仰者，如萨缪尔森在比较静态分析法前提下不断融入"加速原理"，希望将经济理论改变成为长期动态分析的结果。但一些学者对萨缪尔森的方式方法的实质性加以揭露，指出他关于凯恩斯主义分析的总量，虽然不围于某种生产关系的束缚，但不管如何加以动态化和长期化，目的都不过是掩盖其资本主义的实质以及生产再生产中的对抗性。[3]

马克思主义政治经济学肯定了长期动态分析法。与西方新古典经济学和凯恩斯主义存在着根本不同，马克思指出矛盾存在于事务发展过程的始终，存在于人类社会的各个经济形态，正是这些矛盾，成为事务变化发展的根本力量。马克思主义是辩证发展的学说。我国初级阶段同样存在着各类内在矛盾。因此，中国特色社会主义政治经济学具备动态性特征以及对其分析应该是长期动态方法，这是建立在马克思经济思想和初级阶段矛盾分析基础之上的判断。为此，

---

① 阿尔弗雷德·马歇尔．经济学原理：上卷［M］．朱志泰，译．北京：商务印书馆，1964：4-18.

② 汪子嵩，张世英，任华，等．欧洲哲学史简编［M］．北京：人民出版社，1972：103.

③ 许涤新．政治经济学词典：中［M］．北京：人民出版社．1980：522.

习近平指出，矛盾运动推动着社会不断前行。① 所以，在探究中国特色社会主义政治经济学理论及体系建设时，不能回避当前阶段的各种社会矛盾，要使矛盾分析方法融入中国特色社会主义政治经济学的长期动态性中，依据历史发展变化关注新的规定和变化，揭示其深层规律和机制，最终建构起中国特色社会主义政治经济学的动态理论，为实现中华民族中世纪百年目标不断奋斗。

三、中国特色社会主义政治经济学的行为性准则

中国特色社会主义政治经济学在发展过程中面临诸多的挑战，如关于历史阶段的定位问题、初级阶段的发展方向问题，都需要在理论思想上加以澄清，否则会在实践指引上发生偏离。

肃清"历史阶段曲解论"。国内一些学者往往针对现实经济发展状况如生产资料、分配制度和经济结构的多元化以及由此产生的诸多社会问题，认为初级阶段的很多经济现象违反了马克思的科学设想。事实上，这一论断忽略了经典作家提倡的最为重要的特质就是坚持"实事求是"，要遵循生产力决定生产关系的重要原则。如果建构了高度集中化的生产关系，就如存在时间较短的柬埔寨红色政权最终会成为社会主义的走样，再如苏联、东欧的分崩离析。与此同时，也有一些学者指出，我国正处于资本主义向社会主义过渡的历史进程中。这也是完全错误的说法，当前我国已经是国有经济和集体经济占主体地位，在关键领域关键行业起到引领作用的时期。借用"过渡时期"表达我国所处的初级阶段，是合理的表达和说法，但不是他们所谓的资本主义过渡。此外，还有一些学者提出既然资本主义没有在中国生成与发展，我国就不可能跨越修斯底德陷阱，现阶段实质上就是发展资本主义，他们将这一时期称为"中国特色资本主义"阶段。这一论断是对初级阶段的错误见解，当前初级阶段是社会主义的最初阶段，而不是资本主义的历史阶段，我国始终是社会主义国家，共同富裕的目标需要我国始终保持社会主义性质。

警惕"殊途同归论"。改革开放初期，关于混淆社会主义初级阶段的说法，最初是"社资融合论"，该学说将邓小平提出的"三个有利于"下的诸多具体做法以姓"资""社"作为论纲，将初级阶段的社会主义与资本主义混淆起来，指出中国经济制度不如西方经济制度，尤其是自由市场，他们主张在初级阶段

---

① 决胜全面建成小康社会 夺取新时代中国特色社会主义伟大胜利：在中国共产党第十九次全国代表大会上的报告 [N]. 人民日报，2017-10-28 (1).

下的中国可以完全进行西方市场化。某些学者还关注到俄国的改革,认为中国同俄国相比,虽然改革方式和程度相异,但初级阶段发展最终的结果和归宿是相同的,换言之,他们是将市场经济与资本主义相互等同起来。我认为以上这些说法都是错误的。首先,就制度区别来说,我国根本制度始终是社会主义制度,而具体制度也是以服务人民群众为出发点以共产主义发展为方向的经济政治制度,这样的制度基石很好地回应了姓"资""社"争论进而确保具体经济措施的有效继续推行。其次,我国经济改革初级阶段是公有制主导下的增量改革,而俄罗斯则是完全摒弃了社会主义道路让私有制主导私有资本成为主体。再者,社会主义市场化是以基本经济制度为前提,而俄国市场经济则完全以资本主义制度为根基。最后,我国对于外资经济的态度是将其作为补充,为经济建设所用。相比之下,俄国外资经济占有很大比重,已经影响到国家制度建设。

第二节 新时代的中国特色社会主义政治经济学

习近平指出,当前的时代不是什么别的时代,而是中国特色的新时代。①这一重大判断说明我国初级阶段进入了新的历史时期。值得注意的是,初级阶段中的三个历史阶段具有一脉相承的衔接性,又有阶段性,成为我们理解新时代中国特色社会主义政治经济学的历史基础,尤其是新时代作为我国历史发展的新的历史方位,② 这一关于历史方位的最新的重要判断,是站在党建设社会主义事业继往开来的起点、站在中华民族前途命运的转折点、站在广大人民群众根本利益的出发点所做的前瞻性、全局性和战略性判断,是中国特色社会主义政治经济学进一步创新发展的新起点。

一、引领中国站起来的政治经济学

毛泽东作为中国特色社会主义政治经济学的奠基人,所提出的一系列重要思想成为引领中国站起来的科学指引,为中国特色社会主义政治经济学进一步

---

① 习近平在学习贯彻党的十九大精神研讨班开班式上发表重要讲话强调:以时不我待只争朝夕的精神投入工作 开创新时代中国特色社会主义事业新局面 [N]. 人民日报, 2018-01-06(1).
② 决胜全面建成小康社会 夺取新时代中国特色社会主义伟大胜利:在中国共产党第十九次全国代表大会上的报告 [N]. 人民日报, 2017-10-28(1).

发展夯实了思想基础。

毛泽东提出撰写中国人自己教科书的重要使命。他在谈到《苏联社会主义经济问题》时指出，政治经济学如果结合实践去学习要比直接空谈起来要强得多容易得多。① 他进一步在读苏联《政治经济学教科书（社会主义部分）》的论著中，讨论了我们要编写政治经济学的教科书以及怎样写好的问题。② 针对其中研究的"纲"问题，毛泽东就给出一条研究主线，当前要以生产力与生产关系以及生产关系与上层建筑的不平衡与平衡为纲来探究经济问题。③ 随后，在探讨研究对象时，他首先指出对某一领域特有的一种矛盾进行研究，之后形成对某一学科研究对象的探讨。接着，毛泽东进一步指出，我们要研究的既要有生产关系，还应该涵盖生产力，这就彻底突破了苏联传统教科书关于研究对象界定的传统模式。他还注意到泛化问题，指出探究的对象如果过于宽泛了，就会成为技术、自然科学，如果上层建筑研究太多了，就会成为国家理论或者阶级理论了。④ 这一规定既规避了孤立的、静止的研究生产关系，又界定了其研究的视野与范围。

毛泽东提出政治经济学的一系列重要论点。在中国特色社会主义政治经济学发展过程中最为重要的是社会主义与市场经济的辩证关系。毛泽东很早就注意到这一问题的重要性，并指出社会主义阶段中虽然实施了计划经济，但仍存在价值规律和商品生产。当前我们只有运用它，才有可能建设社会主义。⑤ 他还反对将商品经济与经济制度混为一谈。⑥ 毛泽东关于政治经济学的论述还包括经济波浪式发展的论断、发展阶段的论断、中央地方分权的论断、群众管理经济的论断、科学技术革命的论断等。习近平高度评价毛泽东对政治经济学上的贡献，指出毛泽东提出的基本矛盾理论、农工业协调发展理论等是对马克思主义政治经济学的创新。最后，毛泽东还进一步指出得出这些重要论断的方法

---

① 毛泽东. 毛泽东读社会主义政治经济学批注和谈话［M］. 北京：中华人民共和国国史学会，1998：25.

② 中共中央文献研究室. 毛泽东文集：第八卷［M］. 北京：人民出版社，1999：137.

③ 毛泽东. 毛泽东读社会主义政治经济学批注和谈话［M］. 北京：中华人民共和国国史学会，1998：421-422.

④ 毛泽东. 毛泽东读社会主义政治经济学批注和谈话［M］. 北京：中华人民共和国国史学会，1998：422.

⑤ 毛泽东. 毛泽东读社会主义政治经济学批注和谈话［M］. 北京：中华人民共和国国史学会，1998：61.

⑥ 毛泽东. 毛泽东读社会主义政治经济学批注和谈话［M］. 北京：中华人民共和国国史学会，1998：50.

是必须具备哲学家的头脑。他以马克思等人的研究事迹来阐释这个道理，指出马克思之所以能写出《资本论》以及列宁之所以可以编撰出天才著作《帝国主义论》，都是因为他们是哲学家并具备运用哲学辩证法的能力和素养。① 相反，他认为苏联教科书恰好是因为缺乏辩证法，所以没有形成一套系统完整的世界观和方法论来解析现实经济现象。②

二、引领中国富起来的政治经济学

邓小平提出初级阶段的各种政治经济学理论。毛泽东虽然为中国特色社会主义政治经济学的产生奠定了基础性贡献，但由于当时处于制度建立初期，再结合一些其他主客观条件的束缚，他所提出的一些经济理论总是会囿于当时时代。毛泽东也曾指出，当前撰写一本体系成熟的教科书还是一件比较困难的事情。而这个突破和开端作为中国经济创立发展的核心很快来临，真正冲破是改革开放的"设计师"邓小平达成的。他在推进我国特色经济发展的实践过程中，逐步形成了对中国经济建设的系统性理论性思考，突破了诸多理论经济学的困境和难题。首先，提出社会主义市场经济理论。邓小平提出，在公有制基础上有计划的商品经济彻底开启了我国发展市场经济的步伐。其次，提出初级阶段理论。邓小平曾指出，只有经过很多代人的艰辛努力才能过渡这一阶段。③ 最后，提出社会主义本质论。邓小平在南方谈话中对这一经济理论做出系统完整的阐释，不仅遵循历史唯物主义原理，还反映我国制度属性，为中国特色社会主义政治经济学发展拓宽理论空间和实践界限。

江泽民、胡锦涛提出一系列社会主义市场经济视域下的政治经济学理论。江泽民的贡献主要有：第一，提出了具体的改革目标。在党的十四大上，江泽民明确指出了我国经济体制改革的目标。第二，确立了基本经济制度。在改革目标确定基础上，对所有制认识的深度向前推进，逐步突破"主体—补充"的经济模式，形成"主体—客体"的共同样板。第三，建构了基本分配制度。伴随所有制改革的步伐，分配制度也转变成为共同模式。第四，推动了公有制多种实现形式的实践进程。我国逐渐融入了混合所有制经济并建立股份制的同时，

---

① 毛泽东. 毛泽东读社会主义政治经济学批注和谈话 [M]. 北京：中华人民共和国国史学会，1998：803.
② 毛泽东. 毛泽东读社会主义政治经济学批注和谈话 [M]. 北京：中华人民共和国国史学会，1998：422-423.
③ 邓小平. 邓小平文选：第三卷 [M]. 北京：人民出版社，1993：379-380.

对国有经济进行合理布局。胡锦涛对中国特色社会主义政治经济学的发展主要体现在科学发展观方面：第一，界定了中国特色社会主义政治经济学发展的主线。基于人民追求美好生活以及巩固社会主义制度基础上中国特色市场经济该如何实现发展？党的十五届三中全会明确指出，要更加注重以人为本，……实现促进社会公平正义的科学发展。第二，运用哲学方法思考中国经济发展问题。科学发展强调全面协调，包括政治、社会、文化等各方面。科学发展还强调人与自然共生，提出建设友好型社会等。所有这些思想都体现了辩证法在市场经济领域的应用。

三、引领中国强起来的政治经济学

习近平新时代中国特色社会主义经济思想坚持马克思主义政治经济学的根本立场，运用马克思主义世界观和方法论分析研究我国经济发展面对的新情况新问题新挑战，深刻回答了新时代经济发展怎么看、怎么干等一系列重大理论和实践问题，是中国全面迈向强起来阶段的重要理论指引。

肯定了马克思主义在中国特色社会主义政治经济学的指导地位。习近平注重马克思主义思想尤其是其政治经济学理论的研究、学习和应用。他很早在陕北时就反复学习经典著作，尤其是经常研读王亚南、郭大力等人译的《资本论》，写了很厚的读书笔记。他的这些思想也直接体现到了他的学术研究上，在《马克思主义与现实》曾发表学术论文，旗帜鲜明地提出坚持马克思主义的指导。2010年，习近平到中央工作后，再次深刻阐释了马克思主义观点、立场的重要性。同时，习近平也历来重视马克思主义方法论的应用，他在《福建论坛》论述了《〈政治经济学批判〉序言》的重要意义，分析了其中历史唯物主义基本原理对当前现代化和改革的指导意义，即应该注意物质文明与精神文明、基本经济制度与市场经济、经济增长方式与经济体制等相互关系。之后，他在《中共福建省委党校学报》详细论述了《关于费尔巴哈的提纲》的重要意义，提出唯物辩证主义可以正确指导处理务实与务虚、客观与主观等方面的内在关系。

明确了中国特色社会主义政治经济学的基本范式。习近平从提出学好政治经济学到坚持中国特色社会主义政治经济学的重大原则。这一认知逻辑的转变无论是从外延还是内涵来讲，习近平对政治经济学当代化中国化概念的不断确定，都逐渐使理论自信和理论自觉达到了新的高度。这充分说明中国特色社会主义政治经济学发展的时间主线与改革开放同步。随后，关于中国特色社会主义政治经济学的功能作用问题。2001 年，他在《福建论坛》中指出，欠发达国家非常需要经济理论的指导以便于推动经济发展，但是以资本主义经济关系作为研究对象的西方理论从根本上无法直接回应发展中国家面临的新矛盾，无论何种西方经济学都不为欠发达国家的诸多经济发展问题提供有效的理论指导和解决方案，因为它们本身就存在指导局限和运用缺陷，任何经济学都未研究在落后条件下欠发达国家的发展战略和对策问题，进而更需要结合经济建设实践探寻发展经济学，探究发展中国家的经济发展困境。

建构了中国特色社会主义政治经济学的创新路径。2016 年 7 月，习近平明确提出中国特色社会主义政治经济学的发展思路，① 这一思维逻辑的形成背后实际上涵盖了他长期对经济学的关注和思考。首先，立足于我国文化、历史、哲学等国情。他在《经济学动态》中认为，经济理论必须基于我国实际，这种实际完全不同于西方的哲学、文化和历史。在 2001 年，习近平进一步指出，要在我国的文化、经济、哲学和历史等传统基础上，建构一门有关社会主义的发展经济学。② 其次，总结经济实践经验。习近平就曾明确指出，总结和提炼我国经济实践发展的客观规律成果，将基本经验提升为系统化经济学说。③ 再者，以马学为主兼容并包西方有益思想。2001 年，习近平指出，社会主义市场经济理论的建构首先以马克思经济学为主干，同时汲取西方经济学中一些有益研究成果，④ 强调要适应国情地对这些思想借鉴和学习而非采取闭关自守的态度，不能照单全收和饥不择食。⑤ 再次，运用实践检验经济理论。习近平针对诸多关于市场经济的伪观点、假理论明确提出，检验这些观点和理论的必须是实践。⑥ 最后，正确指导现代化建设。习近平指出，用科学理论指导社会主义市

① 习近平.社会主义市场经济和马克思主义经济学的发展与完善 [J].经济学动态，1998（7）：3-6.
② 习近平.发展经济学与发展中国家的经济发展：兼论发展社会主义市场经济对发展经济学的理论借鉴 [J].福建论坛（经济社会版），2001（9）：4-9.
③ 习近平在中共中央政治局第二十八次集体学习时强调：立足我国国情和我国发展实践发展当代中国马克思主义政治经济学 [N].人民日报，2015-11-25（1）.
④ 习近平.对发展社会主义市场经济的再认识 [J].东南学术，2001（4）：26-38.
⑤ 习近平.发展经济学与发展中国家的经济发展：兼论发展社会主义市场经济对发展经济学的理论借鉴 [J].福建论坛（经济社会版），2001（9）：4-9.
⑥ 习近平.略论《关于费尔巴哈的提纲》的时代意义 [J].中共福建省委党校学报，2001（9）：3-10.

场经济的实践，是根本目的所在。①

第三节　科学社会主义引领下的中国特色
社会主义政治经济学

　　科学社会主义的普遍真理与中国经济建设实践的特殊现实的相互辩证统一，表现出了普遍的理论要求与中国特色的阶段的相互统一和宏大的世界视野与中国的特殊时代的相互统一。所以，中国特色社会主义政治经济学从根本上来说不是什么别的主义，而是遵循科学社会主义的理论经济学。科学社会主义为中国特色社会主义政治经济学在新阶段新时期的发展进行思想导向和路向指引。

　　科学社会主义闪耀真理的光辉。马克思主义真理颠扑不灭，马克思主义永远是倒不了的。邓小平指出，马克思主义是科学，因此信仰他的人会越来越多。② 马克思主义理论是一个完整系统的体系，它是具有最高度学术性和最严格科学性的理论框架，论证了无产阶级埋葬资产阶级并建设共产主义的伟大使命，突显了从空想到科学的质的飞跃和理论到实践量的转变，还标榜了实践检验理论的客观真理性。它既显示了社会历史发展的必然性，又表明了工人阶级作为社会主义缔造者的主观能动性，还标榜了共产主义政党作为领导核心的历史必要性。它之所以具有不可遏制的生命力的原因还在于这一"陨石"经过几百年来人类社会实践的敲打，其基本理论始终灿烂地闪耀光辉，尤其是在我国，面对苏联解体的动荡局势，我们党坚持社会主义发展方向的同时，继续推行以经济改革为核心的全面变革。而且在实践的基础上，我们党又创新发展了政治学理论体系并进一步指引经济实践。此后的中国特色社会主义必定是科学社会主义发展的新成就。

　　科学社会主义体现绝大多数人的利益。无产阶级的运动则是为绝大多数人追求幸福利益的革命运动。③ 恩格斯也进一步指出，共产主义事业的历史本身

---

① 习近平. 社会主义市场经济和马克思主义经济学的发展与完善［J］. 经济学动态，1998
（7）：3-6.

② 邓小平. 邓小平文选：第三卷［M］. 北京：人民出版社，1993：382.

③ 中共中央马克思恩格斯列宁斯大林著作编译局. 马克思恩格斯文集：第10卷［M］. 北京：人民出版社，2009：42.

的性质，就是肩负使命使受压迫的阶级认识到自身行动的性质。① 也就是说，科学社会主义理论是人民大众与无产阶级的利益表现，是他们解放条件的总结概括。正因为如此，这一理论的践行者中国特色社会主义政治经济学同样坚守以人民为中心的发展思想。中国特色社会主义政治经济学保障人民群众在生态、文化、社会、政治等方面的权益，强调增强人民幸福感和满足感。习近平在纪念马克思诞辰 200 周年大会上强调，"把为人民谋幸福作为根本使命"②。所以，如果说"富起来"阶段的中国特色社会主义政治经济学讲究效率优先，那"强起来"阶段的中国特色社会主义政治经济学就是提倡共同富裕，就是让人民享有改革开放的经济成果。与此相反的是，科学社会主义嗤之以鼻的西方经济学则片面强调利益最大化和资本力量，忽略劳动者感受，既没有立足于人的真实需要，更没有充分调动其生产生活的积极性。西方经济学家托马斯·皮凯蒂在充分的客观材料和数据的基础上指出，西方国家的贫富差距带来的不公平程度当前已经到了历史最高水平，并且这一现象并没有停滞的迹象。

科学社会主义提供方法论的指导。恩格斯曾指出，马克思主义并不是教义。③ 他进一步强调说，如果不将唯物主义作为研究历史的行为指南，而将它作为固定公式来裁剪各个时期的历史，那么它最后会变换为自身的对立物。④ 关于科学社会主义基本原理的应用，恩格斯曾明确指出，必须结合当时的历史条件随时随地进行转移，实现其理论同实践主体的相互融合。这些都表明，科学社会主义提供的是方法。改革开放后，邓小平领导党在经济建设中同教条主义、本本主义做了坚决斗争，提倡"唯物辩证法""实事求是""历史分析"等一系列方法，这些都已经成为中国特色社会主义政治经济学始终遵循的原则。当下距离苏联解体已经 20 多年，而我国仍旧是生机盎然、蓬勃发展。当前的中国特色社会主义政治经济学应当运用科学的方法去弄清楚，为何世界上最大的社会主义国家会从兴盛走向衰败，苏联如果作为一面史镜会对中国未来的经济发展道路起到什么样的反面作用？这都是我们研究的重点之一。

---

① 中共中央马克思恩格斯列宁斯大林著作编译局. 马克思恩格斯文集：第 10 卷 [M]. 北京：人民出版社，2009：566.

② 习近平. 在纪念马克思诞辰 200 周年大会上的讲话 [N]. 人民日报，2018 - 05 - 05 (2).

③ 中共中央马克思恩格斯列宁斯大林著作编译局. 马克思恩格斯文集：第 10 卷 [M]. 北京：人民出版社，2009：691.

④ 中共中央马克思恩格斯列宁斯大林著作编译局. 马克思恩格斯文集：第 10 卷 [M]. 北京：人民出版社，2009：583.

科学社会主义具有实践的诉求。马克思曾指出，哲学家的作用不在于揭示世界，而在于改变世界①，实际实践比一些纲领更为重要②。毛泽东也指出，马克思伟大力量在于它和各种具体革命实践相联系。③ 科学社会主义理论之所以突出实践，不仅是因为思想理论需要实际经验检验才能得到完善，也是由于人们在实践过程中需要证明自身思维的真理性，更是因为全部社会经济生活在本质上也是实践的。科学社会主义最为强烈的实践要求，也催生了中国特色社会主义政治经济学的思想作风，即经济理论指引社会经济建设实践。中国特色社会主义政治经济学系统总结改革开放以来尤其是新时代以来的实践经验，揭示了经济建设的规律性，为加快新时代中国经济建设提供了理论指引。十九大报告指出，国家需要通过不断优化经济结构、转化经济发展动力等方法推动经济社会的发展，需要把握社会主要矛盾的转换，需要通过市场充分实现各类生产要素在各类生产部门中的涌动。这些举措都是中国特色社会主义政治经济学提出的重要内容，指引社会主义事业蓬勃发展。在新一轮现代化建设之际，中国特色社会主义政治经济学尤其是习近平经济思想必定是经济建设领域的行动指南和理论指引。

科学社会主义蕴含共同富裕的理念。科学社会主义核心价值理论之一就是实现共同富裕，这也是广大群众接受其洗礼的重要标志。共同富裕就是反对人与人之间的不平等，就是实现所有制的联合体占有，从根本上消灭剥削和压迫。中国特色社会主义政治经济学将共同富裕作为重要的价值理念并积极践行。从理论层次上来讲，历次党的代表大会始终强调共同富裕，从邓小平至习近平也都将这一理念作为指导思想。邓小平认为，社会主义最大的优越性和本质不是别的，而是共同富裕。④ 江泽民强调，社会主义的本质特征和根本原则就是共同富裕，这是不可动摇的。⑤ 胡锦涛要求，使广大群众享有改革发展成果以及

---

① 中共中央马克思恩格斯列宁斯大林著作编译局. 马克思恩格斯文集：第 1 卷［M］. 北京：人民出版社，2009：502.

② 中共中央马克思恩格斯列宁斯大林著作编译局. 马克思恩格斯文集：第 3 卷［M］. 北京：人民出版社，2009：426.

③ 毛泽东. 毛泽东选集：第二卷［M］. 北京：人民出版社，1991：533.

④ 中共中央马克思恩格斯列宁斯大林著作编译局. 马克思恩格斯文集：第 10 卷［M］. 北京：人民出版社，2009：364.

⑤ 中国共产党第十四届中央委员会第五次全体会议文件［M］. 北京：人民出版社，1995：16.

朝着共同富裕目标迈进。① 习近平指出，中国特色社会主义根本原则以及我们党的使命就是达成共同富裕。② 从实践层面来讲，当下，我国运用强大生产力创造了巨大国民财富，为达成共同富裕奠定了良好物质基础。与此同时，党和国家又坚持公有制的主体地位，建立合理的一、二和三次分配体制，实施全球最大的精准扶贫系统工程，完善社会公共服务以及社会保障制度，真正意义上做到了先富引致后富。2021 年，我国已经实现了全面建成小康社会并转入建设现代化强国阶段，人民生活水平得到了极大提高。

---

① 胡锦涛. 胡锦涛文选：第二卷［M］. 北京：人民出版社，2016：291.
② 中共中央关于制定国民经济和社会发展第十四个五年规划和二〇三五年远景目标的建议［M］. 北京：人民出版社，2020：20.

第三章

中国特色社会主义政治经济学的实践依据

社会主要矛盾是中国特色社会主义政治经济学的实践依据。本节从社会基本矛盾与主要矛盾之间的内在关系出发，指出当前主要矛盾体现在生产关系层面而且不具备对抗性。与此同时，社会主要矛盾变化对我国经济社会建设以及中国特色社会主义政治经济学发展产生了深远影响，促进中国特色社会主义政治经济学更加注重平衡充分的发展问题、突显美好生活的需要导向、关注建构稳定的社会环境、重视健全宏观经济的调控体系。中国特色社会主义政治经济学解决新主要矛盾的方略主要在于调整生产关系，实行供给侧结构性改革和促进生产力"质量"并重。

第一节　社会基本矛盾与我国社会主要矛盾

社会基本矛盾和主要矛盾的内在关系。矛盾理论是马克思、恩格斯研究人类社会经济形态的理论与方法。马克思在《1844 年经济学哲学手稿》中揭示了劳动异化和私有财产之间的关系。1857 年，他在《雇佣劳动与资本》中进一步指出，社会主要矛盾是雇佣劳动与资本。随后，在《德意志意识形态》中，马克思总结了生产关系与生产力之间的规律。最终，在《〈政治经济学批判〉序言》中，马克思提出了基本矛盾的确切含义和它的作用。作为宏观意义上的基本矛盾具有一般的、基本的、普遍的属性，但是它在相异社会经济形态以及同质经济形态中相异发展阶段有着不同存在方式，这就指的是它的特殊性即社会主要矛盾。马克思以《资本论》为代表深入研究了资本主义经济形态，全面揭示了其生产社会化与私有制之间的矛盾。恩格斯进一步指出，这一矛盾是贯穿现代社会的基本矛盾，引致阶级对立以及社会生产组织模式对立。① 也就是说，基本矛盾决定了社会主要矛盾。

资本主义社会中的社会主要矛盾是最后一个对抗矛盾。马克思指出，人类社会最后的对抗关系是资本主义生产关系。② 随后，他划分出史前的和人的社会形态，强调资本主义社会作为前者将会告终。这里可以推断出，既然资本主义是最后的对抗生产关系，就说明马克思认为共产主义生产关系不是对抗关系，而是非对抗性矛盾。这一非抗衡性的思想被列宁、毛泽东所发展。列宁指出，对抗与矛盾不是同一回事，社会主义条件下只存在矛盾不存在对抗。③ 列宁根据俄国过渡阶段的现实分析，进一步把其作为国家社会发展的内在新动力。毛泽东以中国实践经验为基础，应用经典作家基本原理，全面阐释了社会矛盾问题，形成系统的矛盾理论。第一，肯定了马克思关于基本矛盾的概念概括。第二，发展了非对抗性矛盾思想，阶级斗争并不能解决非对抗性矛盾，社会内部才能对其调整和解决。第三，丰富了矛盾理论。他在《矛盾论》中指出不同事物或者同一事物不同过程等都有各自的特殊矛盾。第四，系统阐释了主要矛盾以及主要方面思想，强调两点和重点的相互统一。

我国社会主要矛盾的变化发展。当前，学界关于社会主要矛盾进行多次讨论，结论主要分为两种：首先是认为我国主要矛盾发生了根本性变化，如"物质生产与政治需要矛盾论""资源、人口环境与经济发展论"，等等。当前我国物质生产已经摆脱贫瘠的局面，甚至在某些行业出现生产过剩的现实情况，同时，新的社会矛盾显现出来，表现为腐败贪污、贫富差距、环境危害等问题。基于此，一些理论研究者指出社会主要矛盾完全越过了生产、需要之间的界限和范围。其次，另一些学者指出，当前主要矛盾仍旧存在于生产与需要的范式之内。他们在原有含义基础上进行新的补充，提出生态环境恶化、公共物品贫乏、社会治理紊乱等内容应划入"落后的社会生产"逻辑之内，甚至指出应当将其范围和界限扩展到民主政治、价值观念等概念上。他们还将人民对于教育医疗、社会公平正义的需要等内涵纳入"物质文化需要"概念之内。他们认为

---

① 中共中央马克思恩格斯列宁斯大林著作编译局. 马克思恩格斯文集：第 1 卷［M］. 北京：人民出版社，2009：565-566.

② 中共中央马克思恩格斯列宁斯大林著作编译局. 马克思恩格斯文集：第 2 卷［M］. 北京：人民出版社，2009：592.

③ 中共中央马克思恩格斯列宁斯大林著作编译局. 列宁全集：第 60 卷［M］. 北京：人民出版社，1990：281-281.

尽管我国经济发展获得巨大成就，生产和需要呈现出了新的面貌，但主要矛盾依旧没有改变。他们始终坚守这一立场主要是由于以往我们对主要矛盾的判断失误引起的教训。所以，他们坚定我国初级阶段的主要矛盾是不会发生改变的。事实上，不管主张"重新表述"还是提出"补充论"，都表明我国经济发展局面产生了巨大变化。但争议的关键在于是否超越生产、需要的关键节点。马克思也曾指出，人的需要可以分为自然需要、精神需要以及社会学习，恩格斯也将其概括为生活需要、享受需要、发展需要。可见，人民的需求是有层次的。当前广大人民群众已经满足了基本需求，追求更高品质、更个性化和更多样化的服务与商品。相比之下，我国区域、城乡发展不平衡，各阶层发展不平衡，广大农村地区发展不充分，民主法制和精神文化建设等发展不充分。因此，原有表述并不能充分展现我国经济发展与人民需求的现实水平，而新的表述却准确把握了当前社会基本矛盾的中心和实质。新的阐释仍然没有超越生产与需求的关系范式。

第二节　社会主要矛盾转变对中国特色社会主义政治经济学发展产生了深远影响

促进中国特色社会主义政治经济学更加注重平衡充分的发展问题。中国经济整体实力不断增强的同时，不平衡不充分发展问题尤为突出。面对此，党和国家指出了主要矛盾的变化，促使中国特色社会主义政治经济学发展更加关注这一问题。不过，当前有些学者从现实角度认为我国发展重心要转移到社会、生态等方面；还有人从理论层面看到主要矛盾变化，认为发展的内涵应当包含其他方面。事实上，这些理论经济学家将主要矛盾的变化与国情的没有变化相互割裂开来，没有认清国情世情的现状本质。马克思曾指出，经济建设是社会前进的基础性源泉动力。换言之，只有经济发展了，社会生活等其他方面才不会成为空中楼阁。在这一历史时期，党和政府清楚地认识到我们国家所处的阶段，并坚持以经济发展为中心的全面建设。首先，中国特色社会主义政治经济学提出了"五位一体"总体布局。注重经济发展的同时，关注法制民主建设，运用合理的政策措施加强生态保护，推进文化小康建构，实现社会有效治理。其次，中国特色社会主义政治经济学坚持新发展理念的指导地位。坚持创新为动力，协调为助力，绿色为基准，开放为活力，共享为目的，使它们成为一个相互联动的整体，推动国家发展质量与效益相统一。

推动中国特色社会主义政治经济学更加突显美好生活的需要导向。马克思指出，需求和生产都是人类发展的前提和基础，人民的多方面需要是实现人全面发展的基本路径、主要特征和重要内容。可以看出，人们的需要是多层次的。换言之，较高层次的需求就是人民期待的美好生活，最高层次则是实现人的全面发展。中国特色社会主义政治经济学就是要建立美好生活并推动人的全面发展。不过，对美好生活的需要不是绝对而是相对的概念。也就是说，对于不同历史阶段的人来说，美好生活有着不同的含义。改革开放初期，美好生活就是吃饱肚子穿暖衣服；进入 20 世纪 90 年代，美好生活表示为实现小康社会；到如今，人民追求稳定的工作、更好的教育、优美的环境等。可见，美好生活是随时间、环境和条件变化的过程而不断具有新的含义。中国特色社会主义政治经济学坚持实事求是的思想作风，致力于指引经济循序渐进的发展，逐渐拔高人民生活质量。尤其是当下，中国特色社会主义政治经济学是指引产业结构优化调整、市场经济体制建成和区域经济平衡发展，持续满足人民群众对未来生活的期待。

促使中国特色社会主义政治经济学更加关注建立稳定的社会环境。改革开放以来中国成功实现快速发展甚至对诸多西方发达国家进行弯道超车，最大原因在于我国摒弃阶级斗争这一路线，使社会生活由原来的动荡不安逐渐转变为稳定发展的良好局面，从制度上坚决阻止东欧苏联社会巨变对中国的负面影响。历史已经证明并将继续证明，同其他新兴国家相比较，中国不仅可以进行物质文化生产以保障人民群众需求，还能够创造出繁荣稳定的社会环境。十一届三中全会以后，邓小平针对当时经济形势的发展情况指出，中国当前的问题在于需要稳定。如果没有稳定，不仅之后什么都做不成，并且以往取得的各项经济成就也会失去。① 也正因为如此，我国对内坚持稳定压倒一切，对外坚决抵抗侵害我国领土、经济等方面的权益，实现了 40 多年的快速发展。当前，我国仍旧面对艰难繁阻的稳定任务，中国特色社会主义政治经济学在政治方面继续坚决遵守核心价值观的各项要求，在理论创新方面妥善处理防风险和稳增长的关系并把握好力度和节奏，在意识形态方面提高警惕意识和增强忧患意识。

推进中国特色社会主义政治经济学更加重视健全宏观经济的调控体系。回溯我国经济发展的历史阶段，虽然遭遇过突发战争、自然灾害、卫生防疫等因

---

① 邓小平. 邓小平文选：第三卷［M］. 北京：人民出版社，1993：211.

素的干扰，但总体上来说，经济增长的幅度和进程始终没有被打乱，这得益于宏观经济调控的力度和效用。尤其是 2008 年美国金融危机，迫使我国经济增长出现回落，但即便是在这种态势下，我们还能在政府指引下保持可持续的健康增长。当然，我们需要清楚地看到，当前中国经济结构矛盾性依然突出，无效投入资源对经济变革形成严重束缚。中央到地方还承受着实现绿色发展压力，诸如双碳政策下能源型企业发展遭受一定限制。与此同时，面对复杂敏感的经济局面，如何发挥公共财政优势，如何实现降低成本、去除杠杆，如何形成金融模式、房产经济和实体经济内部的良性互动都对政府宏观调控方式和能力产生重要考验。此外，我国还受到一系列西方国家推行保护主义和逆全球化举措的影响，从未承认我国市场经济地位，对我国对外出口进行打压。因此，中国特色社会主义政治经济学要将如何加强政府宏观调控作为主要研究内容，深刻总结宝贵经验并科学把握经济形势的变化规律，提出不断修正和灵活的财政和货币举措，努力提升其运用的有效性、灵活性和艺术性，防止因意外中断经济健康平稳发展的进程。

第三节　新时代社会主要矛盾视域下的中国特色社会主义政治经济学应对方略

中国特色社会主义政治经济学要以 21 世纪中叶作为实现伟大梦想的战略机遇期，系统全面地制订战略规划。中国还将继续用 30 多年的时间行进在新时代道路之上。当前，我们要清楚地意识到中国现在所处的阶段，尤其是要面对人民群众追求现代化的需要以及复杂多变的内外部经济环境，这就决定了我们不能有急于求成或歇歇脚、松口气的想法和做法，必须不断调整生产关系适应新时代社会主要矛盾。

一、调整生产关系，实行供给侧结构性改革

我国供需矛盾逐渐侧重于供给侧。中国经济进入新常态，尤其是经济结构逐渐转换为做优增量与调整存量、发展方式逐渐转变为注重质量效益、发展动力逐渐来自创新驱动。可见，当前我们仍旧面临着很多经济问题，这从表面上来讲是国外要素导致，内在来说却是经济结构矛盾造成，主要端是在供给侧。而且现实中往往当一个国家处于经济发展初期尤其是经济快速上升期时是卖方

市场，国家注重需求侧。我国之前多次解决国外危机冲击的主要办法也是在需求侧。如今，国家则处于经济增长中高速时期，处于买方市场，商品供过于求，卖主之间竞争激烈，买主处于主动地位并对商品有了更高的质量需求。在这一阶段，国家仅仅关注扩大内需这一手段来实现总量平衡的效用是极其差的。面对于此，习近平指出，要深化供给侧结构性改革，……进而提升我国经济发展的质量优势。他这一阐释是对政治经济学基本原理又一次发展与丰富，也是对中国特色社会主义政治经济学研究经济高效高质量发展给予的中国方案。这一模式的要义从远期目标来讲就是政府着力点由需求侧转向供给侧，从近期目标来讲就是"三去一降一补"，从最终目标来讲就是建立不断均衡的供给需求端。

西方经济理论不能解决我国经济面临的现实问题。从经济学说史来讲，萨伊提出了"萨伊定律"，指出供给可以发展需求。但是，20世纪初经济危机使它不攻自破。该定律既不能用自身理论解释当时危机发生的实质，也不能提供解决问题的根本办法。随后，凯恩斯在《通论》中提出了流动性偏好等理论对其取而代之，论证了社会经济萧条是由于社会对商品的需求不足而引起的，于是他认为政府应当运用投资和消费等手段扩大需求和干预经济发展。扩大需求在一定程度上确实缓解了经济发展某一时期的生产过剩问题，但这一举措现如今依旧缺乏立论基础。如今西方经济学提出的边际消费递减规律，以美国连年储蓄率下降现实情况来说，消费减少已经成为事实。再比如，从投资乘数理论维度来讲，由于其理论前提的边际消费倾向在当前等于甚至大于就会引致其失效。事实上，20世纪中后期西方的"滞涨"危机，早已使这一经济理论宣告破产。可以看出，西方经济思想不能很好地解决自身问题，面对我国当前的结构性问题，他们的经济学理论只不过有某些借鉴意义罢了，不能成为解决我国现实矛盾的根本方法。

习近平"供给侧结构性改革"思想为中国特色社会主义政治经济学做出突出贡献。这一思想既不同于"萨伊定律"，也不是凯恩斯经济学的回光返照，而是立足于我国经济社会的现实实践和研判国外经济形势基础上做出的重大战略举措，是符合国情以及保障经济持续健康发展的重要方法。从这个视角来看，这一思想无疑是中国特色社会主义政治经济学重要成果和重要组成部分，对世界其他国家调整供需矛盾给予了有效借鉴。不过，当前学术界以及实际工作中对于供给侧改革存在一定的曲解和误区，认为它就是过去的政府调整，即直接运用行政手段关停产能过剩企业。当前有些地方确实按照过去计划经济办法调整产业结构，造成诸多损失，还将失败缘由归结于此次结构改革，这完全是错上加错。所以，全面阐释"供给侧"的基本内涵尤为迫切，是中国特色社会主义政治经济学的重要使命。

首先，关于改革的释义。我国从 20 世纪 60 年代开始调整结构进行改革，最早存在于调整中央与地方对于企业控制权力的改革，随即转入政府与企业关系之间的改革。如今，习近平提出更加精细化集约化的改革方式，推进生产关系的结构性调整。具体来讲，改进要素市场机制去除生产过剩，改进财税、行政审批机制降低企业经营成本改进要素价格机制指引资源合理流动，改进金融机制化解防范经济风险。其次，关于结构的释义。解决供需结构性失衡是这一改革的重要指向，第一注意近期性和长远性的内在逻辑。短期变革方式要兼顾长远利益，尤其是将近期稳增长保增长与实现共同富裕相互协调，建构出动态性系统化的供需均衡体制机制。第二注意要提倡五大系统的协调推进。"三去"与"一降一补"应当统筹兼顾，前者是为了调整供需，缓解商品价格下降压力。后者提高企业活力，改革企业经营状况。最后，关于供给的释义。首先要努力实现全要素生产效率，从宏观经济层面减少无效和低端供给，扩大有技术含量的高端供给。此外，还需要优化和提升服务和商品的功能，扶持新兴产业和新型企业进而培养新业态和新产业，最终创造新的供给带动新的需求。

二、调整生产关系，促进生产力高质量发展

高质量发展满足人民群众对美好生活的追求。我国目前已经拥有了全球最大规模的中等收入群体，而且随着城市化乡村振兴的水平不断提升，人民质量意识和消费意识都获得了提升。对质量内涵的理解由温饱性向满意性转变。《辞海》中把"质量"解释为"产品等优劣程度"，类似于"好不好"的标准。回溯我国经济发展历程，经过了粗放式到集约式再迈向更加综合化、科学化、系统化的高质量发展阶段。温饱性质量存在于物品短缺阶段，强调只要存在就是合理的商品要素，这一时期顾客希望拥有"最为基本"的产品。适用性质量存在于商品丰富但供不应求阶段，这一时期顾客追求具备"比较优势"的产品。满意性质量存在于商品供不应求阶段，物质商品之间市场化竞争激烈，这一时期顾客追求具备"绝对优势"的商品。高质量发展理念的目标就是准确把握人民群众需求提升的阶段性特征。首先，高质量发展会产生良好的福利效益。具体而言，它给予人们高层次、高维度、高质量的服务和产品，包括社保、就业、教育等领域。目前，我国公共产品与服务与国外仍有很大差距，实现病有所依、住有所居、老有所靠是高质量发展理念未来的关注点之一。其次，高质量发展

满足人民美好精神需要，尊重其中的社会分工、民族传统、地域文化和专业素养等差异化、多元化的现象。尤其是后者，高质量发展运用多维度标准、多样化模式来供给产品和服务，从最为基本的途径和样式等维度告别过去传统的千篇一律的供给模式。

高质量发展以经济稳定持续增长为不竭动力。经济向前迈进是一切事物发展的基础，是人民获得社会福利的保障，是高质量发展持续不竭的源泉。第一，经济平稳运行是高质量发展的内在要求。实现经济增长的平稳迈进需要维持适当适度的增速，防止经济产生较大幅度的波动，需要出口、消费和投资的共同均衡发力，围绕商品质量升级还需要不断进行合理的大局规划和灵活的战略调整。第二，结构优化是高质量发展的重要目的。供需结构性改革的目的在于调整产业结构，增加实际需求。同样，产业结构状况也是衡量高质量发展水平的有效指标。应该在坚持质量优先前提下，促进各产业各行业由劳动密集型转向技术密集型，低附加型转向高产值型。应该培育实体经济进一步发展，补齐短板和扩能增质。第三，效益提高是高质量发展的主要支撑。通过创新科学技术、提高管理效率、优化资源配置等举措不断提高生产效率。与此同时，充分厘清"放管服"的改革，降低经营性和制度性成本，建构数据集基础上的营商环境，提高差异化、精准化市场交易效率。第四，提高经营效率是高质量发展的重要方式。企业经营效率的提高决定着高质量进一步发展的空间。为此，应当激发各类市场主体尤其是微小企业家的创造活力，包括前线员工的技能培养。同时，加大科研技术的研发创新，塑造高素质高质量的研究团队，加快产品研发和投入市场的周转周期。

高质量发展以建设现代化经济体系为关键核心。实现高质量发展，必须建立现代化经济体系。现代化经济体系的基本内涵非常丰富。习近平指出，经济活动的各个层面、环节、领域的内在关系构成了现代化的经济体系。① 可见，这一体系蕴含了多个方面，是党和政府的重大战略规划，其目标、方式如下：一是推进"四化"协同发展。推动工业化和信息化良性互动、工业化和城镇化相互融合以及城镇化和农业化深度交融。二是推进国家治理体系现代化。这被视为我国的"第五个现代化"，体现了制度方面的基本要求。三是描绘未来现代化经济体系的蓝图。党的十九大确定了现代化建设的新目标，提出21世纪的现

---

① 习近平在中共中央政治局第三次集体学习时强调：深刻认识建设现代化经济体系重要性　推动我国经济发展焕发新活力迈上新台阶［N］.人民日报，2018-02-01（1）.

代化强国目标，加上了"美丽"这一内容。党的十九大将经济社会发展的关注点从国内生产总值的基本概念转向人的全面发展的重要内涵，并提出了发展的路线图、时间图以及衡量指标体系等。四是推动形成高层次的全面开放格局。将"一带一路"作为重点部署，着力加快引进来、走出去的战略规划，加强形成东西互动内外联动的开放新格局。

第四章

中国特色社会主义政治经济学的实践理念

新发展理念是中国特色社会主义政治经济学的实践理念。中国特色社会主义政治经济学理论的不断发展是对时代需要的回应，是努力解决发展过程中面对紧迫现实问题的理论结晶。正如恩格斯所阐释的，它在不同时期应对不同的问题并具有不同的内容。我国进入新时期后，仍旧会面临发展问题。对此，习近平提出了新发展理念作为指导思想，运用对新时期经济发展现状做出的新认识新判断，指引"十四五"规划中的社会主义经济事业和现代化建设，破解发展过程中遇到的难题和挫折，开拓出经济发展的新环境。

第一节　新发展理念的马克思主义政治经济学阐释

关于发展的内涵。从经济思想史的视角来阐释，对这一问题的思考起源于有关财富增加问题。由孟克列钦至休谟，由魁奈到斯密无不对国民财富的性质、内涵进行过深刻研究，无不体现出理论经济学者们对国家如何实现财富增值而进行孜孜不倦的辛勤探索。法国重商主义者孟克列钦的研究涉及整个国家经济问题，认为商业是国家发展的基础以及手工业的目的是获取黄金最为主要的方法，并指出国家想要致富必须尽可能减少对外商品进口，增加本国商品出口。而法国古典经济学家休谟对此持否定态度，以"货币数量论"为基础论证贸易平衡自行调节的机制进而提倡自由贸易来增加国民财富。同样，英国古典经济学家布阿吉尔贝尔认为重商主义对财富的认知是错误的，指出他们财富理念中只有金银这唯一形式最终使自身理论体系走向了毁灭的道路。布阿吉尔贝尔直接把财富的基本含义规定为使用价值对于人民需求的满足，强调劳动是财富和国家收入的源泉。但是，他将社会财富仅仅看作是使用价值，也就不能直接说出劳动创造价值这一重要结论。马克思继承了古典经济学中的合理成分，创立了相异于古典经济学的劳动价值论，并指出使用价值是建构财富的物质内容。马克思还在《资本论》中运用更加宏观的视角指出，经济发展的本质是扩大再生产，既包括生产要素数量的增加还包含生产要素效率的提高，其实现条件是两大部类的按比例发展。另外，他还指出，人的全面发展需要经济发展引致的物质基础。马克思划分了三种社会形态，即人的依赖、物的依赖以及实现人的自由而全面发展的阶段。经济发展就是为人民摆脱第二阶段逐渐走向全面发展阶段而做准备。马克思主义的发展观表明，我国人民要想获得美好生活实现全面的发展，就必须继续付出艰辛努力，继续将发展作为当前解决一切矛盾和问题的基础和关键。只有这样，才能实现人民幸福安全、国家繁荣富强和社会和谐稳定。

关于创新的内涵。熊彼特曾指出创新是指新的生产要素、产品、市场、生产方式的产生以及新组织制式的应用。新古典经济学则提出"全要素生产率"的创新水平指标，指出创新是去除土地、劳动等要素投入后的余值。总的来说，这些有益的探索对创新的理论研究有一定现实借鉴意义，但他们主要阐释创新的结果或形式，是从"物"的视角出发。而马克思主义政治经济学是从"人"的维度这个意义出发。首先，创新会带来生产力变革。马克思曾指出，纺织机、电力和蒸汽都是比布朗基诸、巴尔贝斯等更加危险的革命家。[1] 这充分表明创新创造给予生产力的变革。从使用价值层面来看，不仅会增进原来的使用价值量，还会创造更多数量的使用价值。从价值层面来看，创新会使劳动创造价值与使用价值能力实现跃升。创新往往引致劳动复杂程度的提高，进而诞生新的使用价值。其次，创新避免人的异化。马克思曾指出，当前我们这个时代，每一个事物都包含着自身的反面。就如机器使人减少劳动或使劳动更有成效，但却引起疲劳和饥荒。[2] 由此可见，不是所有创新下的"余额"都利于人的发展，尤其是资本主义导致了人活动的畸形化、片面化和异化，导致人与人关系的物化。而马克思设想的未来社会摆脱了人对物的依赖，人的创新创造能力在劳动中肯定自己的同时，自由发挥进而实现自身全面发展。马克思主义的创新观表明，我国必须将创新作为社会发展的核心要义，不断推动技术创新、文化创新、制度创新和理论创新等，让创新贯通到国家的一切工作之中。

---

[1] 中共中央马克思恩格斯列宁斯大林著作编译局. 马克思恩格斯全集：第 12 卷第 1 册 [M]. 北京：人民出版社，1962：3.

[2] 中共中央马克思恩格斯列宁斯大林著作编译局. 马克思恩格斯文集：第 2 卷 [M]. 北京：人民出版社，2009：580.

　　关于协调的内涵。西方经济学中的"均衡"与此含义类似。亚当·斯密认为市场经济自由发展始终是均衡的，资源是最优配置的。新古典经济学也提出过一些假设，运用边际分析法指出"瓦尔拉斯一般均衡"的必然存在性。然而这些结论随后在 20 世纪初"大萧条"中失去成效，因此，凯恩斯则以"需求论"为基础提出单单依靠市场无法实现市场就业、供需等方面的均衡。到了今天，西方思想也没能对供给需求问题达成统一的意见，主要是由于他们没能从社会生产的视角去阐释和探讨"均衡""协调"的概念内涵。而马克思、恩格斯却对其给予了正确阐释。首先，"协调"是指社会要按比例生产。马克思认为，生产中第一部类和第二部类的生产与交换之间必须依照一定的比例，才能确保扩大规模生产的可持续性。但对资本家来说，对利润狂热追求永远无法使资本社会生产达到真正意义上的均衡。因此，西方国家没有也不可能从根本上摆脱萧条。正如马克思曾经描述的，有计划的生产，这对整个资本主义生产来说是不相容的，因而不过是一种善良的愿望。其次，"协调"必须是在社会中进行系统生产。① 马克思协调发展理论具体可以分解为五方面：一是价格与价值协调一致。二是全社会生产各种商品总消耗的社会必要劳动时间总量与总需求的总量相等。三是各个部门要在再生产中保有合适的比例。四是利润平均化的客观规律下，社会总资本在各个地区各个行业等方面合乎比例的流动。五是实现商品价格总额和货币供给需求量达成平衡。马克思主义的协调观表明，在经济社会发展过程中，很长一段时期的主要任务是要发展快和注重单方面效能，就会产生"木桶效应"和很多社会矛盾，这时就要注意发展的整体效能和调整生产关系从而实现协调发展。

　　关于绿色的内涵。马克思曾指出，人不仅靠自然界活着，还存在肉体生活与精神生活与自然的相互联系，人始终是自然界的一部分。换句话说，人与自然界始终存在持续不断的相互交融过程。② 所以，"绿色"发展必须置于人类社会与自然界持续不断的交互作用过程中。人类从无机的自然界索取变为人的有机身体一部分，待消耗完其使用价值后再回到自然界无机部分，这样一个循环往复的过程才是人类社会永久发展的根本。因此，保护"绿水青山"就是保持自然界的无机部分，将其纳入循环经济之中转变为"金山银山"，运用绿色循环

---

① 田文．马克思经济协调发展的理论及其启示［J］．新疆师范大学学报（哲学社会科学版），1999（3）：58-63.
② 中共中央马克思恩格斯列宁斯大林著作编译局．1844 年经济学哲学手稿［M］．北京：人民出版社，2014：52.

经济改变过去以往的粗放式生产和消费过程实现可持续健康发展。此外，"绿色"发展可以进行环境方面的核算。马克思以劳动价值论为核心，提出环境污染可以被称为劳动"负价值"。形象地说，因为工业需要砍伐掉许多树木，就需要再次种植同样多数量的森林作为劳动的再付出。所以，可以通过在劳动力方面消除"负价值"的时间来计量自然耗损或者自然折旧。但这需要运用大量现代的测评方法来评估、监控环境污染等成本。再者，西方马克思主义者兰格提出了一种分权模式，以分散决策为基础，以消费者作为生产和资源分配的指导准则，能够避免周期性大范围的经济波动，避免过多资源浪费，最终节约社会总资源。马克思主义的发展观表明，党和国家要不断推动自然资本的快速增值和增加环境污染的行为成本，创造美好生活环境。

关于开放的内涵。经济思想史上亚当·斯密的"绝对利益学说"、大卫·李嘉图的"比较利益学说"以及俄林的"要素禀赋理论"等，是地理大发现后关于资本主义世界市场的经典理论。尤其是 20 世纪的中后期，国际贸易的发展走向了更高的阶段，各种商品和生产要素广泛流动。所以，"开放"已经成为世界经济发展的标志之一。但是"开放"并不等同于"发展"，尤其是在西方国家主导的全球化进程中，"开放"引致全世界财富集中于西方发达国家，而发展中国家越发贫穷。马克思曾强烈谴责资本主义在全球化过程中的残暴，揭露了这一过程的消极性。不过，马克思也曾预想过共产主义制度下的全球化。他认为，世界性普遍性的个人将会取代地域性狭义性的个人，共产主义将成为世界历史性的现实。[①] 马克思主义的开放观表明，我们只有坚持公有制主体地位，坚持马克思指明的发展方向，深化国有企业改革并使之做大做强，才能对抗帝国主义的贸易垄断，从而改变世界经济性质成为社会主义。如我们提出的"一带一路"倡议，这正是面对华盛顿共识下重要举措。

关于共享的内涵。进入 21 世纪，资本主义仍旧在个人主义和自由主义原则指引下发展经济，导致整个社会两极分化十分严重。马克思运用资本积累理论、劳动价值论曾深刻揭示了这一现象以及剥削实质，由此可见其生产方式中关于财富的"共享"不过是痴人说梦、天方夜谭，"共享"理念不过是其无法实现的空想而已。与之相反的是共产主义的"共享"内涵。首先，马克思关于"共享"理念首先体现在共产主义设想中。所有制性质决定分配方式，公有制直接

---

① 中共中央马克思恩格斯列宁斯大林著作编译局. 马克思恩格斯全集：第 3 卷［M］. 北京：人民出版社，1960：40.

破除资本主义的"公平分配"幻想。社会主义在消费资料分配方面，个人奴役般的情形已经消失并超越了资产阶级的狭隘界限，社会主义最终在旗帜上写上了"各尽所能，按需分配"。人与自然是高度和谐的。其次，"共享"理念体现在《哥达纲领批判》中"六项扣除"里。马克思指出，社会总产品进入个人消费品时必须进行扣除，包括补偿以及扩大对生产资料追加等方面，尤其是提出扣除共同需要的部分，如公共基础设施、医疗机构、教育学校等，还包括设立丧失劳动能力基金，这些都是作为联合体劳动者的"共享"。就我国当前现实而言，公有制主导下学校、医院等享有财政拨款，设立最基本的城镇医疗、社会保险等，都与马克思科学之前的设想有异曲同工之处。

第二节　新发展理念是中国特色社会主义政治经济学的思想精髓

从 20 世纪 80 年代以来，我们党就不断发展自己特色的政治经济学，形成了很多的重要理论成果，如四个现代化协调建设理论、国内外两个市场共同发展理论等，尤其是提出的五大发展新理念，是中国特色社会主义政治经济学的思想精髓。

一、新发展理念体现解放、发展以及保护生产力思想

中国特色社会主义政治经济学研究对象的新拓展。马克思关于生产力理论的论述主要表现在宏观与微观层面。在宏观维度，马克思指出生产力中"人"的要素能与其对象主客观互动创新决定了生产关系的变革，这是人类社会发展变化最为重要的因素。在微观维度，提出科学技术变革解放生产力思想，提出信用制度、协作、分工以及组织形式等发展生产力观点。对此，邓小平指出生产力范畴是马克思的重要关注点。中国特色社会主义政治经济学同样以发展生产力作为核心目标。与此相对应的是，中国特色社会主义政治经济学的研究对象适时包括生产力。至于研究生产力的着力点是什么？邓小平指出，一方面在于对其解放，另一方面在于对其发展。① 习近平进一步指出，保护生态环境就

---

① 邓小平. 邓小平文选：第三卷［M］. 北京：人民出版社，1993：370.

是保护生产力。① 因此，中国特色社会主义政治经济学关于生产力思想的基本内涵分为两个层次，一是解放生产力，二是保护生产力。尤其是关于第二层次，拓展了研究生产力的广义内涵，主要针对当前社会生产中面临的突出环境以及生态问题。这样，关于生产力基本内涵的两方面的相互结合就构成了初步系统化的中国特色生产力理论。

新发展理念聚焦中国特色社会主义政治经济学研究对象的新拓展。新发展理念从多个维度回应时代所关切的现实问题，尤其是关于生产力的提升方面。首先，创新理念涵盖了科技创新、理论创新和道路创新等方式。其次，协调理念从宏观层面来讲，就是政治制度、文化制度、经济制度等以及它们内部的相互协调，最大限度节约资源进而进行统筹创新。从微观层面来讲，就是各个经济组织内部特别是企业内部的分工明确和协调发展，为经济平稳运行给予动力。再次，当今造就"中国经济奇迹"的同时，还产生了诸多深层次的矛盾，其中一个重要问题就是原本人均资源不足的情况下我国环境承载能力几乎达到了极值，而且粗放式生产方式造成土壤重金属浸染、雾霾、水体污染等环境问题。而绿色发展提倡包括绿色生产和建设美丽中国的内涵，涵盖绿色生活方式、思维方式和价值取向，将绿色对经济的发展意义又向前推进一步，即生态不仅是生产力的重要成分，还是其动力要素。从次，开放理念准确把握国内外发展态势，采取新举措、新思路并立足于市场与制度优势不断学习借鉴国外先进技术。最后，共享理念是真正意义上的共享，人民群众享有经济发展和改革开放的成果并成为经济建设和提高生产效率的首创者和直接推动者。

二、新发展理念贯彻以人民为中心宗旨

发展为了人民是新发展理念的根本目的。西方主流经济学并不太关注具体个人劳动者的感受和情况，只是单纯追求物质利益。而新发展理念以人民为核心，与西方经济思想有着很大不同，提出运用发展解决一切现实问题，强调运用发展奠定人全面发展的物质基础。首先，发展依靠人民。新发展理念基于唯物史观强调发展的本质来源于人类劳动。一是发展必须坚持人民主体地位。十八大将"人民群众主体"作为夺取新胜利的基本要求。二是发展要发挥人民首创精神。人民群众是推动历史发展的力量，只有调动其主动性、创造性并发挥

① 习近平在中共中央政治局第六次集体学习时强调：坚持节约资源和保护环境基本国策努力走向社会主义生态文明新时代 [N]. 人民日报，2013-05-25（1）.

他们的聪明才智，才能激起社会活力并推动社会进步。其次，发展的战略规划要围绕人民而制定。如何制定顶层设计会直接影响到每个人的利益，西方主流发展观优先考虑的是资产阶级自身利益，导致制定的策略莫衷一是地为自身所服务；而以人民为核心的发展理念则是根据不同历史阶段人民群众的实际需求制定科学举措和发展战略，努力促成人民群众的富裕。党的十八大以来，习近平关注民生问题，进行全局性、长远性、系统性的民生建设的战略规划、思考以及决策，逐步形成了科学的治国理政方略。

发展成果由人民享有是新发展理念的最高目标。以人民为中心的发展思想折射出党的价值追求和目标取向。列宁曾指出，党的劝告应该同人民群众自身的经历相一致，否则广大劳动群众是否定这种劝告的。而这种生活经历是什么？事实上就是物质利益。① 1844 年，马克思经典作家就发出警告，应该注意并关切到，群众对目的目标会关注到何种程度以及怀有多大热情。思想领域远离了物质利益，那必定会让自身出丑的。② 马克思在这里充分表明了物质力量带来的激励作用，也说明享有应当是具体的。新的局面和新的阶段下，共享发展更应明白这一思想。缺少具体内容共享发展终究会成一纸空文。与此同时，经济发展成果如何表现出由人民所共同享有？主要在以下两方面：首先，享有主体的全部覆盖。最广大人民群众都可以从经济发展中获利，这是判断改革成功与否的重要标识。在区域中、民族上、群体间都可以享有成果和收益。正如习近平所指出的，"绝不能让苏区老区掉队""一个民族都不能少""绝不能让困难群众掉队"等。其次，具体内容的全部覆盖。人的需要是全方面的，包括对教育、医疗等方面的需求。社会发展是全方面的，尤其是经济、文化、生态等诸多方面的发展。它们之间的相互作用决定了共享是多层次和全面性的，也表现共享发展成果就应该包含多领域多维度的具体内容，让广大群众可以公平平等地共享发展权利和发展机会。

三、新发展理念提倡建设现代化经济体系

新发展理念将基本经济制度纳入"发展"本身。这充分体现了关于现代化进程中经济发展与制度变迁有机统一性的充分认识。习近平在阐释新发展理念

---

① 中共中央马克思恩格斯列宁斯大林著作编译局 . 列宁全集：第 30 卷 ［M］. 北京：人民出版社，1985：147.

② 中共中央马克思恩格斯列宁斯大林著作编译局 . 马克思恩格斯文集：第 1 卷 ［M］. 北京：人民出版社，2009：286.

内涵的同时，明确提出要完善基本经济制度。事实上，这一科学阐释表明中国现代化道路不同于西方"发展"方式。换句话说，发展中除了西方传统所强调经济增长的数量质量等质态变化外，是否还含有体制或者制度完善的因素？从经济思想史来讲，早期西方观点只是单纯将"发展"看作是生产数量上的变化，尤其是归于国内生产总值的增长。随后，西方主流观点将产业结构变革因素引入发展命题之中，但只是将制度当作经济发展的外在约束条件而不是其基本内涵，使发展与制度变迁形成了较为机械式的联系。再往后，承认体制或制度变化成为发展不可或缺的内在要素逐渐成为西方共识，如20世纪70年代西方经济学提出的"拉美旋涡"的"华盛顿共识"。这些理论在某种程度上有一定借鉴意义，但是根本上来说仍旧割裂了发展与制度的内在联系。相反，习近平的"新发展理念"基于实践基础上"四个自信"，将基本经济制度作为其重要的有机组成部分，是对发展实质认识的提升。尤其是基本经济制度中的分配要素。拉美诸多国家难以跨出中等收入陷阱的原因在于未能有效处理发展成果在不同时期进行分配的问题。而且当代发达资本主义国家之所以经济增长缓慢甚至停滞不前的重要原因也在于分配制度的扭曲匹配。不过，我国新发展理念中明确分配制度要贯彻的基本原则和遵守的行为准则，目的在于实现广大群众的"共享"以及增进人民群众的生活福祉。

新发展理念强调结构目标的同步性。现代化经济发展在于质态变迁和质量提升，即产业结构不断演进和经济结构持续优化基础上生产效率的提高。事实上，早期对于落后发展中国家如何实现快速发展，西方经济学家往往呼吁运用投资增长来实现发展，去除再造贫困的累积循环效益，并用扩大的投资引致经济规模性扩展从而增加就业机会。显然这种经济发展方式具有历史局限，没有认识到推动经济发展的内在动力之一是实现结构目标的同步升级与优化。结构目标的共同演变在于效率的快速改善，而后者又严重依赖于制度或者科技创新。所以，只有坚持不断创新，才能引致效率变化，进而推动经济结构的优化升级以及经济的实际性发展。再者，结构目标的同步性还在于正确处理发展和开放的辩证关系。习近平指出，我国将主动推动和参与世界经济全球化的进程，进而将开放纳入发展命题之中。事实上，中国虽然在基本国情世情方面仍未发生根本性改变，但我国对全球经济影响达到了前所未有的高度，需要在新格局下推行建设新开放体系。新时代中国现代化的举措包括推进人类命运共同体、建设"一带一路"以及建构公平合理基本国际合作范式。所以，将开放纳入发展之中，既是对发展内涵的认识深化，也是对其内在关系的结构性把握。

第三节　新发展理念引领中国特色社会主义政治经济学更加契合时代发展

当前中国已经经历并将继续经历广泛而深刻的前所未有的时代大变局，同时也正在开创新的经济实践和历史史诗。这个日新月异不断变化发展的新时代需要并呼唤着更加系统、完善、科学的话语体系和理论范式，需要并呼唤着学术枝繁叶茂和理论原创性发展。新发展理念正是对当代中国面临的国内外重大热点的关切、回应与概括，不断为中国特色社会主义政治经济学发展理论做出应有的突出贡献。

一、新发展理念与中国特色社会主义政治经济学的发展契机

发展目标转换问题。在我国处于低收入时期的发展问题事实上不过是经济数量上的反复增长和简单重复，目标坚定而单一就是提高 GDP。而我国进入新的历史发展阶段后，经济增长就不能再等同于数量的累积和质态的变化。单从资源环境方面来看，以往生态与能源资源的操作空间比较大，当时也正处于急于发展物质生产阶段，可以放开手脚大操大办。然而现在，生态承载能力环境污染程度已经达到上限，难以扶持粗放以及高污染的传统发展模式。广大劳动人民对于清澈环境、清洁空气、清新水质等产品的需要尤为迫切，优美的环境显得十足珍贵。如果看不到包括环境在内的诸多态势的新变化、新问题，仍然妄图运用过去的生产方式进行经济发展，随意上项目与铺摊子，就会造成混乱。即便是执意运用老的办法，也不会形成长远的发展，相反只会造成矛盾的进一步激化甚至爆发冲突。面对以往生产方式带来的问题，如果一直迟滞和质疑，还会丧失宝贵的变革机遇期，消耗过去积累下的大量资源并产生众多负面效益。所以，党的十八届五中全会提出新发展理念，强调要进行更加长期持续的经济增长，指明了当前经济发展方向。我们党应该运用宏观手段的稳定性和针对性，避免大水漫灌和过度量化宽松，提高经济发展的效益和质量，以绿色发展生态优先为指针推动建设经济带，对能源资源有效利用、创新驱动安全发展、生态文明建设等做出深入部署，这都是我们转换发展目标并从现实实际出发提出指引经济健康发展的框架政策，对指导党和政府的经济工作发挥了至关重要的作用。

发展速度转变问题。我国经济增长速度转为中高速增长主要的原因如下：从消费需求来看，以往是模仿型排浪式的消费模式，类似于饥不择食的羊群效益，而现在处于多维、多样性、个性化的消费方式之中；从投资需求来看，过去投资空间巨大，回报收益性高、稳定性好，在经济发展中起着重要作用。经过多年大规模高强度发展建设后，一些产业已经趋于饱和，另一些新兴产业和商业模式还存在变量。从国际收支和出口来看，危机爆发前国际需求空间充足，只要绝对优势或比较优势的成本存在，出口始终是拉动经济发展的动能。当前世界需求减少，再加上特朗普、拜登政府的逆全球化打压，造成我国出口萎缩；从生产方式来看，过去供给不足到现在的产能过剩，水泥、钢铁、玻璃等已经接近生产顶峰，房地产、工业园、新城区等已经超出需求；从生产要素方面来看，以往我们有富余新生劳动力，只要管理得当就可以迅速形成生产力。不过当前人口老龄化问题突出以及农村富余劳动力减少，再加上越南、泰国等地拥有更加丰富的廉价劳动力，造成我国劳动力要素的规模驱动力大为减小；从市场竞争方式来看，以往是价格和数量竞争，而当前是质量和服务竞争；从经济风险方面来看，以往高速增长下掩盖的诸多矛盾逐渐爆发出来，房地产资金链断裂、地方政府债台高筑、地下影子银行迭起等；从经济宏观运行方式来看，以往只要采取凯恩斯主义的投资形式以及按照"雁行理论"效仿先行国家发展相关产业就能形成优势。且现在宏观政策刺激的边际效用减弱，还需探寻新的产业发展方向。以上这些趋势都表明经济发展速度出现了转换。

"中等收入陷阱"问题。我国人均收入正处于中等收入阶段，而这一历史时期很容易陷入其陷阱之中。典型的就是南美洲等拉美国家，由于没能及时改变发展模式和转变增长动力因素，而且还被引入欧美国家的"华盛顿"模式，这就造成其发展方式既不能与低劳动力成本国家竞争，又无法在顶尖科技研制方面占有一席之地，由此导致这些国家在全球供应链体系上失去话语权和盈利权。再加上这些国家之前由于经济高速增长带来的各种矛盾，阻碍了经济现代化建设的步伐。总结经验教训，这一陷阱事实上具有两大危险：首先，收入分配方面的差距可能已经达到库茨涅兹的倒U型曲线顶点。其次，生态环境破坏、政治经济腐败也已经可能达到库茨涅兹的倒U型曲线顶点。随着工业文明发展程度的提高，广大居民对于这些威胁的维权、防范意识也会逐步提高，激化各种社会矛盾的尖锐爆发。当然，并不是每个发展中国家都会陷入此陷阱，诸如日本、韩国就牢牢把握科学技术革命以及产业结构转型之路直接跨越了陷阱，新加坡则运用旅游和其他现代服务产业顺利迈入高收入国家。当前我国也充分意识到这一陷阱，需在新发展理念下采取调结构转方向的方式进行跨越。要从扩大投资、投入巨量能源、依靠简单劳动转向创新驱动，要从依赖传统产业转向新型行业，要从依赖技术密集制造业转向现代服务业，其中要使科技人员、企业家、医生、金融从业人员等组织的不断扩大，中等收入群体必然扩大。

二、新发展理念对中国特色社会主义政治经济学发展理论的突出贡献

创新理念促进动力理论的创新。马克思曾在《资本论》中阐述，智力尤其是自然科学的发展是推动生产力发展的来源。事实上依照动力要素的划分，可以将不同国家或者一个国家的不同时期归类为要素、投资、创新驱动等阶段。目前我国供给端的劳动力和资源要素推动力消退以后，需要关注其他方面如质量效率、结构调整、创新驱动等推动生产力发展的因素。与此同时，芯片制造、生物医药、航空航天等大量颠覆性技术蓄势待发。无论从经典作家的阐释中，还是在国内外背景下，都可以看出创新决定了国家的前途命运。习近平指出，我国要把"把创新放在第一位"①。首先，创新理念强调顶层设计。把握世界经济发展态势，评判当前科技发展程度，将眼前的现实需要、近期工作与未来的长远目标相结合，提出切实可行合理的发展目标。其次，创新理念强调人才资源。当前我国人才总的数量上较多，但在重大尖端科技、工程和学科方面的领军人才极度缺乏。要解决这一问题，关键在于建立健全人才培养和发展机制，特别是深化教育改革和创新教学方法，努力提高人才的培养数量和质量。再次，创新理念强调创造环境。健全建构以市场作为评价创新应用的体制机制，去除技术转变的障碍瓶颈。从次，创新理念强调科技创新。未来会发生一系列科学技术创新事件，特别是在互联网与众多学科相互交融的情况下。然后，始终瞄准科学技术的顶尖和前沿水平，在科技资源方面提前快速布局。最后，创新理念破除体制机制障碍。贯通科技到产业的通道，处理好市场、人民与国家内在需要的辩证关系，加速完成从实验到应用的多级跳。

协调理念推动结构理论的创新。马克思社会生产中两大部类理论可以归结为协调发展思想，其中两大部类的生产生活资料交相互换就是要求各部门各行业之间协调地按比例发展。在我国，经济发展不协调不平衡表现在国防与经济、精神与物质、社会与经济以及各个区域等结构发展方面的差异化、不同步。换

---

① 中共中央文献研究室．习近平关于社会主义经济建设论述摘编［M］．北京：中共中央文献研究室，2017：33.

句话说，虽然我国经济发展比较快，但整体效能和整体效益较差，时常导致"木桶效应"的显现，引致诸多社会问题。在当前新的局面下，党和国家提出协调发展是对社会现实的适时回应。首先，协调发展思想既是发展目标又是发展手段，还是评判和批判事物发展过程的尺度和标准。其次，协调发展是重点论与两点论的有机统一，一个国家、行业、地区在特定时期不仅会有自身的突出优势和特点，还存在某些众多的阻碍因素，即需要破解困难、补齐短板建成全面发展新局面，还需要考虑不断巩固原有比较和绝对优势产业，使得各自相得益彰。如协调是由不平衡到平衡的过程，前者是绝对的客体，后者是相对的客体。但协调并不是过程中的平均主义，而是给予微观企业公平机会和均衡资源。最后，协调发展还是发展战略趋向的相互均衡，其中包括三驾马车的协调、三大产业的协调以及四个现代化的协调等。

　　绿色理念促使财富理论的创新。马克思曾指出，资源能源的丰富程度往往会伴随着社会生产率的提高而不断降低。① 当前我国四化加速不可避免地造成资源的浪费甚至产生了重大代价。恩格斯也曾指出，过分沉溺于对自然的胜利，会导致其对我们的膺惩和讨伐。② 人与自然如果没有和谐共生，反过来会伤及人类自身。习近平指出，人类社会创造的威力巨大的生产力已经对地球生物的延续和人们生存的持续造成了严重的影响。③ 当前我国的大面积雾霾污染、沙尘暴的规律性侵袭，也正印证了这一说法。面对于此，我们提出了绿色发展理念，其最大的创新就在于明确生态环境就是生态财富。为此，坚持绿色发展理念成为走生态文明道路的必要和唯一的途径。首先，绿色理念具有绿色生产总值的内涵，需要在以往的 GDP 中扣除环境代价、自然资源消耗、平复环境成本以及添加生态资源的增值。其次，它具有生态财富的思想理念，将绿色发展等同于直接的社会生产力，将改善环境等同于进一步发展生产力。再次，它包含人民对未来绿色生活的期许，全面提升草原、海洋等自然环境的服务功能，科学布局和修复山河湖水等生态系统。从次，它包含绿色的生产生活和发展方式，积极建设美丽国家。最后，它囊括了保护生态的基本国策，走持续发展、节约型、生态型道路，加快建设生态式生产良性发展的文明道路。

---

① 中共中央马克思恩格斯列宁斯大林著作编译局 . 资本论：第三卷［M］. 北京：人民出版社，2004：289.

② 中共中央马克思恩格斯列宁斯大林著作编译局 . 马克思恩格斯文集：第 9 卷［M］. 北京：人民出版社，2009：559-560.

③ 习近平 . 之江新语［M］. 杭州：浙江人民出版社，2013：119.

开放理念推进世界市场理论的创新。马克思曾指出，世界各国的人民已经被带到世界市场之中，① 这是对经济全球化现象的揭示。改革开放以来，我国正是运用全球化机遇，不断建设和创新开放型经济体制，获得了极大红利。但是，随着经济态势的变化，我国面临更深维度的挑战。一是新兴国家群体性不断崛起正逐步改变全球政治与经济的势力版图，但仍被以西方主导的经济体制和规则秩序运用各种方式所压制，两个群体较量竞争激烈，构建平等的国际秩序任务十分艰巨。二是保护主义盛行，诸多经济秩序规则的制定产生了政治化、逆全球化现象。对于这些新问题，关于接下来该如何开放的开放理论做出了明确的回答和部署。首先，坚定不移地开放中国大门。一个民族、一个国家始终要学习其他民族和国家的优秀文化，当然中国对外开放也会继续向各国敞开。我国愿意以平等公平协商形式妥善处理任何经济贸易纠纷，推动各方均衡共同发展。其次，实施主动积极的开放战略。我国将建立高效安全、平衡均衡、共赢互利的经济体系，促进内陆沿海沿边的互补互成，形成开放型经济带。我国还要完善有关经济贸易的法律法规，深化外商投资的体制机制，创造各类在华企业平等参与竞争的市场平台。最后，加速建设自由贸易区。运用自由贸易政策和经济带更好地吸引外资以及帮助我国各类企业进军海外市场，为国家经济增长注入新活力、拓展新局面。

共享理念促使发展目的理论的创新。马克思指出，社会主义生产将会以广大人民群众的富裕为目的。② 中国特色社会主义政治经济学同样以共同富裕为奋斗目标，尤其是提出的共享发展理念更是将这一目的作为核心思想。不过，当前由于互联网的高速发展，很多人会通过网络分享某种音乐、某种软件或某种方案，其边际成本近乎等于零，同时，还产生了众多新式经营模式，诸如共享单车、汽车、充电宝等，这些是否符合经典作家所阐释的共同富裕思想以及当前的共同发展理念？我认为它们之间是完全不相关的。首先，经典作家的设想前提是建立公有制，是所有制层面，与互联网分享意义上的所有权以及单车、汽车、充电宝所有权使用权的相互分离完全是两个层面。其次，经济行为上的共享最终是以盈利为目的，而公有制下共同富裕以及共享发展理念是以人民为中心的享有。待这一问题阐释清楚后，又有人发出疑问并提出共同富裕与共享

---

① 中共中央马克思恩格斯列宁斯大林著作编译局. 资本论：第一卷［M］. 北京：人民出版社，2004：874.
② 中共中央马克思恩格斯列宁斯大林著作编译局. 马克思恩格斯全集：第46卷下［M］. 北京：人民出版社，1980：222.

理念有着怎样的内在逻辑以及后者是否会继续以人民为中心？事实上，共享发展理念是马克思设想未来社会的当下现实实践，毕竟当前生产力发展水平与共产主义发达阶段有着很大差距。而且就目前来说，在共享经济成果维度，无论从现实情况还是制度设计方面，有很多不尽如人意的地方。为此，无论从生产力角度，还是制度建设方面，中国特色社会主义政治经济学共享理念始终要坚持发展必须为了人民，坚持成果由人民共享的原则。

中国共产党是为中国人民谋幸福、为中华民族谋复兴的党，也是为人类谋进步、为世界谋大同的党。我们要拓展世界眼光，深刻洞察人类发展进步潮流，积极回应各国人民普遍关切，为解决人类面临的共同问题作出贡献，以海纳百川的宽阔胸襟借鉴吸收人类一切优秀文明成果，推动建设更加美好的世界。

　　　　　　　　　　　　　　——选自党的二十大报告（2022 年 10 月 16 日）

第五篇 05

中国特色社会主义政治经济学的时代价值

从历史唯物主义视角来看，中国特色社会主义政治经济学的提出和建构，实现了理论逻辑、历史逻辑和实践逻辑的相互融合和辩证统一，是人类文明发展与马克思主义经济理论相结合的产物。以理为纲、以史为鉴、以实为据，中国特色社会主义政治经济学具有重大的时代意义。在理论上，开拓当代马克思主义政治经济学新境界；在体系上，建构中国特色社会主义政治经济学话语权；在实践上，坚守中国经济社会发展方向；在战略上，创新世界经济发展新模式。中国特色社会主义政治经济学是致用之学，决定着中国经济改革的未来发展指向，影响着世界经济的未来发展趋向，尤其是提出的"倡导人类命运共同体意识"更是承担着全世界人类发展命运的重要责任。

第一章

中国特色社会主义政治经济学的理论导向

习近平指出，我们要"不断开辟 21 世纪马克思主义发展新境界"①。这不仅是哲学社会科学的重要使命，更是中国特色社会主义政治经济学的重任。中国特色社会主义政治经济学体现了当前我国经济社会发展的一般规律，并超越了以往苏联政治经济学的框架，积极应对新的全球化调整，主动回应马克思主义政治经济学的实践需要和现实基础。尤其是赋予马克思主义政治经济学的新型特质，并促使其学科的回归主流以及教材的与时俱进，这些都是马克思主义政治经济学的现实体现。

第一节 赋予马克思主义政治经济学新型特质

中国特色社会主义政治经济学持续创新方法论。坚持马克思主义政治经济学成为指导思想和理论基础，以及强调中学成为核心主体，并非彻底忽视和排斥西方思想。这是因为马克思所阐释的理论始终是开放包容的结构体系，善于汲取人类优秀的文明成果。中国特色社会主义政治经济学借鉴西方经济思想，慎重区别了两个方面，首先是在制度层面做好与西方意识形态的界限划分，没有将其作为指导理论并时刻警惕自由主义思潮，因为我们知道一旦松懈防御就会陷入西方早已设计好的制度陷阱之中，最终成为欧美列强的附属国家；其次是注重学习西方的一些方式方法，中国特色社会主义政治经济学之所以强调学习正确的方式方法，就是基于过去的教训，以往我们研习苏联《政治经济学教科书》过程中出现的各种失误正是由于方法论的错误。所以，我们既要破除传统定义并克服洋教条主义和土教条主义，还要学习西方的一些先进方法和部门

---

① 习近平. 习近平谈治国理政：第二卷 ［M］. 北京：外文出版社，2017：34.

经济的运转模式、管理方法等，尤其是定性定量的实证方法，注意避免经济学数学化和去除"李嘉图陷阱"。中国特色社会主义政治经济学意识到模型只是分析工具、思维定式，并不具有思想性、创新性，脱离实际解决中国问题不过是纸上谈兵、故弄玄虚。

中国特色社会主义政治经济学不断彰显世界发展眼光。面对世界发展的难题困局，如南北发展鸿沟、科学技术差距、世界需求不足、贸易投资萎靡等问题。对此，中国特色社会主义政治经济学提倡合作共赢的政策方针，尤其是加大对发展中国家的支持。与此同时，世界经济失速引致经济全球化受益的发达国家产生内固化倾向，造成孤立主义、民粹主义、保护主义的社会思潮泛滥。对此，中国特色社会主义政治经济学提倡开放国门搞建设，推动世界经济迈向共赢、普惠的方向发展。中国特色社会主义政治经济学强调与各国的平等对话，提出"一带一路"倡议、建设亚投行等。此外，全球治理体系的变革加速推进，国际军事、政治势力对立日趋严峻。对此，中国特色社会主义政治经济学贯彻党的十九大重要精神，要求建构新型的全球治理体系，为推动人类社会发展贡献智慧。第一，坚持对话协商，尊重双方的核心利益和矛盾分歧，建构不对抗、不冲突的互相尊重的新型关系。第二，坚持共享共建，树立合作、共赢、共享的新安全观，尊重双方领土、空域和主权，不随意干涉他国内政以及违反国际准则。第三，坚持合作共赢，以同舟共济的方式推动贸易自由化开放化。第四，坚持交流互鉴，在竞争中取长补短共同发展，促使文明交融。第五，坚持绿色低碳，努力推进可持续发展进程，积极应对气候变化，开拓文明发展道路和构筑世界生态体系。

中国特色社会主义政治经济学深刻了解资本主义新变化。马克思主义政治经济学，既要充分认知中国经济发展的现代化问题，还要同时认清资本主义新的历史发展进程。最早关于资本主义的阐释，马克思和恩格斯都是通过批驳旧的世界进而探索新的世界。列宁则是在当时资本主义最新阶段的基础上进行研究和批判，在经典理论宝库中增加了帝国主义论等内容。同样，关于资本主义发展现状的探究是中国共产党所始终坚持的。改革开放后，邓小平将社会主义与资本主义进行对比，指出前者的优越性就在于发展生产力。世纪之交，江泽民站在新阶段提出了"四个如何认识"的重要思想。胡锦涛则对"两制"的走向做出阐释和剖析。2012年以来，习近平强调要加强对当代社会制度尤其是资本主义的研究和不断深化对国际政治关系变化复杂的认识。① 事实上，加强对资本制度的研究探讨是坚持我国政治、经济制度的必然要求。从 20 世纪 80 年代开始，我国就面临着国内外"和平演变"之势。邓小平指出，现在一些人会担心我们是否会成为资本主义。② 所以，保持中国特色社会主义政治经济学不会成为什么别的主义别的经济学，就不能只介于中国自身的研究之中，还必须了解全球经济的新问题、新变化。

　　中国特色社会主义政治经济学适时调整发展目标。发展目标是在当下以及之后的一个阶段时期对本身和引领新阶段的中国经济建设所期望实现的一些目的或结果。具体而言，首先是现实目标，即建设现代化经济体系。科学系统的划分历史阶段，坚持做到有步骤、分阶段地推进现代化，这是党获得经济成就的成功经验。党的十二大提出两个十年的两步走战略，前半部分目的是奠定基础，后半路程目的是振兴经济。党的十三大界定了三步走的现代化举措。党的十五大对于第三步做出更加系统详细的规划。到了党的十八大，充分肯定了党和国家的总任务之一就是达成现代化。党的十九大围绕历史重任，对现代化做出顶层设计，提出了科学合理的两步走安排。这不仅标志着实现现代化目标的提前，也正是因为经济建设的成果远超预期，还标志着现实目标的踊跃提升，尤其是注重量的积累和质的提高。党的二十大指出未来五年是全面建设社会主义现代化国家开局起步的关键时期，再次明确了两步走的总的战略安排。其次是远大目标，即实现中国梦。由石库门到南湖，在汹涌澎湃的百年史中我们党矢志不渝为了实现民族复兴而艰苦奋斗。抚今追昔，我们党将民族、国家和人民融为一体，用中国梦体现了每一个中华儿女的共同愿景。这一愿景不是镜花水月、空谈一场，而是党领导下人民群众共同奋斗的现实景象。最后是根本目标，即达成共同富裕。党的十九大描绘了人民群众未来生活的蓝图，人民将会享有幸福、公平和富裕的安康生活。但如何落实成为关键，党和政府强调在渐进发展的过程中维护好人民的直接利益，解群众之担忧、谋群众之福利、化群众之困难，合理调节分配，兜底脱贫底线，弥补民生短板，弘扬"幸福"生活理念。

---

① 习近平在中共中央政治局第四十三次集体学习时强调：深刻认识马克思主义时代意义和现实意义　继续推进马克思主义中国化时代化大众化 [N]. 人民日报，2017-09-30 (1).

② 邓小平. 邓小平文选：第三卷 [M]. 北京：人民出版社，1993：111.

第二节 促进马克思主义政治经济学
学科回归主流地位

以往传统的政治经济学已经不能适应和反映目前国家生产关系的变化、生产方式的调整以及经济结构的完善，而且学科体系面临着被边缘化的艰难局面，甚至连课堂规则与秩序都难以为继，因此，中国特色社会主义政治经济学学科地位的回归迫在眉睫、势在必行。历史实践还曾告诉我们，如果失去深刻的并且具备指导意见的政治经济学主流地位，对经济发展实践的指引就很难形成科学的预见性理论。所以，加快推动其学科回归主流，已经是当务之急，更是有助于对中国道路的坚持和发展。

正确均衡"中国特色社会主义政治经济学"与"现代西方经济学"的关系。纵观现代西方经济学的发展演变，从亚当·斯密建构起经济学理论体系后，其道路是依照两条线路进行的，一是坚持劳动价值论的科学分析，二是以效用价值和边际分析论为主要内容的科学研究，目的在于解析资源配置效率。到了19世纪末，马歇尔等人开创了"新古典经济学"，融入了数学方法，这似乎披上"绝对客观"的衣裳。20世纪中期，萨缪尔逊综合经济学思想，推动形成新古典综合经济学。这些学派重视嵌入数理分析方法，使研究范式有了显著变化、逻辑体系有了明显提升，尤其是运用各种数理分析工具，更好地稀释出影响产出的经济要素。西方经济学的研究方法推动我国理论界研究方式的发展。但是，现代经济学始终囿于微观企业生产函数、市场产业组织形式等层面进行探讨，特别是新古典经济学就丢弃了"人文关怀"转向了"理性经济人"之中。换句话说，它们过于注重"是什么"的实证回答，至于"好不好"的规范分析却有意忽视，排斥财富的合理分配方式和忽略人的"社会性"。相反，中国特色社会主义政治经济学具备经济哲学的底蕴，始终坚持正确价值关怀趋向，从而清晰表明学科使命和正确立场，即以人民为中心和坚持公平正义。也正是这样，中国特色社会主义政治经济学开展的顶层设计和政策研究时始终体现出对全体民众直接利益的关怀，体现出对"两极分化""贫富差距"的嗤之以鼻。值得注意的是，中国特色社会主义政治经济学还要注意传统研究中曾受到"左"倾、右倾影响，防止迈入最为纯粹的"经济哲学"的思辨之中，导致其基本范畴被"意识"形态化，最终失去对经济运行的揭示和指导功能。

正确处理社会主义与资本主义的关系。马克思曾详细地阐释了劳动与资本的内在逻辑，提出了利息、经济危机、地租、资本积累、资本循环等经典理论。可以说，他的《资本论》具有逻辑严密、体系完整、一气呵成的框架结构，直接剖析了资本主义中各种矛盾和生产特点。不过，历史的发展并不是依照经典作家设想的未来方式所进行。在俄国，列宁掌握其基本原理，通过组织工人夺取政权。随后，列宁很快就意识到经典作家的理论是事实，而不是教条主义，明确提出要在关心劳动者物质利益的基础上探索国家经济体制，创造性创新性地提出"新经济政策"的概念，其中包括工商业的经济核算、农民生产的积极性调动、农村的余粮征集等新举措。列宁以极为务实的方式将原理与当时俄国现实相结合。在中国，毛泽东曾从国情层面出发提出了走与俄国革命不同的革命道路。可见，强调对具体的实践进程进行研究，对于理解学科体系，处理其中的社会主义与资本主义内在关系就有特别意义。再者，针对如何理解资本主义与社会主义转变承接过程这一问题，马克思曾对其进行解释，主要是由于技术革命、生产组织方式、市场配置方式等因素造成生产资料的社会化。随后，列宁进一步结合当时发展实际提出资本作为重要的生产资料，资本社会化成为更加具体变量引致资本主义不断变化，历史进程到了今天仍没有超出国家垄断资本主义的范式。至于将来还会演变到何种经济形态而最终实现共产主义仍有待研究。对当代资本主义与时俱进的研究也会影响学科体系有关资本主义与社会主义如何衔接的理解。

正确理解中国特色社会主义政治经济学理论创新和学科体系创新的关系。"实事求是"是唯物史观及其方法的中国话语表现，也是对这一思想的回归和坚持才会使当前的各类工作回到务实的轨道之中。中国特色社会主义政治经济学正是继承这一思想将中国现实作为理论蓝本。如政府这一基本经济范畴。西方现代经济学将政府定义为维护者和守护者的角色。而在我国对政府的定义则具备宏观属性，指出同级之间的单位存在相互竞争的内在关系以及不同层级之间也存在着博弈逻辑。与此同时，伴随体制变革，政府的经济作用也会发生改变。中国特色社会主义政治经济学还坚持"求实"，进一步明确我国所处阶段的判断、提出市场作用的决断、得出资源配置的方式等，都表明其在对社会生产中多个层次、多个环节、多个主体的分析和对各种实践场域内容的概括都具有中国"特色"的要素，创新形成了社会主义的经济理论。这就为中国特色社会主义政治经济学学科体系夯实了最为核心和重要的内容。当然，这并不是学科的整体性建构，因为还需要在逻辑关系、体系结构以及概念范式等方面进行凝练总结才行，还需要文化软实力以及其他学科方面实现相互交融。从这个视角来讲，中国特色社会主义政治经济学的学术使命就是致力于进一步综合理论体系与各类学科的交叉融合从而实现自身学科体系的整体性发展。

第三节　推动马克思主义政治经济学教材与时俱进

习近平指出，"要加强研究和探索，加强对规律性认识的总结，不断完善中国特色社会主义政治经济学理论体系，推进充分体现中国特色、中国风格、中国气派的经济学科建设"①。其中教科书则是学科建构最为重要的部分。而且中国特色社会主义政治经济学的发展务必要把政治经济学基本原理与中国现实场域相结合，最终将现实经验实践提升为理论学说，教科书则是其学说系统化专业化科学化的基本载体和重要体现。因此，编纂一部具备时代性创新性的中国特色社会主义政治经济学教科书是理论研究者的重要使命。

一、中国特色社会主义政治经济学教科书叙述起点、研究主线与框架结构的创新

将"经济制度""市场一般""经济转型""发展阶段"等作为叙述起点。许多经典版本的教科书以"经济制度"作为叙述起点。在理论上，重点突出对马克思政治经济中国化的揭示，表明了从理论到实践再到理论的过程，既阐明了社会主义经济制度的特征，明确了它的本质，又突显了它是一种进步的崭新的制度。在实践中，说明了我国经济制度变迁和发展过程以及我国当前阶段社会发展的特色；另一些学者还以"市场一般"作为叙述起点，这一方式体现了由抽象到具体、由一般到特色的辩证过程，也突出了两种制度在现实中的有效结合。就其一般性来说，市场不过只是一种经济体制。换言之，教科书揭示了其一般属性和重要本质，充分说明市场在不同的经济制度下可以被运用。对于特殊性来讲，社会主义下的市场经济务必在市场调控、利益全系以及价值取向等方面表现了特殊属性。20世纪是经济转型的时期。对此，转型式政治经济学教科书适时而生。它以转型一般性理论为叙述起点，探讨经济体制与其他制度

---

① 习近平主持召开经济形势专家座谈会强调：坚定信心增强定力　坚定不移　推进供给侧结构性改革［N］. 人民日报，2016-07-09（1）.

的辩证关系，提出中国发展道路完全不同于西方式自由化共识，而是坚持社会主义下的双轨渐进的制式。因此，从这一视角出发的叙述起点，为系统全面探究我国经济转型的客观规律和个性、演绎共性给予了重要前提；以"发展阶段"作为叙述起点，这类教科书种类繁多，主要阐释初级阶段下中国道路探索过程和其中的经济关系等。一些教科书描述了生产方式和相适应的交换与生产关系，包括经济发展、经济制度、经济关系等，力图探寻它们之间的内在逻辑和它们在生产中表现出的客观规律性。

将"制度变迁""市场规律""人的利益""社会本质""矛盾运动"作为研究主线。一般来说，政治经济学是以剩余价值为主线贯穿资本主义的流通、生产过程，生产方式以及各方面的规律和关系都被嵌入完整有机整体之中。那么中国特色社会主义政治经济学教科书的主线也应该能够体现我国的生产关系特点和本质。这个主线应当是什么以及体系结构应该如何安排？一些教科书以"制度变迁"作为主线，依照制度—运行—发展的逻辑体系进行建构，全面系统地探讨了本质、阶段、体制和制度，主要内容涵盖了宏观管理、微观企业、发展战略、工业化等各个方面；一些教科书以"市场规律"为主线，在体例上探寻两种体制的相互结合方式，分析市场运行和宏观调控形式，最后简单介绍了世界市场等内容；一些教科书以"人的利益"为主线，将经济发展与人的利益融合起来。有的学者指出建立应用市场经济的目的就在于实现人的全面自由发展。有的学者认为经济转型要体现以人为本；一些教科书以社会主义本质为主线。某些理论研究者指出本质论是贯彻红书的总纲和红线，明确指出中国特色社会主义政治经济学的任务就是揭示经济运行规律，提高配置水平和满足群众需要。另一些理论研究者也认为"什么是社会主义"应该是教科书的主线；以生产力、生产关系的矛盾运动为研究主线。有些学者将其作为主线，深入研究了我国现实中人与人之间的经济关系，并指出这些关系体现了发展生产力的要求。还有一些学者将"生产力—所有制—生产过程—人的相互关系"等依次进行逻辑类推，并以此全面建构教科书的框架结构。

二、中国特色社会主义政治经济学教科书的最新发展

十八大以来，习近平指出要发展中国特色社会主义政治经济学，至此，政治经济学迎来了发展的新时代。这一历史背景下，很多教科书陆续出版引领了一波学科建设浪潮，尤为突出、具有特色的是张宇的《中国特色社会主义政治经济》。该书代表了目前中国特色社会主义政治经济学教科书研究的体量、范畴

和结构以及未来发展趋向。定位了马克思主义政治经济学与中国特色社会主义政治经济学的关系，表明了叙述起点和逻辑主线等框架结构。

该书指出二者实际上是一般到特殊、一般到具体的演进关系，还把两者定为继承与创新、坚持与发展的内在关系。首先，运用系统的篇幅论述了政治经济学的发展过程，重点分析了经典作家、苏联领袖和东欧各国的理论发展沿革。其次，进一步梳理了中国特色社会主义政治经济学的发展过程，尤其是毛泽东对其的巨大理论贡献。再次，阐释了政治经济学十八大以来的新发展。最后，论述了当前社会经济形态与未来共产主义的相互关系。此外，该书叙述起点是基本经济制度，并以生产力、生产关系的矛盾运动作为逻辑红线。这些都折射在整个书目的结构安排上，从指导意义、时代任务、范畴界定等多个方面着手，使马克思经典素材勾勒出了现代基本框架，即教材将基本经济制度（第三部分）、市场经济（第四部分）、收入分配（第五部分）、国家宏观调控（第六部分）都纳入经济制度范围蕴含的范式之中。其中，第三部分侧重于生产关系。

该书探讨了公有制与市场经济的有机结合，阐述了其中的宏观调控的理论基础。一些教科书普遍把市场中"运行""改革"作为关键理论，但这些思想覆盖面过宽、包容性太强，难以抓住其中的发展和运行环节。该书则将公有制和市场作为核心问题。一方面，分析了两者对立统一关系，从新的维度探讨国有企业的发展目标问题，提出它是二者相互结合的载体，与其他所有制企业有着截然不同的既定目标，承担了社会的公共服务和责任，这实际上驳斥了当前"国有企业无用论"的谣言谎言。另一方面，系统阐释了制度优势，囊括开放模式、经济民主等多个方面。此外，张宇还论述了国家调控的理论依循。从以往来看，宏观调控主要针对市场问题来发挥作用。该教材突破了这一看法，提出国家所有制是指国家在生产关系中作为经济活动的主体，是从事物质生产的管理机构，深入整个社会内部并对生产资料拥有支配权利，从而有组织有计划地进行社会生产，创造出更多社会财富以及满足人民群众需求。因而与西方国家垄断资本主义来比，我国经济制度有其内生性。而且该书明确指出我国是党和政府领导下的宏观调控，不仅有微观的市场调控，还囊括了宏观的结构调整、生态调控等。因此必须正确处理好二者的关系，一是解决好政府对微观企业干预过多问题；二是提高宏观调节的权威性、计划性和有效性。总的来说，就是做好党政有为、市场有效的良好局面。

剖析了经济制度、经济体制改革、对外开放、社会经济发展、收入分配等内容，理清了当前我国社会主义与共产主义的辩证关系。首先，该教科书从世界资本主义体系、国内各阶级情况以及近代中国生产力状况多个视角说明中国为何选择社会主义，同时详细论述了中国经济制度的演变历程。其次，该教材进一步论述了我国改革方式，并概括出了"自上而下和自下而上""双轨过度与增量先行""整体协同与局部改革"等发展经验，在此基础上探讨了深化改革面临的现实矛盾和关键举措。再次，在国家对外开放章节中作者揭示了经济全球化的实质是生产要素突破国与国之间的界限在全球范围内配置，并指出经济全球化具有二重性，即诸多发展中国家始终依附于世界市场之中，运用传统的比较优势进行破局越来越受到局限。与此同时，作者揭示了中国经济全球化中坚持的基本原则，强调我国应该将自主发展与经济全球化相互结合起来，并在对外开放中经济安全面临的挑战和风险中维护自身安全。从次，该书详细阐释了经济发展的有关内容，包括我国生产的根本目标以及如何发展社会生产的"五条"道路，包括了自主创新、农业现代化、特色区域发展等道路。最后，在收入分配章节中作者详细阐释了分配制度以及现状，进一步指出坚持和完善这一分配制度的重大意义。

第二章

中国特色社会主义政治经济学的话语建构

话语权是指经济主体具备的话语权能和获得的有效利益，是"资格""权威""利益"的相互融合体，通过"影响力"表达出"支配力"，表示主体获取讲话资格和实现讲话目的现实性。也只有获得话语权，理论才能突显才能被世界人民所接受。习近平在哲学社会科学谈会上的讲话中指出，一定要加强我国话语体系的建设。① 因此，认清话语体系建构存在的问题、具备的现实条件以及可以采取的举措是十分具有重要的现实意义的。

第一节　中国特色社会主义政治经济学话语
体系构建存在的问题

认为马克思主义政治经济不能揭示市场经济运行的客观规律。事实上，马克思在极度否认市场未来功能性的过程中，详细对资本主义市场做出最为深刻的揭示，而且当时的市场经济是非改良的、古典的、缺少政府干预的、完全市场竞争的和保护生产效率的模式，所以马克思对市场的揭示是最为本质和彻底的。所以，研究经典著作中的市场规律，有助于我国破除市场万能论的迷信，遵守资源配置原则的同时，克服它本身具有的缺陷。从这个角度来讲，理解经典著作中的市场经济，是发展和完善我国经济体制最为基础性的工作。当然，有一些学者认为当前我国已经形成的市场经济制式与马克思未来的设想不一致，致使《资本论》等经典著作失去话语优势。事实上，我国市场经济制式与资本主义有一定的相同性，但存在最为根本的区别就是坚持马克思提倡的根本性原则，如公有制为主体、按劳分配为主等。因此，建构中国特色社会主义政治经

---

① 习近平. 在哲学社会科学工作座谈会上的讲话 [N]. 人民日报，2016-05-21（1）.

济学话语体系不能离开马克思对市场经济的揭示和对未来的科学预测。

认为中国特色社会主义政治经济学对市场经济运行问题的揭示鲜有贡献。自改革开放以来，中国经济现象已经成为全球关注的奇迹，中国发展道路已经成为各国相互讨论的热点。可以说，我们在经济发展过程中积攒了丰富的实践经验。不过，与这些相比较，中国特色社会主义政治经济学对建设过程中的经验的概括总结和科学提炼不够，还缺乏从政治经济学维度对历程的透彻探析。不过，中国特色社会主义政治经济学不仅已经对改革经济制度的实践进行理论抽象，还对市场调节下经济发展、运行和未来变革做出总结，体现出我国市场建设的某些独特性。这方面的研究虽然有待深入抽象和挖掘，但成果已经十分丰富。从郭大力等《资本论》全译本以来就出现了《新时代中国特色社会主义政治经济学》（国家行政学院经济学教研部）、《现代政治经济学》（程恩富）等多个版本的著作，对我国现代经济运行体系进行了揭示。

认为中国特色社会主义政治经济学无法进一步指引经济社会的发展。当前一部分学者接受过西方经济思想的系统教育，认为它是解决一切发展问题的关键，对新自由主义、虚无主义等思潮没有任何的戒备和抵抗意识。尤其是在一些国际会议等场合，对国外学者毕恭毕敬甚至百般恭维，转头就对国内政治经济学理论研究者嗤之以鼻、视如敝屣，这些都是没有理论自觉和理论自信的表现。这也导致关于马克思研究的阵地频频失守，可供政治经济学展露的舞台已经不是很多了，《政治经济学评论》《当代经济研究》等杂志成为为数不多的主要专业性领域的阵地，却在整体上还呈现出日渐式微的态势。所以，敢于运用中国特色社会主义政治经济学坚持国家安全底线和建构理论阵地并驳斥西方政界学界对中国问题、道路和方案的指手画脚，显得尤为迫切。善于运用中国特色社会主义政治经济学增强和矫正人民群众对社会主义认知的能力，已是当务之急。

第二节　中国特色社会主义政治经济学话语体系建设条件的日趋成熟

中国特色社会主义政治经济学理论体系的日渐成熟，支撑话语体系的创新。这一理论体系是一个宏伟复杂的理论大厦，经过城镇化、工业化的发展，经过市场化、商品化的发育，当前已经到了系统总结、科学建构的阶段。总的来说，中国经济理论体系不仅包括生产关系矛盾运动的四个方面，还涉及对外合作、企业改革的具体维度。首先，体系讲清楚当下经济理论的逻辑主线、研究内容、历史贡献、基本特征和价值逻辑。其次，体系论述了阶段理论和市场理论，包括社会本质、经济制度和市场主体、运行和调控等。再次，体系体现了国民经济中生产、交换多个类别，囊括了经济结构、发展比例等。从次，体系涵盖了十八大以来的理论创新和结构建设，主要包括发展理念、发展观念、区域发展和脱贫建设，孕育着进一步发展的动力理论，即现代企业制度建立、固有国有企业改革、经济金融体制构建和农村经济体制建设等。最后，体系囊括了对外交流合作理念、经济全球化思想、国家经济新秩序等理论。总之，中国特色社会主义政治经济学理论体系就是一个把实践经验上升为全面性、系统性的学说，是一个建构科学性话语体系的过程。总的来说，中国特色社会主义政治经济学理论体系的建构就是将我国放入世界经济大发展大潮流和复杂多维度经济关系之中的传承之上的理论规律、研究范式和逻辑体系的筹建和解构，不仅服务于国内社会与经济建设，还支持其自身的话语体系建设，丰富人类的思想宝库。

中国经济发展实践的蓬勃发展，支撑话语体系的建构。无论哪一种理论都不过是时代的产物，都涵盖着对经济现实问题的揭示和解决。经济学中的学术中心也会随着世界经济中心的变化和转移。[①] 从 17 世纪开始，英国就逐渐成为世界最为强大的帝国主义国家。与之相伴随的是，英国学术界在经济学领域诞生了配第、李嘉图等众多引领世界发展的学者，他们提出的众多理论观点可以作为推动世界经济发展走向的重要理论之一。随后，英国又兴起了以马歇尔为代表的新古典经济学和以凯恩斯为代表的宏观经济学，影响了世界经济发展趋向几个世纪。20 世纪初期，尤其是第二次世界大战后，美国国力上升并取代英国成为全球首屈一指的大国，在经济领域涌现了弗里德曼、科斯、贝克尔等一大批具有国际地位的经济学家，他们提出的分析方法和主要思想频繁出现在教科书、论文和分析报告中，影响着世界各国政府的政治决策和人们的思维方式。《金融与发展》统计的最具影响力经济学家中，美籍占有绝大多数。可以看出，综合国力和经济发展水平决定着全球话语权的归属和更替。对于我国来说，经济发展实力已不容小觑，当前我们比任何时期都接近复兴梦想、都接近国家富强，需要强有力的话语体系作为软实力。尤其是伟大创举社会主义市场经济日趋完善。20 世纪末我们初步建立了它的基本框架，1992 年，邓小平在南方谈话

---

① 周文. 时代呼唤中国经济学话语体系 [J]. 经济研究，2016（3）：37-41.

时指出再过几十年实践，我们才会形成比较成熟的制度。① 党的十八大制定了深化改革的任务，明确了要使各方面制度更加成熟。之后，党的十九大、十九届五中全会等做出了一系列有关市场经济体制完善和定型的决议。到了未来，我国市场体制会更加健全，优势会得到进一步发挥，建构中国特色社会主义政治经济学话语体系的实践基础就会更加夯实。

中国共识、中国道路的探索追寻，支撑话语体系的学理性揭示。20世纪末期，国内外理论学术界就对探求"中国经济发展模式"产生了争论。一些学者对苏联教科书所代表的范式以及提出的经济理论进行全面批判，指出对于中国经济发展原因的解释应该摆脱掉"苏联范式"的影响。与此同时，他们进一步将西方范式作为现代经济学进而揭示中国发展的内在原因。不过，也有一些学者指出运用西方经济学作为理论基础揭示中国为何发展的路径是没有出路的。他们提出要完全回归于马克思主义经典理论中探求我国经济发展原因。进入21世纪，G20峰会后将这一争论引致高潮，"中国模式"成为人们关注的热点，很多国家都希望从我国发展的基本经验中取得自身摆脱经济疲软并获得进一步发展的有效办法和高效途径。在中国的主办下，这次会议也表明了促使全球经济复苏的共同愿景。事实上，对于中国道路的特征、问题、生成条件、发展趋势以及向其他国家推广的可能性，对于中国经验在不同时期、不同阶段、不同地区、不同体制的比较和分析，都需要从中国特色社会主义政治经济学的规律上和原理中给予系统的寻找和科学的阐释，这一过程实质上已经为中国特色社会主义政治经济学话语体系的建设给予可靠保障。

第三节　中国特色社会主义政治经济学话语体系的科学建构

如何达成建构权威的话语体系这一目标，成为理论研究者的重大使命和关键课题。需要把握以下几个方面：

其一，需要具备明确的问题意识。构建中国特色社会主义政治经济学话语体系，需要有三种问题意识。回应社会主义建设历程中面临的问题和矛盾，并对其妥善处理和解决，是中国特色社会主义政治经济学的"遵循"所在。尤其

① 邓小平. 邓小平文选：第三卷［M］. 北京：人民出版社，1993：372.

是在当前，面对新阶段的社会主义建设，如何坚持基本经济制度、如何妥善处理效率公平的关系、如何深化国有企业改革等，都是我们不断遇到的现实情形。所以，建构话语体系的过程中，需要关注中国实践并具备三种问题意识：首先是对话意识。马克思经典理论之所以具有当代解释力、指引力，是因为他在当时面对权威经济学家的思想并未盲目跟从，而是在认真、仔细阅读马尔萨斯、斯密等人著作基础上，开展了对其的扬弃。换句话说，马克思敢于与权威进行"对话"，在优与劣的过程中去粗取精。中国特色社会主义政治经济学建立话语体系就是要秉持这种辩证的批判思维，在现代经济思想的交融中扬长避短，在传统文化的碰撞中弥补不足。其次是历史意识。政治经济学本来就是一门历史的学科，是历史化和时代化的产物，是阐释经济历史发展的学科。最后是主体意识。马克思的经济思想是以人为轴线，探究的是人与人之间的内在关系。中国特色社会主义政治经济学话语体系的建构应该以人民对未来美好生活为目标，同时将自身的"所思"和"所信"体现民心所向。

其二，需要获得权威的文化权利。在建构中国特色社会主义政治经济学话语体系的过程中，权利、话语、文化始终是它的"关键词"，有机统一于它的理论与实践之中。葛兰西作为20世纪著名马克思主义理论家就曾探讨过文化领导力问题，其中还运用辩证法讨论了一些国家的领导与控制方式，即通过文化权威获取某些经济领导权或统治权。在他的言语思维之中，文化领导权并不是一种强而有力的权威，而是通过传统民俗、文化基因和知识教育对人民大众进行影响，从而使大众在生活生产中不断凝聚一种集体意识，即所谓的众意。换句话说，只要获取文化的领导权力，得到各个利益集体、不同阶级和独立个体的支撑，就能获得"文化自觉"以及"集体意志"。建构中国特色社会主义政治经济学话语权关键在于通过获取文化领导来实现整个国家的"文化自觉"和"集体意志"，需要借以文化权利维护话语地位并增长话语价值。值得注意的是，中国特色社会主义政治经济学话语体系的建构，还要对西方意识文化基础上的霸权式话语提高警惕。

其三，需要形成规范的概念假设。认知、思想是通过范畴、概念来不断提炼总结的，缺乏成熟的逻辑、理论体系和范畴范式，就难以架构出完善的科学的话语体系。西方经济思想中，就有一套系统的核心范畴，诸如有效需求、公平价格、市场价值、边际效用等。他们依据这些先前的假设以自己特有的方式建构了理论模型，并在其中分析各类经济主体的有效行为，模拟最为真实的经济运行状况，从而提出解决现实问题的举措和看法。同样，中国特色社会主义政治经济学也必须形成中国特色的基本理论假设和重要概念范畴，这些既可以在原有基础上重新提出，也可以在新的实践中生成。具体来说，中国特色社会主义政治经济学概念范畴的形成有三种举措：首先是对经典经济思想中的重要范式、范畴进行继承和创新，诸如资本、所有制、股份制等，这些历经现代经济实践的检验可以适用于现代经济体制。其次是基于当前实践提出新内容并使之科学化和规范化，如产权、共同富裕、效率、公平等，对于社会现实有极强的揭示性和解释性。最后是从西方经济思想合理汲取一些范畴概念。除了这些，还要提出众多的理论命题作为骨架，这就需要把普遍性共识上升为理论命题。

其四，需要界定明确的任务目标。任何经济理论都有着自己的时代诉求。中国特色社会主义政治经济学话语体系建构中的时代诉求正是通过制定任务和目标来充分表达的。一是阐释中国新阶段。中国特色社会主义政治经济学话语体系需要对当前时代特征、特质和规律做出解释和揭示。二是阐明中国和平发展决心。中国特色社会主义政治经济学需要表明中国不是资本主义国家，不具备通过对外侵略获得资源、能源和市场的制度条件，我国社会主义制度从根本上决定我国始终以全世界人民的全面发展为己任。三是弘扬中国道路。中国特色社会主义政治经济学需要总结和凝练中国经济建设取得的成就，给予其他渴望摆脱落后生产能力的发展中国家启示和经验。四是体现中国智慧。中国特色社会主义政治经济学需要运用和融入传统文化建构中国式中国版的话语体系。五是彰显中国精神。这囊括了爱国、开放、包容等民族精神，这就是话语建构的坚实底气。中国特色社会主义政治经济学将一部革命、发展史视为我国精神的进取史，将延安精神、长征精神、五四精神、抗震精神等内容融入自身的发展过程中充分展现了中国人民勤劳勇敢的良好品质。

第三章

中国特色社会主义政治经济学的实践指向

政治经济学实质上是实践的理论，实践是理论发展的不竭动力，理论是实践前进的未来指向。世界经济形态进入 21 世纪又一个二十年，无论是国内还是国外都发生着深刻复杂的经济变革，面对重大的时代课题和历史命题，迫切需要可以给予我国经济发展战略性、前瞻性的理论指引，迫切需要给予指出正确发展方向的理论回应。因此，中国特色社会主义政治经济学的根本使命在于把握中国道路的未来走向，力图实现中世纪的百年目标，最终使广大劳动群众实现共同富裕。换言之，从这个意义上来看之所以要发展中国特色社会主义政治经济学，其缘由就在于当下比历史上任何一个阶段都需要掌握关于中国未来经济社会发展的实践趋向。

第一节　坚定不移走中国特色社会主义道路

走一条什么样的道路不仅关系到党的伟大事业兴衰荣辱，还关系到人民、国家和民族的前途未来。从政治经济学的视角深刻回溯和总结中国道路探索的巨大成就和光辉历程，对于进一步坚持道路自信、开创社会主义事业新的发展形态，具有深远的现实意义。

一、中国道路迈进中的经济理论渊源

初步探索经济落后国家如何迈向现代化。新中国成立之后，探寻正确的社会主义道路所面临的环境和问题十分复杂，国内百废待兴，与此同时，由于社会制度的关系我国还面临着国际资本主义势力的敌对。在落后东方国家探索发展道路并稳固政权成为时代问题摆在党和人民的面前。对此，毛泽东明确提出了以苏联发展模式为借鉴，实现原理与国情的"第二次结合"，最终找到一条建

设社会主要的具体道路。① 毛泽东系统阐释了道路中的整体布局和十大关系。随后，我们党提出转移工作重心。此后，关于中国道路的探索有了良好的起点。走苏联的路并参考它的建设经验，使国家迅速恢复了经济元气，完成了所有制的改造。然而，这一发展模式和"左"倾的痕迹，致使政策、体制建设都囿于他国框架结构之内，在某种程度上这一时期的中国道路则成为苏联经验的翻版。尤其是"大跃进"等运动与科学原则相互背离，偏离了八大提出的正确路向和方法路径，陷入了阶级斗争的闭合循环之中，造成的严重危害使人民对中国道路产生了误解和动摇。而且，当时我国拒绝了与其他国家的相互交流，将自身处于封闭与被动的局面。不过，尽管这一时期我们走了弯路，但并不能削弱很多事实，我们确立了国体、政体和其他政治制度，建设了系统的工业体系，了解了探索过程中的经验教训，奠定了进一步发展的基础。

　　逐步破除怎样发展中国道路的难题。高度与方向具有辩证统一的一致性，如果前进的方向错误，那么高度会带至逐渐偏离真理并走向误区。只有正确方向上的努力，才能达到和确立最终的高度。邓小平将社会主义道路推向了更高的高度。面对寻求什么是社会主义的难题，他指出贫穷、平均和分化不是社会主义，做出去除苏联"标签化""模式化"举措。面对如何建设社会主义，邓小平从"承包制"到"特区"再到"本质论"的科学揭示，成功探索出契合中国实际的发展道路。进入 20 世纪 90 年代，国际上苏联巨变让人瞠目结舌，使社会主义运动遭受了巨大的损失，世界对社会主义道路的质疑和失望影响到了国内。一些民众甚至怀疑我们历经艰难险阻找到的道路会有前途吗？从国内来看，学术界围绕社会主义道路已经产生了一些争论。在此背景下，以江泽民为核心的共产党审时度势，在决定国家的前途命运上做出严谨判断，指出要从容回应来自各个方面的挑战，要矢志不渝地走中国特色道路。进入 21 世纪，尽管国家经济发展取得了有目共睹的成绩，但这一道路始终遭受一些人的非议，更是出现了妄图走民主社会主义道路的所谓提议。以胡锦涛为代表的共产党人凝心聚力，汇聚科技合力，在中国道路上继续坚持和探寻，奋力将伟大事业再次推向一个新高度。

　　始终坚持立意高远的中国道路。进入新的时期，我国已经实现了精准扶贫兜底线以及全面建成小康社会的新局面。与此同时，中国道路的方位发生了变化，主要矛盾新变化、经济新常态等成为社会经济面临的新形势。为此，习近

————————

① 中共中央文献研究室. 毛泽东年谱：第二卷［M］. 北京：中央文献出版社，2013：557.

平做出多方面战略举措，坚定不移地走中国道路。首先，注重顶层设计的优势，推进国家制度更加成熟定型以及更加系统规范。制度的权威性在于措施，如何能将制度优势转换为管理能效和推进治理体系的现代化，是我们党当前面临的新挑战。为此，我们党多次对国家机构进行改革，变化不适合实践发展的机制体制，实现各类事务治理制度的程序化、规范化和制度化，这些治理变革举措也为中国道路的发展给予根本性保障。其次，提出一系列新战略性新理念新思想，从实践和理论两个维度科学回答了新时代怎样发展社会主义。党的十九大以来，中国共产党提出的一系列理论创新，接过历史前进的、团结奋进的、砥砺前行的接力棒，推动党和政府取得各种成就，在沧海桑田的历史流变中显现出社会主义的生机勃勃，为新时代中国道路给予了理论指导。

二、中国特色社会主义政治经济学开创中国道路的新经济形态

中国特色社会主义政治经济学必须突显"中国特色"，就是要从基本国情和发展目标出发，使中国道路突显"五位一体""四个全面"的相互联动。前者是指中国道路建设各个领域的横向层面，目的在于解决"做什么的问题"，后者针对中国道路建设的纵向层面，目的在于解决"怎么做的问题"，二者分别属于不同维度的领域范畴，但这两个布局都是实现百年目标和中国梦的路线图。

（一）"五位一体""四个全面"相互差异的范畴与定位

"五位一体"的功能与侧重。马克思经典思想必定会因为科学、实践的变化而不断发展，不可能始终如一。面对中国道路的现代化迈进，社会问题与矛盾会更加复杂和多样，人民需求层次和维度也会不断增长。与此同时，社会结构中诸多部分也会各自分离，甚至产生固化的片面的相对的独立性。所以，总体布局从四维到五维的发展，显然是一个必然的发展的历史过程，习近平曾详细解读了这一逻辑演变意义。他指出，经济社会发展过程中生态文明的作用会越来越大。[1] 这一效用作用转变的最大意义在于彻底突破了对于社会结构本身的思考，回归社会自身进而追求一种关于社会生活的唯物性，其背后隐藏着发展已经被生态环境破坏的掣肘，以及人民对于人与人、人与自然和谐的热切追求，还体现了党对人民的担当和对于规律的客观探索，并全面展示了解决环

---

① 中共中央文献研究室．十八大以来重要文献选编：上［M］．北京：中央文献出版社，2014：77.

境生态问题的决心。此外，"五位一体"布局始终侧重于一体，集中体现了事物的普遍联系，共同构成一个整体，每一部分还有着不同的作用和功能。

"四个全面"的功能与侧重。这是习近平从全局出发，提出新形势下新战略、新要求、新思考和新部署，是对当前我国现实状况、所处方位和历史使命的准确判断，是对我国基本路线的深化和拓展，其功能定位在于新的历史起点上继续坚持和拓展中国道路。从战略维度来看，"四个全面"是党担负着推行现代化等三大历史任务，需要顶层设计、运筹帷幄以及具体谋划。从作用来看，缺少深化改革，社会发展就缺乏前进活力。缺少依法治国，社会就不能有序进展。缺少从严治党，党就缺少组织力。缺少依法治国，国家不能稳定运行。此外，"四个全面"更侧重于全面、涵盖系统的举措和思路。首先，对象的全面。就目标建构方向而言，包括文化、生态等多个维度。从举措而言，自上而下从中央到地方的从严治党等措施一以贯之，并注重实施的力度和深刻性。就范围而言，意味着党要改革过去难下的险滩、难啃的硬骨头。其次，方法的全面。虽然每个全面在之前都单独的提出过，但强调协调统筹推进尤为重要，是一个系统性辩证性的战略工程，进而发挥其最大功效。再次，沿革的全面。我们党并不是对过往政策的孤立，而是在以往方向、路线基础上坚持问题导向和进行多重考虑。最后，认识的全面。党和国家对事物发展的认识经历了由片面到系统、表面到内部的渐进过程，由此对"四个全面"深入探索表现出探索真理、发现真理和践行真理的过程。

（二）"五位一体""四个全面"相互一致的既定目标

两个布局是实现现代化经济建设的路线图。中国式发展道路的逻辑进路告诉我们，在实现这一目标过程中全面性和完整性缺一不可。全面性决定着经济发展成果是否能涵盖各个地区，是否覆盖各个群体，是否解决好人与人之间的平等问题。完整性则意味着现代化体系是否可以建成。"四个全面"正是从各个维度和不同视角设定了实现现代化建设的时空主体，而"五位一体"则是对其布局的进一步完善与发展。换句话说，"五位一体"与"四个全面"系统联动、相互促进。前者为后者提供了最为重要的基本原则和框架结构。后者为前者给予了解决现阶段主要问题的战略举措。二者在现阶段最为突出的任务就是巩固精准扶贫以及小康社会的成果，这一任务是"五位一体"在当前的具体体现和阶段目标，更是"四个全面"的核心内容和重要目标。此外，二者另一共同任务就是在实现伟大复兴中国梦的实践中，把远大理想变化为当前战略目标，把相对抽象的两个布局变换为具体举措。

第二节　服务于实现 21 世纪中叶百年目标

中国特色社会主义政治经济学提出了新时代中国实现 21 世纪中叶百年战略目标科学步骤的具体安排。这一战略规律逻辑清晰、内容丰富,既描绘了我国未来前进和迈向的方向,又详细阐释了美好蓝图和路线规划,是实现我们走向强起来的行动指南和战略指引。

新"两步走"秉承历史。20 世纪初,中国社会虽然创造了农耕文明并将其推到了历史发展顶峰,但整个人类文明趋势却从农业转向工业社会,此时我们却在文明转型过程中挫败下来,不断遭到袭扰和侵略。于是,救国运动诸如洋务运动、维新运动轰轰烈烈开展起来,然而这些运动依旧缺乏思想性、实践性和步骤性,更因为缺少民族崛起的各种前提条件终究是徒劳一场。而中国共产党救亡运动正式开启了有步骤的救亡与现代化的转向历程。新中国建立前期,七届二中全会就提出要将农业形式逐步转变为工业形式。随后,新中国指出要用 20 年时间达成工业化。1953 年,我们认识到工业化是一个长期的历史过程,并在过渡时期的路线制定中给予体现。进入 20 世纪 60 年代,三届全国人大正式提出了"两步走",力图在完整工业化基础上建立四个现代化。到了 20 世纪 70 年代,四届全国人大要求在 21 世纪就要达成实现四个现代化的目标。这一考虑凝聚着我们党的思想,但却急于冒进、急于求成,不可能如期实现、按时实现,并且各类社会运动导致我们与其他发达国家再次拉开了差距。此时,邓小平做出新的世情国情判断,将计划目标放低。[①] 党的十二大随即提出了 21 世纪末翻两番符合我国经济发展现状的构想。邓小平进一步做出补充,我们要更加注重"第三步"。党的十三大正式提出了"三步走"的现代化战略。

新"两步走"与时俱进。20 世纪 90 年代,党对"第三步"不断进行具体的规划。

当前我国经济社会的各个维度发生了历史性变革,已经达成了全面建成小康社会的愿景,如何走好剩下的路,最终实现中国梦,这是时代赋予我们的重任。为此,党的十九大对于实现现代化建设提出新目标,分两步走,分别运用

---

① 邓小平 . 邓小平文选:第二卷 [M]. 北京:人民出版社,1994:194.

两个十五年来实现现代化和建成富强民主文明和谐美丽的现代化国家。这一符合国情的战略规划勾画了从当前到 21 世纪中叶的宏伟蓝图，体现了党的长远眼光和战略视野，深化了新中国成立以来的经济社会发展战略。首先，将法制文明、制度文明、政治文明等纳入目标体系，不再以简单经济指标作为衡量标准，代之以人民幸福、社会进步、生态优美等更加具体系统的衡量制度，使未来的经济发展部署和布局更加科学。同时，这不仅是农业文明到工业文明的彻底转换，更是对该模式的超越，尤其是将生态指标纳入考核之中。

新"两步走"面向新征程。这一战略安排需要有坚定的领导力量，国家才能继续未来的发展。人始终是社会经济发展的完成者、承担者和推动者，经济发展不过是人们有目的主观性的活动。在我国，共产党早已成为决定国家命运并推动社会进步的关键要素，这既是现实的需要，也是历史实践发展的正确和最终结论。我国的事情办得如何办得怎样，关键在于党的领导。① 相反，去除党的领导去探寻经济发展奇迹，等同于水中捞月、缘木求鱼。因此，面向新时代新阶段，我们党始终是坚定完成"两步走"最为重要的保障和力量。与此同时，党还以习近平新时代中国特色社会主义思想作为指引，进行整体规划和谋划新时代重大实践和理论问题，包括路线、思想、制度等方面，为"两步走"的实施提供科学指南。

新"两步走"实现重大创新。它顺应现代化的时代潮流和民族复兴，不仅承接了以往的经济发展战略，而且其目的在于超越现代工业文明，从实际出发增加了很多新的理念，极大丰富了我国战略思想。一是目标更加富有内涵。十七大提出了"四维"，十九大进一步增加了"美丽"，同"五位一体"的布局相互吻合。此外，它还蕴含了国际影响、治理体系等多个方面的内容。二是目标要求提高。十三大和十五大的"第三步"都是达成现代化，而新"两步走"则将这一目标提前到 2035 年完成，并明确了社会本质的含义。与此同时，将十八大之前的"现代化国家"变换为更加具体的迫切的"现代化强国"。再者，新"两步走"明确告知，2035 年的目标不再是达到中等发达国家水平，而是对经济、科技、创新能力、文化实力等多方面的全面提升。三是对于全面建成小康社会后的安排做出首次部署。邓小平等党的领导只是对 2020 年后做出远景规划，处于宣言阶段。相比之下，十九大则提出之后的战略步骤、布局重点、奋斗目标和基本方略等，可谓是之后行动纲领。二十大更是明确指出未来五年是

---

① 江泽民 . 江泽民文选：第三卷 [M]. 北京：人民出版社，2006：1.

全面建设社会主义现代化国家开局起步的关键时期。四是立足新时代。2012年以来，我国在众多领域都有所突破，解决了许多过去难以解决的问题，达成了以往难以达成的成就，为新"两步走"奠定了坚实的基础。五是瞄准新国际水准。20世纪60年代，毛泽东的"四个现代化"思想是基于我们同发达国家的巨大工业化差距而提出的。当前，新"两步走"则是站在我国已经实现工业化基础之上。

第三节　努力遵循共同富裕基本原则

理论自信和实践自觉是我们党迈向成功成熟的重要标志。所谓的理论自信和实践自觉，是指主体在思想上的觉醒和行动上的自觉，涵盖了党在社会发展中对理论规律和发展趋势的自主把握以及对历史和社会的责任担当。中国特色社会主义政治经济学的理念和实践遵循共产主义共同富裕思想，蕴含着对马克思主义政治经济学共同富裕思想基本原则的价值追求与自觉认同，为我们党促进社会公平正义以及进一步消除绝对贫困做出科学指引。

一、中国特色社会主义政治经济学共同富裕理念是对马克思主义政治经济学共同富裕思想的理论遵循

共同富裕思想的基本阐释。马克思指出，积累财富的同时导致了粗野、物质、贫困的累积。[①] 所以，资本家通过榨取劳动者价值获得财富的过程，最终会被社会主义所有制取代，[②] 关键的是后者以众多人的富裕为生产目的。[③] 马克思进一步做出补充，只有全体社会成员占有生产资料并合理分配总产品才能达成，并使生产力可以生产一切必需品进而使每个成员都能发挥其所有才能和力量。[④] 随后，恩格斯沿着这一思想进一步进行阐释，广大成员依照相同计划为

---

① 中共中央马克思恩格斯列宁斯大林著作编译局．马克思恩格斯文集：第5卷 [M]．北京：人民出版社，2009：744．
② 赵学清．马克思共同富裕思想再探讨 [J]．中国特色社会主义研究，2014（6）：51-56．
③ 中共中央马克思恩格斯列宁斯大林著作编译局．马克思恩格斯全集：第46卷 [M]．北京：人民出版社，1980：222．
④ 中共中央马克思恩格斯列宁斯大林著作编译局．马克思恩格斯文集：第1卷 [M]．北京：人民出版社，2009：683．

了共同利益来参与经营，可以使用所有生产工具并参与其中分配，最终实现社会产品的共同所有。① 换句话说，公有制上的社会运行发展从一开始并最终就是为广大劳动群众谋取共同利益的，至于其中的人与人的平等关系也是建立在每个人享有充裕的物质生活上。此外，恩格斯还强调，破除雇佣劳动的生产关系后，生产将以所有人的富裕为宗旨，并保证他们的合理需要在很大程度上得到满足。马克思、恩格斯关于广大劳动群众参与生产管理并实现财富生产和分配的思想是对达成共同富裕的最为核心和重要的论述，始终是我国理论经济学形成与发展遵循的重要原则。

列宁和斯大林继承了经典作家关于共同富裕的思想并对其进一步创新和发展。列宁指出，新社会中不能有贫富的差距，劳动成果不能只被一小部分人所享有，而应当是全体社会成员的享有，② 这不仅勾勒出未来制度下共享社会图景，还体现出他对于阶级两极分化问题的认识，即富裕程度会决定公平程度。③他指出，社会主义就是要充分和全面满足广大的有文化的劳动者的一切需要，④实现人人之间的平等关系，共产主义在没有任何剥削的情况下保证人人的富足。⑤ 总的来说，在列宁看来社会主义就是不断追求共同富足的历史过程。相比之下，斯大林对共同富裕的追求更加明确和科学。他指出，社会主义并不是使很多人贫穷，相反是要创造文明和富足的生活。⑥ 他对消灭贫困的方式方法做出论述，一方面需要广大群众通过劳动获得丰富的生活用品并过着文明生活；另一方面，他指出整个国家要发展生产力和提高精神生活，只有前者十分发达后者才会拔高。⑦

① 中共中央马克思恩格斯列宁斯大林著作编译局 . 马克思恩格斯选集：第 3 卷 [M]. 北京：人民出版社，2012：302-303.
② 中共中央马克思恩格斯列宁斯大林著作编译局 . 列宁全集：第 7 卷 [M]. 北京：人民出版社，1987：112.
③ 中共中央马克思恩格斯列宁斯大林著作编译局 . 列宁全集：第 31 卷 [M]. 北京：人民出版社，1987：89.
④ 中共中央马克思恩格斯列宁斯大林著作编译局 . 列宁全集：第 4 卷 [M]. 北京：人民出版社，1987：16.
⑤ 中共中央马克思恩格斯列宁斯大林著作编译局 . 列宁全集：第 35 卷 [M]. 北京：人民出版社，1987：470.
⑥ 中共中央马克思恩格斯列宁斯大林著作编译局 . 斯大林选集：下 [M]. 北京：人民出版社，1979：323.
⑦ 中共中央马克思恩格斯列宁斯大林著作编译局 . 斯大林选集：下 [M]. 北京：人民出版社，1979：339.

中国共产党人对于共同富裕理念的艰难探索。同样，中国共产党人也秉承这一理念。毛泽东高度重视通过改造生产关系来实现共同富裕，就如农村分配方式问题，他认为农村中两极分化是由于富农和个体农民所有制所导致的，解决问题的办法是实行合作化，消灭其他所有制，使村民富足起来。但是，合作化完成后，人民公社运动便逐渐兴起，以往的供给制和工资制相结合的分配制度在公办食堂大面积兴办之后，供给制成为主体并且还存在着单位核算等基本问题，导致"平均主义"共产风大行其道。同样，在其他产业方面也存在这一问题。为此，改革开放在坚持这一最终目标的基础上进行变革。邓小平首先指出，当前制度根本原则一个是公有制，另一个是共同富裕。[1] 他在阐释社会主义本质的具体内涵时将共同富裕作为最终目标的同时提出了要解放生产力。习近平也提出了一系列观点，中国特色社会主义的根本原则是共同富裕，务必让经济发展的各种成果惠及广大人民群众，[2] 社会主义根本任务就是解放生产力。所以，很多理论学家会做出理解和阐释，中国特色社会主义政治经济学所坚持的重要原则，一是坚持公有制为主体最大限度地释放生产力，二是共同富裕最大限度地将成果惠及人民群众，这是与资本主义最为本质和根本的区别。

二、中国特色社会主义政治经济学共同富裕实践是对马克思主义政治经济学共同富裕思想的现实遵循

共产党人对解放和发展生产力的追求，体现出中国共产党人对于马克思主义共同富裕客观规律的现实实践。

邓小平指出，我们的根本目标就是达成共富。[3] 他进一步指出了富裕的实践路径是使部分地区部分人率先富起来，然后再带动其他地区。[4] 在当下看来，这一举措是有绝对的创新意义，是突破平均贫困的必经之径。一方面，推动发展市场经济。[5] 另一方面，邓小平指出要使沿海地区率先富足起来。至此，改革开放后我国东部地区以及沿江地区大中小企业迅速发展起来。经济发展到20世纪90年代初期，就出现了地区、行业间发展的差距。邓小平也曾十分慎重地

---

① 邓小平 . 邓小平文选：第二卷［M］. 北京：人民出版社，1994：111.
② 习近平 . 习近平谈治国理政：第一卷［M］. 北京：外文出版社，2014：13.
③ 邓小平 . 邓小平文选：第三卷［M］. 北京：人民出版社，1993：155.
④ 邓小平 . 邓小平文选：第三卷［M］. 北京：人民出版社，1993：166.
⑤ 邓小平 . 邓小平文选：第二卷［M］. 北京：人民出版社，1994：236.

指出，两极分化就会造成改革的失败。① 当时，社会上的收入差距引起了学术界广泛关注，围绕收入差距是否会造成阶级分化、是否会影响现代化事业、是否会改变整个社会的前途命运等关键性问题展开讨论。于此，邓小平经过十分慎重地考虑提出了具体的举措，他针对失衡的问题指出，当前最为现实的问题就是使富有的地区先多交点税去扶持贫困地区的发展，而且多次反复强调，党和国家要起到纠正作用。② 但必须注意的是，过早的采取这样办法也不可以，因为这会削弱先发展地区的积极性和创造力，走上了"大锅饭"的老路。③ 总的来说，改革开放伟大设计师邓小平为实现共富不断缩小差距做出努力，勾勒出中国经济发展实践的初步轮廓，体现了共富理论与开放进程的辩证统一。

江泽民指出，要利用包括市场的各种方式，一方面要拉开收入的差距，要注重效率和先进，另一面要防止两个极端的分化。④ 伴随市场经济的逐步完善，分配制度的改革越来越受到重视。江泽民进一步指出，要正确均衡一、二次分配关系，坚持在国民经济增长中提高居民收入水平，逐渐形成以中收入人群为主的新型格局。⑤ 这一橄榄型格局是针对当前收入差距逐渐拉大是较为合理的设计，起到了对群众收入的调节作用。随后中央一系列文件指出，要继续坚持之前的方针，让部分群众先富再帮助他人共富。⑥ 胡锦涛则提出要共享，指出要建构分配、机会、规则和权利公平的保障体系，使人们享有发展成果，使人们迈向共富。⑦ 21 世纪初期，我们国家就逐步建立起世界上覆盖范围、人群最大的社会保障体系。随后，他要求解决人民群众现实、直接的问题，促进正义公平、发展社会事业以及增强创造活力等。这些都充分展示了共产党人对于共富的持续不断的坚持和创新。

习近平指出，我们的奋斗就是为了人民对美好生活的向往，⑧ 这一方面表

① 邓小平. 邓小平文选：第三卷 [M]. 北京：人民出版社，1993：139.
② 邓小平. 邓小平文选：第三卷 [M]. 北京：人民出版社，1993：139.
③ 邓小平. 邓小平文选：第三卷 [M]. 北京：人民出版社，1993：374.
④ 江泽民. 江泽民文选：第一卷 [M]. 北京：人民出版社，2006：227.
⑤ 劳动和社会保障部，中共中央文献研究室. 新时期劳动和社会保障重要文献选编 [M]. 北京：中央文献出版社，2002：563.
⑥ 中共中央文献研究室. 改革开放三十年重要文献选编：上 [M]. 北京：中央文献出版社，2008：741.
⑦ 中共中央文献研究室. 十六大以来重要文献选编：中 [M]. 北京：中央文献出版社，2008：712.
⑧ 习近平. 习近平谈治国理政：第一卷 [M]. 北京：外文出版社，2014：4.

明我们始终走共富的决心，另一方面表明切实将民生作为经济发展目的的应有之义。十八大以来，习近平面对共富的远大理想，提出要实施精准扶贫。随后，这一伟大的战略举措取得重大进展，几千万贫困人口脱贫，几百个贫困地区脱贫，他们的生产生活面貌、风气得到极大的改善。其次，习近平在党的十八大、十九大多次重申要实现全面建成小康社会的目标。他在"十三五"规划中指出，注重全面建设小康社会存在的各类短板。这里有一重大的改变是"部分富裕"的观念，即将要发生变化的时期，说明我国要进入了邓小平指出的先富带后富的重要时期。所以，我们党在做大蛋糕时，更注重分好蛋糕。最后，十八届五中全会指出，共享发展是制度优越性的重要体现。我们党必须将共享作为发展目标，这是因为：第一，共享未来的方向是共富。当前的社会只有人人享有改革成果，才能体现正义公平，才会获得全面发展。第二，共享是共建共享，是达成共富的条件。我国需要发挥民主精神，这样才能激发人民的创造性。第三，任何时期任何事情不是一蹴而就的，而是从低端到高端的渐进发展，共享共建也是这样，我们党需要做好从顶层到最后的工作并在建设中获得成就，最终达到共富目的。

第四章

中国特色社会主义政治经济学的世界意义

中国特色社会主义政治经济学不仅具有鲜明的民族特色和本质属性，也涵盖着人类共同的价值追求。中国特色社会主义政治经济学以追求人的全面发展为目标，将增加全世界人民福祉作为经济发展的使命，这反映了世界各国人民对于美好生活的向往。中国特色社会主义政治经济学通过不断改革生产关系释放生产力，力图尽快尽好地发展经济的体量质量，这适应了世界经济发展的客观规律。中国特色社会主义政治经济学秉持对外开放理念，致力于互惠互利、互联互通和开放合作，这符合了经济全球化发展的潮流。总之，中国特色社会主义政治经济学为世界发展贡献了中国能力、中国智慧和中国方案。

第一节　建设互利共赢的"一带一路"

2013 年，习近平提出"一带一路"伟大构想。国际社会普遍认为，这一倡议普遍体现了我国未来建设多边国际关系的构想，既有助于国内经济发展，又有助于国际区域经济共同迈进。不过，在积极的声音中，也有一些质疑的声音。一些西方学者担心我国要以这一举措为工具，将其框架相联系的上海合作组织、亚投行等为手段，推行所谓的中国版新殖民主义。还有一些学者甚至指出"一带一路"不过是我国霸权主义的现实表现。事实上，"一带一路"倡议是世界人民携手并进的空间架构，也只有在理论上正确阐释这一倡议存在的科学性、合理性后，我们才有能力和信心持续推动它的顺利实施。

一、"一带一路"契合马克思主义政治经济学基本理论

"一带一路"植根于马克思主义生产关系理论。马克思曾指出人们在发展过程中会产生三种关系，夫妻、父母、子女之间的关系，后来增加了生产自己生

活的同时也开始生产另外一些人的关系，即增值。① 这些都是人类社会发展和存在的条件。马克思、恩格斯进一步指出，生产力实质上表达着个人活动和行动的关系。② 也就是说，伴随着生产力发展，人与人之间的关系也会变化。除了这些论述外，还有诸多马克思主义者对此做出的论述，列宁提出伴随社会发展，人们之间的交往关系也会变得愈加频繁，促进世界统一的形成。斯大林也强调了人与人之间的关系对于社会生产的意义。基于这些思想，习近平指出"一带一路"注重规划内各国国家文化、经济和其他形式的交往，强调应当加强民心、政策、道路、贸易和货币的流通，最终各国通过多方面相互联系共同实现发展。同时，人们之间的相互交往带来社会分工。马克思指出，在氏族或说是家庭内部基于年龄和性别的区别，就会因生理方面生成某种自然分工。后来氏族之间的竞争日益激烈，它们的不同生产方式会引起产品的交换进而促进生产领域产生联系，推动了分工的发展，③ 而分工又促使不同行业和地区之间的联系更加紧密。基于此，"一带一路"规划道路上的各类国家生产条件、自然条件等方面有着诸多差异，而这一倡议很好地作为桥梁使各个国家不同产业间血脉畅通，而且我们要互联的方式不仅是平面化，也要强调立体化、全方位的大联通。"一带一路"倡议会以合理的分工协作为目标，力图做到包容、开放和合作，主动探寻合作面和契合点，加强与各国之间的政策沟通。

"一带一路"植根于马克思主义生产力理论。发展生产力是"一带一路"的内在目标。首先，"一带一路"符合我国生产力发展需要。马克思曾形象地描述了一个有趣的战争现象，一个连的骑兵中单个者分散开来的力量总和与单个者分散展开的力量实质上有着非常大的差别，与之相类比的是，单个劳动力量机械总和与诸多人同时完成工作的理论有着实质的差别。也就是说，个人劳动不可能达到结合劳动的效果。所以，社会协作不仅提高了个人生产力，而且创造了一种本身的集体力。④ 因此，着重与其他国家的相互协作可以提高我国生产能力和生产效率。"一带一路"倡议还可以供给我国产品需求，尤其是大豆等

---

① 中共中央马克思恩格斯列宁斯大林著作编译局. 马克思恩格斯全集：第 3 卷 [M]. 北京：人民出版社，1960：32–33.

② 中共中央马克思恩格斯列宁斯大林著作编译局. 马克思恩格斯全集：第 20 卷 [M]. 北京：人民出版社，1960：80.

③ 中共中央马克思恩格斯列宁斯大林著作编译局. 马克思恩格斯文集：第 5 卷 [M]. 北京：人民出版社，2009：390.

④ 中共中央马克思恩格斯列宁斯大林著作编译局. 马克思恩格斯文集：第 5 卷 [M]. 北京：人民出版社，2009：362.

粮食作物，缓解我国国内生产生活资料的短缺以及平衡国内经济供给的矛盾。"一带一路"倡议有利于我国不断借鉴学习国外先进的发达的科学技术、管理经验和生产方式，弥补制造业短板和提升产业能力。历史和实践已经表明，我国的发展离不开世界，关起门来进行建设是不正确的。其次，"一带一路"倡议增强世界其他各国生产力。马克思肯定了对外贸易带来的利益，使用价值给予了交换双方好处。① 还有一些经济学家，如俄林的要素禀赋论等，都从各个角度阐释了贸易对发展生产力的积极作用。"一带一路"倡议正是关于这些理论的现实实践回应，为规划内各国实现互惠互利给予了崭新的平台，有利于沿线各国的生产力不断提高。

二、"一带一路"促进中国与世界各国形成新的生产关系

"一带一路"下的和平发展模式。世界发展的历史告诉我们，冲突和战争并不是促进人类社会发展演进的最好的方式，而和平发展才是当今世界的主要的旋律。欧美等发达国家经常以各种附加条件与他国建立相互关系，并参与国际政治活动。如美国曾提出了臭名昭著的"马歇尔计划"，这一计划旨在遏制苏联发展，无论是优惠扶持条款还是各种限制举措都将欧洲的亲苏国家排除在外，最终导致了整个欧洲的相互对立和排斥。但是，我国的"一带一路"倡议却有着很大的不同，不是谋更大范围的政治和经济势力，而是真正地推动沿线国家互惠互利、合作共赢。之所以产生上述不同现象，其实也是因为西方国家与中国对外关系的目标的不同。西方国家目的在于获得高额利益，所以无论是早期的殖民统治、对外贸易，还是当前的金融垄断、技术垄断，都是为了获取高额利润。所以，发达国家总会附带上文化、经济和政治等方面的条件，通过各种手段控制他国谋求自身的长远利益。而我国发展对外关系的目的在于适应生产力和调整生产关系，符合当下和平发展的历史潮流，有助于沿线各国经济的发展。也正因为如此，这一倡议构想下的各类国家虽然也有不相互协调的地方，甚至存在领土争端，但却没有引致沿线国家的反对。相反，很多国家都表示了欢迎。

"一带一路"下的全球金融化趋向。马克思曾提及"金融资本"的概念，社会平均的利润率要考虑到一些证券、股票等可以带来收益的东西。他对于

---

① 中共中央马克思恩格斯列宁斯大林著作编译局．马克思恩格斯文集：第 5 卷［M］．北京：人民出版社，2009：183.

"虚拟资本"的阐释是针对实体资本而言的。随后，经济学家希法亭做出自己的解释，"金融资本"是对抗平均利润率下降危机而产生的。伴随着几个世纪资本主义的发展，根据学者阿里吉的判断，美国自从20世纪70年代后已经全面迈入了金融扩展的时代，尤其是布雷顿森林体系的瓦解标志着以美国为首的霸权时代由物权转移到金融权。从表面上来看，是美国为应对越南战争财政赤字和欧洲国家黄金挤兑的各种风险。从本质上来讲，是美国采取的虚拟金融策略来回应平均利润率的下降。而且在现实基础上，美元货币与黄金脱钩表示货币不将抽象劳动也就是价值实体作为自身的内容进而摆脱了价值的制约，最终成为纯粹的虚拟货币。这些经济发展现状都打开了虚拟经济快速发展的通道。但金融经济受主观影响非常大，特别是预期因素。"一带一路"夯实基础设施建设、政策法律规划和金融贸易政策，推动规划区可持续发展，恰恰从根本上夯实了世界各国人民对金融发展的预期。首先，"一带一路"优先集中发展实体，几年来建立了中老铁路、雅万铁路和匈塞铁路等，推进实施管网、港口等重大项目。其次，"一带一路"建立多个本币交换协议，承担起更多的国际社会责任，注重不断防控金融风险和深化金融改革。最后，"一带一路"兼顾短期利益和长期利益，运用国有经济投资到周期长、盈利低的公共产品中，承担更多的长期国际建设规划。

"一带一路"倡议下的世界秩序建设。当前国际秩序依旧是由美国所领导，这几乎是铁定的事实。在接受《人民日报》采访时傅莹就曾指出，美国称霸世界有三个体量，一是价值观，所谓的"自由价值观"；二是美国领导下军事联盟，是发展对外侵略的臂膀；三是诸多国际机构，代表了霸权式话语权。凭借这些，美国在近现代历史进程中处于霸权地位并建构以自身为中心世界秩序。当这一秩序发生改变时，美国则会通过自身战略的决策来阻止权利转移。就如"马歇尔计划"防止共产主义苏联的扩张、"广场协定"造成了日本经济的泡沫化和"跨太平洋协定"则在阻止中国经济的崛起。这些明显的排他性阻止性的秩序就是防止新兴国家的崛起。但事实上美国所提倡的"民主"秩序并不适用于世界各个地区，如改造中东的进程，没有给当地带来改变，相反却使伊拉克陷入长期内战。2022年，美国在阿富汗撤军，使塔利班政权回归，标志着美国民主的再次失败。这实质上只是一些西方国家资本输出的结果，妄图进行经济侵略，是对输出对象的经济剥削，是非平等竞争，是重新划分势力范围。与美国建立的秩序不同，我国"一带一路"倡议是合作、发展和开放的倡议，是共享、共建的重要方式，是世界各国尤其是发展中国家的公共产品，而不是进行全球引领甚至侵略的武器。这些理念展现的中国品质是开放包容、兼容并蓄，将得到国际社会对我国的认可。相反，得道多助失道寡助，以美国为首的所谓民主秩序最终会遭到世人的摒弃。

第二节　构建共同繁荣的人类命运共同体

苏联解体后，世界格局成了单极模式，世界性治理问题此后逐渐爆发出来，美国领导下的治理机制显示出霸权姿态和强权政治，遭到许多国家的嗤之以鼻，并且这一混乱化、碎片化以自我为中心的全球治理机制的不健全也时常出现"失灵"。面对日益复杂多变的治理现状，2015 年，习近平在联合国做出建构共赢合作新伙伴、同心共力打造人类命运共同体的决策，提出了所有人类的共同价值追求。至此，以往的亚洲共同体、周边共同体就上升成为人类命运共同体，开启了中国特色社会主义政治经济学促进人类共治共享的新时代。在这个世界治理的新时期，人类命运共同体提议成为中国特色社会主义政治经济学解决全世界治理矛盾和问题的中国智慧，它的出现标志着国际秩序将由殖民主义、新殖民主义、霸权主义向公平合理、客观公正的新国际秩序转变。

一、全球治理的现实困境和内在挑战

冷战结束后，中国、巴西为代表的发展中国家快速崛起，改变了全球的经济、政治和贸易格局。以往的传统的世界治理机制被欧美发达国家所主导，从世界制度的根源上就忽略了新兴国家的诉求和关注，再加上资本全球化带来的西方国家追逐利润的盲目性、逐利性，尤其是一些国家将基于地区层面的矛盾和问题无端上升到全球层面进而公开侵略他国，这就给全球带来了生态危机、发展差距以及地区冲突等。而且在新世纪之交，美国等西欧发达国家更是不愿意放弃全球治理的主体地位，强行推动所谓的西方意识下的"善治"。一些发展中国家也没有考虑到自身的国情，在得到"苦口良药"后最终走上了社会动荡、经济衰退和民族分裂等局面，这些都充分表明美欧等国家主导的治理方式已经不能适应经济、资本全球化的趋向，传统的治理理念和体制机制面临着困境和挑战。

一是全球生态治理体制的错位。人们现在具有"整个大陆的开垦以及整个河川的通过"的能力，但却加速了生态环境的恶化、污染。"罗马俱乐部"就提

出了"增长极限"的论断，指出世界早晚会因为当前人口的爆发式增长而崩溃，① 由此开始，人类生存和发展的问题逐渐受到人们的高度重视。进入 20 世纪 80 年代，联合国正式将可持续发展作为国际社会共识写入未来发展规划报告中。但直至今天，环境问题仍然是困扰世界进一步发展的世纪难题，造成这一现象的原因主要是因为全球生态治理体制机制的不健全。在当前的机制中，各个主权国家担任主权主体，而非政府环境组织也起着十分重要的作用，共同构成了当前的世界生态治理体制机制。英国学者戴维认为，全球生态治理的内在逻辑在于主权国家组成的政治体系。② 在这一局面下，当前全球环境治理面临的最大挑战是主权国家对于生态治理的方式方法和理念思想有着不同的解读，就导致他们在分工合作方面责任划分存在争议，治理政策和治理机制难以有效贯彻，而非政府组织难以逾越主权国家，更难以发挥重要作用。同样一种环境政策，发达国家就会认为对自身有利而提倡，发展中国家则会因为其会产生经济阻碍效益会暂缓或抵制这一举措。

二是全球发展治理体制的错位。东欧剧变后，第三世界许多国家登上了历史舞台并取得了一定程度上的话语权。各个国家本应在《联合国宪章》的架构下展开对话并平等协商，建构形成一个具有道德约束力的新规则使世界朝着共赢、普惠和均衡的方向发展，但是广大发展中国家仍旧处于被排挤、被治理和被领导的边缘化地位，尤其是在资本追逐逻辑的加持下，南北国家发展的差距越来越大。与此同时，发展中国家内部也存在着一些现实问题，多年以来联合国援助非洲大量物质和生活产品，但这些国家由于自身管理能力欠缺以及本身就存在着各种贪腐问题，使他国援助达不到脱贫和改善的效果。这些发展中国家的欠缺从表面上看起来是内部管理维度的事情，但实际上表现出了世界性发展治理的困难性和复杂性等特点。一方面是指南方国家由于其自身问题而产生政局不稳、经济波动和重大损失等；另一方面是指发展问题并不是简单的问题，而是与安全、经济、对外关系相互交织起来的。因此，面对的问题各不相同，运用单一的治理手段很难具有推动共同发展的成效。

三是全球安全治理体制的错位。当前，传统安全问题以及非传统安全问题依然研究。一方面对于传统安全方面，民族、宗教问题夹杂着霸权主义、强权

---

① 德内拉·梅多斯，乔根·兰德斯，丹尼斯·梅多斯. 增长的极限 [M]. 李涛，王智勇，译. 北京：机械工业出版社，2008：5-7.

② 戴维·赫尔德，杨娜. 重构全球治理 [J]. 南京大学学报（哲学·人文科学·社会科学版），2011，48（2）：19-28，158.

政治、弱肉强食以及零和博弈等被包装成友善的行为，不仅没能解决诸多安全问题，反而引致世界范围内诸多新的矛盾，也使安理会成员国难以在安全机制方面发挥及时有效的作用。尤其是美国作为最大的世界经济体，当前反全球化的倾向日益突出，频繁以武力获取经济制裁和贸易战争的胜利，加剧甚至扼杀了全球贸易复苏的苗头并引起全球市场贸易的混乱。此外，在军事安全方面，以美国为首的北约集团时常与俄罗斯处于对抗状态，当前的乌克兰问题使得战争已经爆发，造成全球石油和粮食价格暴涨。这些严峻的事实表明，世界各个国家都处于"命运共同体"之中，全球安全治理体制机制存在着严重的缺陷。

二、人类命运共同体的世界治理理念

人类命运共同体具有超越性。共同体超越了种族与国家的界限，在全球治理理念中凸显了增加全球人民福祉的伟大使命。首先，它是对传统文化中"天下"的超越。《礼记》中曾记载，"古之欲明明德于天下者，先治其国。……先修其身"，就体现出政治哲学由"小我"逐渐向"大我"的转变，人类命运共同体正是对传统文化中政治哲学智慧的继承和创新基础上逐步建立起由"人"到"国家"再到"世界"的逻辑架构，承担起增强世界人民福祉的历史重任。其次，它是对西方"文明冲突论"的超越。亨廷顿曾指出东欧剧变以后，以往的意识形态冲突已经成为过去式，当前语言、宗教和文化冲突会重回核心地位，进而走向对立成为不可调和的矛盾最终导致大规模的冲突和战争。而人类命运共同体则持相对宽容的态度，意识到每一种文明都有独特价值，虽然存在差异，但也为相互借鉴给予宝贵财富，这是人类发展的共同宝贵财富。最后，它是对"历史终结论"的超越。日本学者福山曾依据黑格尔的观点指出，人根本上的目的在于被承认，资本主义是最终被承认的，社会主义历史也会被终结的。但事实上，冷战结束后，新自由主义日渐式微和经济危机频繁爆发都使得资本主义固有矛盾不断显现，而中国等发展中国家并行发展，无不表现出当前的历史并非终结。正是基于这一实践的发展，人类命运共同体解构了这一错误论断，强调每个国家都可以选择契合自身发展实际的权利。

人类命运共同体具有务实性。这一战略构想并不是空穴来风，并非超越了当前全体人类的生产力，而是具备务实性质的世界治理方案。马克思曾提出建设自由人的联合体，但这只有在高度发达的共产主义社会才能实现。人类命运共同体也不是要直接实现马克思设想的自由人联合体，而是在现实生产力基础上达成世界上各个国家的联合，换句话说，是立足于全社会实践基础上在联合体中使各个国家代替个人成为经济主体。人类命运共同体在整个全球治理中始终发挥主导性功能，倡导各个国家树立起共同意识，为实现相同目标做好有效的联合。此外，务实性还体现在共同体还具备一定的系统性。事实上，西方国家很早就建立了OECD（经济合作与发展组织）组织，俄罗斯主导了EEU（欧洲经济联盟组织）组织，美加建立了NAFTA（北美自由贸易协议）组织，中国与中亚等国建立了SCO（上海合作组织）组织等，这些组织确实在区域内发挥了重要作用。但是，它们与我国提出的人类命运共同体相比，治理能力却显得系统性不足，如OECD聚焦于经济领域，SCO则存在于反恐合作等，功能单薄且时常会出现治理失灵现象。所以，解决全球治理困境就在于人类命运共同体提出的系统性解决方案，为全世界人民提出了共建共享的方式方法。

人类命运共同体具有普适性。在世界市场已经宛然成熟的当下，全球治理不应当摒弃任何国家和地区。首先，它具有包容性。一方面，参与人类命运共同体衡量标准并不以某种政治制度、经济运行方式、宗教信仰、思想意识形态或生产力发展程度作为依据，而是尊重各国传统的历史文化、经济制度和政治结构。中国特色社会主义政治经济学提出的"一带一路"就是基于共同体提出的力图使世界各国参与进来的实际方案和有效途径。另一方面，人类命运共同体还涵盖了共建共享的治理理念，将其与世界梦和中国梦紧紧联系在一起，为他国的发展提供了很好的平台和机遇。其次，它具有普适性。当前全球一系列矛盾和问题的爆发，其中既有治理机制不合理不科学的因素，也有缺乏共同命运体思想的缘由。而我国提出的这一方案已经被联合国写入决议之中，足以说明获得了全世界范围内的普遍共识。中国提出的共同体在尊重各国意愿的基础上，使其作为经济主体实现自由参与和享有权益。此外，当前全球治理方式功能依旧过于单一并呈现出"碎片化"特点，而全新的治理方案则是"五位一体"的延伸和覆盖，涵盖了经济、生态等多个方面，极大地获得了世界各国的认可。如欧美等国已经高度发达，迫切需要环境优美的生产生活状态，而南方发展中国家则强调优先发展经济。

三、人类命运共同体的世界治理方略

生成公平合理的世界秩序。从世界秩序的发展历程来看，几个世纪以前资本就开始了扩张之路，当前全球秩序不过是西方强权附着的或是西方武力干预世界的产物。西方国家致使亚非拉成为原料产地和产品倾销市场，甚至成为名副其实的被迫放弃国家税收、基本人权等的殖民地。经过长时间的演进，世界

殖民体系被最终固定下来，但由于资本主义内在分裂导致这一体系的分崩离析。但霸权主义就此会被终结吗？事实上，当前欧美等国家通过先进技术手段在国际产业链条中占有绝对的价格话语权，同时运用军事手段武力威慑输出所谓的"普世价值"或意识形态，这些都不过是新殖民者主义的潜在的外在表现。相比之下，我国提出的人类命运共同体则是适应社会信息化、经济全球化和文化多元化等世界发展趋势，推动国际关系迈向民主化方向。习近平指出，无论世界格局如何变化，我们都要坚持民主、平等和兼容并蓄。① 人类命运共同体主张各个国家是相互尊重、互信互立的合作友好关系，去除以大欺小、以强欺弱的旧式思维，建构一种伙伴式不对抗、不结盟并强调通过对话解决现实问题的新型国家关系。美国哈德逊研究所学者维茨指出，中国正逐渐成为这么一个国家，一个由秩序的接受者转变为规则的塑造者，并且渴望塑造新的国际政治架构。英国学者科尔维尔指出，中国所提出的举措为推动建构更加合理有序公平公正的秩序给予了最大的可能。上合组织长官阿利莫夫指出，这一战略超越了世界国家的民族意识和故步自封的文化形态，也表达了中国对于正确义利观、和平的渴望以及全球治理"三共"原则的核心理念的追求。

彰显和平发展的政治自信。修昔底德指出，一个大国综合国力的高歌迈进必然会引起既有大国的对抗，进而爆发冲突甚至战争，这完全是不可避免的。就比如葡西战争、美英战争等。而在现实中，改革开放的中国人民生活水准和综合国力都得到显著提高，我们开创了完全不同于西方的道路并创造了举世瞩目的经济成就。当然，伴随而来的是中国"傲慢论""威胁论""强权论"，甚至提出了"红色政权论"等歪曲质疑我国经济发展模式的论调，指出我国发展过后一定会重蹈西方侵略他国获得资源的老路，给予世界极其不稳定的因素和不安全的隐患。这些行为实质上一方面从外部环境来看，是发达国家采取一系列手段企图打压中国进一步发展的舆论手段，甚至是无故抹黑中国与其他国家正常合作的中伤行为，目的在于挑起全球各国对中国崛起的恐慌。另一方面从内部因素来看，中国获取自身发展的同时忽略全球治理话语权的建立，进而使自身处于被动和不利局面。对此，习近平提出的人类命运共同体代表中国向世界宣告了和平发展道路的决心和勇气，表明中国给予世界的不是挑战而是机遇。习近平多次强调，我国从根本上就没有侵略他国的基因，人类命运共同体更是

---

① 中共中央党史和文献研究院. 习近平关于中国特色大国外交论述摘编 [M]. 北京：中央文献出版社，2020：116.

表明了中国通过依靠自身力量促进世界和平的决心和勇气。人类命运共同体超越了以往的"欧洲中心论",提出要落实"整体安全"的观念,建立共同、集体和合作的国家治理体系,实现公道正义以及共建共享的国家安全格局,最终坚持以行动求安全、以发展促安全。

建构尊崇自然的生态理念。冷战结束以后,全球治理面临的最为窘迫的困境是政治化的生态问题,即通过生态保护限制他国发展或者由于环境污染导致的国家和社会冲突。如欧美等早期发达国家采取掠夺和消耗世界资源的方式盘剥其他国家的人民,同时,还向全球排放大量尾气、废液、废渣等,或者转移高污染生产厂商等。最近,欧美等国家采取碳排放指标市场等举措获取收益并限制发展中国家的进一步发展,尤其让人愤怒的是日本政府做出了排放核废水的决定,引起周边国家的恐慌,这是人类历史上第一次向世界排放一种人造元素,所造成的危害不可估量。无论从人的自然属性和社会属性哪个角度来看,生态治理都是人们生活的核心议题之一,用以满足共同体中人的现实需要,而不是所谓的政治命题和限制他国发展的各种举措。作为全球治理的智慧,人类命运共同体正是迎合了这一时代命题,表现出了"尊重自然和爱护自然"的文明理念。它始终坚持里程碑式的"巴黎协定",特别是尊重"共通但有区别的责任"这一款项,寄希望倡导各国在公正公平基础上,通过强有力的手段开启治理的新局面新境界,共同使各国合作不断拓宽、加深并走向持续发展之路。特别是我国作为其次于美国的最大经济体,主动承担起更多的国家责任作为示范和榜样,加快推行生态文明体制改革以及生态文明事业建设,综合治理土壤污染、水污染和大气污染等,这些都表明我国始终坚守自己对全球生态治理的承诺。

第三节 破除逆全球化的经济再全球化

欧美为代表的发达国家始终是经济全球化的受益者、倡导者和推动者,积极扩大工业商品销售市场、初级产品稳定来源、提高资本使用效率等,极力推动商品、原材料的自由流通。尤其是美国成为超级大国以后,对许多发展中国家推行自由化市场化,妄图使自身成为全球经济发展的教科模式和政治教条。不过,近年来全球经济发展趋向呈现出一种逆转的情况。英国在2016年就举行了脱欧公投,对欧盟做出了离开的最终决议。随后,美国连续两任总统都提倡

"美国优先"，随后退出了诸多国际组织和国际条约，又采取了一系列手段和举措发起对中国的贸易战。此外，巴西、欧洲等国的右翼势力抬头并鼓吹要进行贸易保护和反对移民。这一发展趋势引致的逆全球化浪潮使我们思考为何作为全球化的倡导者以及国际贸易规则的制定者的美国等国会转变成为退局者和搅局者？同样，作为全球经济发展受益的中国，其经济学该如何面对逆全球的现象以及采取何种举措来应对这一趋向？

一、逆全球化的政治经济学阐释

关于以往经济全球化的划分依据，学界总是存在不同的看法。杰弗里·威廉森就曾指出划分标志应当是各个国家在全球世界市场贸易中大宗商品价格显示的比较接近，就地理区域来讲，欧洲与其他跨大西洋的大宗商品价格也相近。凯文·奥罗克则指出，除了国际贸易的形成等，国际货币等金融制度的建立对于判断是否经济全球化也至关重要。不过，国内外主流文献是以地理大发现作为经济全球化的发端，因为从这里开始人们才会意识到世界地理范围的广大。新航路的开辟使得原本居于产地销售的香料、农副产品甚至文化都得到了广泛的交流。随后，伴随着18世纪中期工业革命，第二次全球化开启了历程，发达国家急迫地探求商品市场，同时，跨国公司以及铁路的普及也极大地促进了国际贸易。再加上19世纪中后期，电力、电话开始使用，二次科技革命促进世界殖民体系得以快速形成。不过，很快第二次全球化进程就被打乱，根源在于新竞争者如德国为代表的新兴国家发展空间始终受限于老牌资本主义国家并产生众多诸如产品滞销、工人失业等国内问题迫使其必须运用战争方式要求重新划分世界市场。在之后的一战恢复时期，各个国家又为了保护自身市场不受外界侵扰先后采取了贸易保护政策，进一步终结了经济全球化。历史总是惊人的相似，20世纪中期由美国主导的第三次全球化延续至今，布雷顿森林体系的建立、物流成本的降低，再加上WTO（世界贸易组织）、GATT（关税及贸易总协定）的相继成立以及跨国公司、互联网的出现发展使整个世界成为一个联系更加密切的整体。不过，近年来从美国到欧洲，以往的"地球村""全球城"日渐分崩离析，尤其是各种贸易保护政策的抬头和颁布，据有关新闻报道，近两年来二十国集团签订的贸易保护举措就达到5000多项。这一逆势从表面上看，不过是对又一次金融危机负面影响的事后反映，但经济全球化再次受阻还需要对其内部的生成原因做出具体分析。

（一）西方国家内部矛盾重重

西方国家内部利益分配不均。经济全球化过程中，资产阶级所建立的全球化造成了消费资料分配在很大程度上是不均衡的或者说是为资本家服务，这一表象在于使长期处于中下游地位的广大百姓的利益严重受损。尤其是在金融危机时期，严重不平等、不均衡的现象再次被放大。法国经济学家皮凯蒂就曾分析多国经济体的发展数据，发现各个国家事实上并没有像库兹涅兹曲线所提出的那样，伴随着经济发展分配差距会进一步缩小，而是出现了完全相反的经济分配趋向。还有些学者明确指出，从 20 世纪 70 年代开始，分配不平等的现象愈加严重，特别是美国，在 21 世纪的前几年回到了 20 世纪初的状况，显然并没有什么进步，甚至出现倒退现象。① 因此，西方世界内部实际上已经是贫富差距很大的局面。所以，当前事实上支持和鼓动逆全球化的主体也就是地位不断下降和受到威胁以及本身就处于被统治阶级的群体，如传统产业者以及广大劳苦的劳动群众。有证据表明，作为全球化最大受益者的美国，每年有将近万亿财富分配于资本所有者、金融从业者，等等，反观底层家庭近几十年来收入增长几乎不到百分之十。后者也没有得到什么过多的政府补偿和救济，更加过分的是，西方政府却将他们的利益受损归咎于经济发展的全球化并大肆宣扬，进而转移人民对于国内自身经济问题的注意力，指责经济全球化才是打压人民和剥削人民的真正渊源。在政府的鼓动下，被动利益受损者逐渐成了反对全球贸易和全球商业的主要成员。

西方主要发达国家内部新移民融入问题。在资本积累的最早时期，西方采取逆向移民方式，通过海外殖民途径占领战略地盘并向外输出民众。但是，当前由于其掠夺，全世界人民已经积累的众多财富则会吸引世界各地的投资者和移民者妄图在发达国家获取财富。当然，移民者也给予移民目的地有益的作用。历史上的美国，也主要是采取相对宽松的移民政策，使永续不竭的移民为这一世界强国提供了源源不断的廉价劳动力甚至是价格适合的技术支持。值得注意的是，当前也会因为某些非常规性因素引起爆发式移民，如欧美等国对叙利亚、利比亚和伊拉克等国的大肆侵略造成了被动的难民式移民潮。当然，无论是传统式移民还是突然性移民都会使整个资本主义国家内部产生裂痕。外面的人拼

---

① 托马斯·皮凯蒂.21 世纪资本论［M］.巴曙松，陈剑，余江，等译.北京：中信出版社，2014：16.

了命地往这些国家挤，带来的情况是十分糟糕的。① 这些移民问题表现在新的移民由于文化、宗教等因素很难融入欧洲主流社会之中。近年来，法国就多次爆发了以移民为主体的大规模骚乱，造成了很大程度上的人为灾害，事实上这些移民人群曾经为国家做出了贡献，但由于该国经济长期低迷和工业岗位缺乏，引致了本地人民与新移民者之间的相互冲突，再加上最近的难民爆发式增长，且难民始终不能获得合法身份，进而引发了全面的政治、社会问题。不过，法国政府并未从自身寻找管理和政策上的解决方式方法，反而将问题简单化归咎于经济全球化，进而采取多方面的限制贸易举措。同样，英国每年也有数十万的移民挤占各种社会福利资源和就业岗位，也未能阻止难民的偷渡，更未从本国国内调整政策的视角寻求解决问题的方式方法，反而随美国走向了逆全球化的道路，采取一系列举措鼓励本国产业回流。

（二）资本的内在逻辑动因

逆全球化的资本动因。金融资本具备打破现实的内在的时间与空间界限的能力，能进一步推动资本的快速积累。不过，21 世纪初的金融危机表明了金融资本本身存在的泡沫化、虚拟化和流动化现象，引起了劳动群众贫困、日常消费借贷、实体经济空虚以及国家财政债务紧张等诸多问题。更为严重的是，当前已经形成了更为定形的金融倒金字塔结构，从上至下即从金融衍生品到商品、股票、债券等虚拟产品到物质生产形态实体经济。这一制式充分表明当前资本主义经济形态十分脆弱，会产生极易整体性崩塌的结构性变化。面对如此窘境，美国政府极力挽救并发动一场控制"资本流向"的行动，实质上就是所谓的"逆全球化"行为。首先是重构资本主义经济发展的基础产业。美国政府提出了使用美国货、优先雇佣美国人的努力恢复美国本土制造业的复兴计划，另一方面采取征收关税、取消关贸协定、退出经贸组织、实施政策优惠等举措促进海外高端制造业回流，采取诸多举措限制高新技术外部扩散进而保障科学领先。其次是采取诸多对外投资和贸易交流的限制举措，尤其是严格审查他国对于自身产业并购以及金融投资，目的在于生成资本的单向流动渠道。最后是运用自身在全球价值链条中掌握核心关键技术的优势，以技术垄断、产品断货和出口禁令等举措，逼迫和威胁包括中国在内的广大发展中国家就范，并进一步开放

---

① 汉斯-彼得·马丁，哈拉尔德·舒曼. 全球化陷阱：对民主和福利的进攻［M］. 张世鹏，等译. 北京：中央编译出版社，2001：55.

商品市场。由点及面，资本逻辑内在驱动带来的逆全球化不过是以国家层面空间收缩为重要特征的资本单向回流，是逆全球化下的选择和重构对于西方有利的经济制度。

资本回流的目的在于维护资本主义国家的霸权地位。马克思、恩格斯曾指出贸易保护或贸易自由不过是资本主义国家从政策层面维护自身利益的手段。他曾一针见血地指出，关税保护制度是加强国家对抗国外资本的力量。① 首先，西方国家通过运用贸易保护政策维护霸权地位。从 20 世纪 90 年代起，金砖五国世界贸易总额上升到全球四分之一，尤其是中国凭借人口红利保持着强劲的经济增长势头。所以，很多发展中国家被迫成为西方口中所谓的利益受损责任主体，因而受到多方面的抑制。西方国家操作本来就不均衡的国际秩序，直接忽略应尽的责任，制定各种不平衡的贸易规则和政策限制新兴经济发展。其次，西方国家通过阻碍区域一体化维护霸权地位。区域一体化也是经济全球化的重要趋势之一，地缘内国家因其相近经济发展形势和地理区位使关税壁垒和要素流通更加容易。不过，当前众多资本主义国家出于自身利益考虑，让区域合作组织呈现出排斥性、排他性的特征，如美国与东盟集团多次举行会谈妄想从南海问题层面分裂中国与东盟成员国关系。最后，西方国家通过贸易调节机制维护霸权地位。欧美获取超额价值的基本行径仍旧不会改变，尽管采取了逆全球化的整体战略，但仍旧会以自己特有的方式在世界市场中扩张。如美国政府在金融危机后，以政府补贴等形式支持本国企业集团对外倾销商品，这就充分表明西方国家以追求他国财富赡养本国资产阶级的目标始终是不变的。

二、中国特色社会主义政治经济学主导下的经济再全球化

伴随着新科技革命带来的全球变革，西方世界也意识到全球化是不可阻挡的历史前进趋向，他们所谓的逆全球化不过是保守主义及其势力再度进行全球化的变种和手段，其核心功能就是将全球经济再次塑造成为中心—外围的利益结构、获益—压迫的文明结构、先进—落后的权利结构，这不过是重构对西方极为有利的选择性全球化，目的在于再次打造以资本主义为中心的全球体系进程。相反，中国特色社会主义政治经济学提出的再全球化是对其彻底摒弃和破除，以新发展理念为指导思想，尊崇工具理性和强调公平共赢。在达成途径方

---

① 中共中央马克思恩格斯列宁斯大林著作编译局 . 马克思恩格斯全集：第 4 卷 [M]. 北京：人民出版社，1958：284.

面，再全球化提倡在市场一体化基础上遵循多边规则的公平性，保障生产生活要素的合理流通。在规则体系方面，再全球化立足于促进发展的政策空间和利益诉求，不会附加任何意识形态、政治条件和奉行制度，更不是所谓的变种"华盛顿共识"，中国特色社会主义政治经济学提出经济再全球化的具体举措如下。

经济再全球化的基本依循。中国特色社会主义政治经济学提出的经济再全球化既要面对西方世界主导的秩序规则，又要促进社会主义引导下的新秩序建立，因此，在历史发展的进程上始终要表现出双重逻辑，即理论继承和现实依据。首先，它是对马克思历史观的进一步发展。中国努力建构的经济全球化是对当前正处于国家与资本共同支配的共同体迈向全面对其扬弃的真正意义上的人类命运共同体的历史阶段之中。在资本逻辑上，中国特色社会主义政治经济学提出要坚持辩证的扬弃，推动资本、劳动力、生产要素的全球流动，又要限制、抑制资本作用的时间、空间和范围；在国家逻辑上，它均衡了"南北""东西"之间的二元化等级差异，创造出新的更大的更有认同感的大同经济，是全方位新型的包容的经济体。其次，它是以人民为中心的资本应用。资本本身就是一把双刃剑，马克思曾精辟地分析指出，资本反映了雇佣劳动以及奴役剥削的深层关系，表现出一种深深的罪恶感。而中国特色社会主义政治经济学的思想理念是将资本运作严格的限制在某些经济领域，防止资本对于我国社会、文化和经济的渗透，同时积极采取法制手段坚决反对资本的绝对垄断。与此同时，依据当前我国特色社会主义实践，资本对于激活生产要素、扩大商品市场等方面，尤其是推动科学技术进步等有着重要作用，不断满足人民群众对美好生活的需要。

经济再全球化的实践路径。新型国际关系为经济再全球化提供的先行示范，是最具有前瞻性的政治提议。一是摒弃崇尚权利的虚幻主义。我国在国际交往中直接去除了西方所谓的霸权政治、零和博弈以及丛林法则等国际关系准则，不以贫穷富有、经济实力以及科技武力作为交往准则，而是建构共同合作、相互尊重的大国关系，极力避免零和博弈和"修昔底德陷阱"带来的政治悲剧。如我国与东盟成员国、俄罗斯建立良好的邻里关系，同时尽管与美国时常发生贸易摩擦，但总是以最大诚意与之接触。二是超越推崇西方的文明主义。我国在传统文化中总以包容性维护世界文明多样性，倡导运用交流来打破隔阂和化解冲突，破除抑制南北方、东西方交融的思想壁垒。三是维护广大发展中国家的诉求主义。我国重视对于发展中国家的技术与产业的升级，强调对其基础设施、贸易融资、医疗卫生、农业补贴等方面的支持，消除自然劳动力流动、技术出口、生活资料等一系列限制。四是供给高质量产品的公共主义。积极推进产能合作尤其是工业伙伴合作，凭借金砖银行、丝路基金以及亚洲投行等，以中立身份开展国有企业为主体的公共产品供给。五是给予中国发展模式的经验主义。我国经济建设积累了社会主义市场化、开放型融资、综合保税区等的先行先试样板，在产业升级、农业优化、精准扶贫等方面给予世纪发展有益借鉴。六是提升国际软实力的存在主义。积极建设基于发展导向的新规则，以探路者创新者身份为国际贸易规则提供实践方法、制作非约束性原则或约束性条款、支持双边、多变或区域投资等。

经济再全球化的发展制式。努力实现经济的再全球化关键因素一方面在于我国保持经济的中高速增长，另一方面在于进一步扩大开放范围和领域。首先，重视内需对于经济增长的作用。当前由于逆全球化带来的出口贸易阻碍，"三驾马车"中扩大内需保持经济增长已经成为必然选择。基于国内市场有效需求不足，不断推进经济结构的调整与改革，扩大有效供给和减少无端供给避免资源浪费。与此同时，还可以将培养新经济产业和生成新经济增长点作为新供给的有效补充。其次，扩大进一步开放的边界和权限。当前美国主导的经济秩序和投资自由化制度早已成为虚幻的摆设和高墙，但是自由化贸易往来依旧是全球经济深入发展的正确趋向，因此，为了顺应经济再全球化的发展大势，我国要坚定地站出来，成为贸易和投资公平化自由化的维护者。我国要从规则和制度维度推进囊括扩大内陆沿边开放、加强自由贸易区以及拓宽市场投资准入等方面的改革的同时，着重建设边境和跨境合作区、沿边国家级口岸和城市、开放试验区等同世界各国合作服务的平台。此外，我国还明确指出保障外商企业的合法权益和提供更好的服务平台，积极参与国际贸易秩序的制定并最终推动国际规则朝着更加公平普惠公正合理的方向迈进。

结论与展望

结论

中国特色社会主义政治经济学的生成逻辑是基于自身特有的统一的理论、历史、实践逻辑和时代价值以及它们内在相互关系的共同作用而形成的。然而，依据系统分析方法待中国特色社会主义政治经济学的生成逻辑的含义已经确定后，还有一些学者基于世界经济发展变革现实因素的考量做出了更加深入的思考，即何为中国？何为特色？我国在逐渐融入世界市场进程中有关中西文化之争时常萦绕耳畔、不绝于耳。随后，学界关注点又在于中国经济理论和西方"普世价值"谁能够更好地解释、揭示中国奇迹产生的内在原因？中国实行了市场经济以后是否会走上改易旗帜的道路？已经实现现代化西方资本主义世界的"华盛顿共识"是否具有一般解释性？对于这些疑问，本研究有必要从生成逻辑的视域下进一步阐明"何为中国、何为特色"的理论事实。

首先，中国特色社会主义政治经济是对"中国一域"的科学阐释。列宁曾详细地指出国家政权对于社会经济建设的重要功能，进一步指出革命胜利后依靠的力量应该是国家政权以及社会主义制度。同时，虽然资本主义经过一个世纪的发展，发生了翻天覆地的改变，但仍没有超越出列宁曾阐释的国家垄断资本主义阶段。所以，对中国特色社会主义政治经济学中的"中国"给予定义时，国家地域性这一范畴总是以最为重要的因素融入其中。事实上，理论研究者很早就注意到这一因素，王亚南提出"中国经济学"概念时，认为马克思主义政治经济学不能很好地解释和揭示中国经济发展的具体情况进而提出经济学的中国化表达方式，这与20世纪30年代提出的马克思主义在中国本土化有着异曲同工之处，林毅夫则是立足于我国改革开放以来的伟大经济建设成就给予定义。还有一些学者赋予"中国"二字三种含义，一是地缘政治下的中国，二是历史概念中的中国，三是文化视野中的中国，形成了地域、时代与传统的相互交织的内涵，使学术界对这一问题的认识有了更高的期望。可以看出，不同学者对于这一内涵有差异化的定义，但也有明确的方向指向，就是始终立足于"中国一域"。基于此，本研究则认为中国特色社会主义政治经济学是"中国一域"的政治经济学，即坚持在我国国家主体性基础上，将经济社会发展的实践经验上升为系统化的经济学说，解决实际中长期存在的理论体系建构和实践创新之间的非均衡问题，提高中国特色社会主义政治经济学对我国经济现代化建设的指导和决策功能。习近平指出，我们共产党一向都是为了解决我国现实问题而努力奋斗的。① 中国特色社会主义政治经济学直面我国经济发展进程中的诸多矛盾，攻坚克难、砥砺奋进，赋予顶层设计思想中科学合理的新理念、新思想、新战略，指导出台契合实际的经济建设重大方针政策，不断推动党和国家社会主义事业取得开创性的历史性成就。

其次，中国特色社会主义政治经济学具有理论特色。自改革开放以来，中国经济发展成就斐然。如何评价和解析所获得的经济建设奇迹，换言之，是运用西方经济学还是马克思主义政治经济学作为指导思想？事实上，保守主义与新自由主义早已对此争吵得如火如荼，它们目的不过是争夺经济理论的话语权和指导权，尤其是试图揭示和解析我国经济发展的内在原因以及规定未来的发展方向，如提出的"国家资本主义""资本主义社会"等说法。对此，我们有必要从经济理论维度强调中国特色社会主义政治经济学的"特色"所在，即中国特色社会主义政治经济学始终坚持马克思主义政治经济学的指导地位，从马克思主义中国化这一大的话语范式和理论场域的高度和视角出发，根本性提高自身对于我国经济发展奇迹的解释力和影响力，创新和建构中国特色社会主义政治经济学理论体系和话语体系，用中国理论阐释中国道路，用中国话语传递中国经验，为世界经济和经济学发展贡献中国智慧。不过，中国特色社会主义政治经济学并不排斥西方经济学中的有益成分，吸收、借鉴西方经济学中关于市场运行、经济管理等一般性内容以及分析方法和分析工具，力戒西方经济学中资产阶级意识形态以及抽象人性假定、先验假设条件等根本性错误。总之，西方所谓的"发展论"或各种主义都不能解释中国经济社会发展的内在缘由，也不能促进社会主义经济走向健康良好的局面，也正因为如此，才会使得中国特色社会主义政治经济学的生成和发展成为可能。

---

① 关于《中共中央关于全面深化改革若干重大问题的决定》的说明 [N]. 人民日报，2013-11-16（1）.

展望

马克思主义不是封闭僵化的经济理论，而是包容开放的体系，中国特色社会主义政治经济学将在经济现代化和国家治理现代化的新征程中不断发展和丰富。习近平指出，经典理论会随着科学、国情、时代的变化持续发展，中国共产党的重任就是继续将大文章写下去。① 首先，把不断变化发展的政治经济学作为中国特色社会主义政治经济学的探索性范畴。伴随着我国经济社会发展以及世界经济形势的新变化，中国特色社会主义政治经济学的研究方法、研究对象也在不断发展变化，这样一套适应时代发展的政治经济学的分析范式、认识视角和概念范畴，才能不断得出新的研究结论进而指引经济建设。从这个意义上来讲，中国特色社会主义政治经济学也可以称为改革、建设和发展的政治经济学，经济学界始终要将不断变化发展的中国特色社会主义政治经济学作为研究和探索的范畴。其次，运用不断变化发展的政治经济学统领中国特色社会主义政治经济学范畴与体系创新。中国特色社会主义政治经济学在不同的历史时期面临的矛盾是不尽相同的，只有以所处时期和阶段根本问题的正确分析和权威解答作为基本内容来建构才是科学的。所以，中国特色社会主义政治经济学要始终以发展为理念，以问题为导向，依照"根本问题—基本特征—总结概念—建构命题—检验假设—突显功能—指导实践"的逻辑历程循环反复展开，实现自身范畴、范式和体系的创新。

---

① 习近平在新进中央委员会的委员、候补委员学习贯彻 党的十八大精神研讨班开班式上发表重要讲话强调：毫不动摇坚持和发展中国特色社会主义 在实践中不断有所发现有所创造有所前进 [N]. 人民日报，2013-01-06（1）.

参考文献

一、中文文献

1. 专著

［1］马克思. 资本论（法文中译本）［M］. 北京：中国社会科学出版社，1983.

［2］中共中央马克思恩格斯列宁斯大林著作编译局. 马克思恩格斯选集：第1卷［M］. 北京：人民出版社，2012.

［3］中共中央马克思恩格斯列宁斯大林著作编译局. 马克思恩格斯选集：第2卷［M］. 北京：人民出版社，2012.

［4］中共中央马克思恩格斯列宁斯大林著作编译局. 马克思恩格斯选集：第3卷［M］. 北京：人民出版社，2012.

［5］中共中央马克思恩格斯列宁斯大林著作编译局. 马克思恩格斯选集：第4卷［M］. 北京：人民出版社，2012.

［6］中共中央马克思恩格斯列宁斯大林著作编译局. 马克思恩格斯文集：第1卷［M］. 北京：人民出版社，2009.

［7］中共中央马克思恩格斯列宁斯大林著作编译局. 马克思恩格斯文集：第3卷［M］. 北京：人民出版社，2009.

［8］中共中央马克思恩格斯列宁斯大林著作编译局. 马克思恩格斯全集：第44卷［M］. 北京：人民出版社，2001.

［9］中共中央马克思恩格斯列宁斯大林著作编译局. 马克思恩格斯全集：第46卷下［M］. 北京：人民出版社，1980.

［10］习近平. 习近平谈治国理政：第一卷［M］. 北京：外文出版社，2014.

［11］习近平. 习近平谈治国理政：第二卷［M］. 北京：外文出版社，2017.

［12］习近平．习近平谈治国理政：第三卷［M］．北京：外文出版社，2020．

［13］习近平．习近平谈治国理政：第四卷［M］．北京：外文出版社，2022．

［14］习近平．摆脱贫困［M］．福州：福建人民出版社，1992．

［15］习近平．之江新语［M］．杭州：浙江人民出版社，2013．

［16］中共中央文献研究室．习近平关于社会主义经济建设论述摘编［M］．北京：中央文献出版社，2017．

［17］中共中央文献研究室．习近平关于全面深化改革论述摘编［M］．北京：中央文献出版社，2014．

［18］中共中央党史和文献研究院．习近平关于中国特色大国外交论述摘编［M］．北京：中央文献出版社，2020．

［19］中共中央宣传部．习近平总书记系列重要讲话读本［M］．北京：学习出版社，2016．

［20］中共中央马克思恩格斯列宁斯大林著作编译局．列宁全集：第4卷［M］．北京：人民出版社，1987．

［21］中共中央马克思恩格斯列宁斯大林著作编译局．列宁全集：第31卷［M］．北京：人民出版社，1987．

［22］中共中央马克思恩格斯列宁斯大林著作编译局．列宁全集：第35卷［M］．北京：人民出版社，1987．

［23］中共中央马克思恩格斯列宁斯大林著作编译局．列宁专题文集：论资本主义［M］．北京：人民出版社，2009．

［24］中共中央马克思恩格斯列宁斯大林著作编译局．苏联社会主义经济问题［M］．北京：人民出版社，1962．

［25］中共中央马克思恩格斯列宁斯大林著作编译局．斯大林选集：下［M］．北京：人民出版社，1979．

［26］毛泽东．毛泽东选集：第一卷［M］．北京：人民出版社，1991．

［27］毛泽东．毛泽东选集：第二卷［M］．北京：人民出版社，1991．

［28］毛泽东．毛泽东选集：第三卷［M］．北京：人民出版社，1991．

［29］中共中央文献研究室．毛泽东早期文稿［M］．长沙：湖南人民出版社，1990．

［30］中共中央文献研究室．毛泽东文集：第七卷［M］．北京：人民出版

社，1999.

[31] 中共中央文献研究室.毛泽东文集：第八卷 [M].北京：人民出版社，1999.

[32] 中华人民共和国史学会.毛泽东读社会主义政治经济学批注和谈话 [M].北京：中华人民共和国国史学会，1998.

[33] 中共中央文献研究室.毛泽东年谱（1949—1976）：第4卷 [M].北京：中央文献出版社，2013.

[34] 邓小平.邓小平文选：第一卷 [M].北京：人民出版社，1994.

[35] 邓小平.邓小平文选：第二卷 [M].北京：人民出版社，1994.

[36] 邓小平.邓小平文选：第三卷 [M].北京：人民出版社，1993.

[37] 中共中央文献研究室.邓小平思想年谱：1975—1997 [M].北京：中央文献出版社，1998.

[38] 江泽民.江泽民文选：第一卷 [M].北京：人民出版社，2006.

[39] 江泽民.江泽民文选：第二卷 [M].北京：人民出版社，2006.

[40] 江泽民.江泽民文选：第三卷 [M].北京：人民出版社，2006.

[41] 胡锦涛.胡锦涛文选：第二卷 [M].北京：人民出版社，2016.

[42] 李鹏.市场与调控：李鹏经济日记（中） [M].北京：新华出版社，2007.

[43] 中共中央宣传部理论局.世界社会主义五百年 [M].北京：学习出版社，中国电力出版社，2014.

[44] 中共中央文献研究室.改革开放三十年重要文献选编：上 [M].北京：中央文献出版社，2008.

[45] 中国共产党中央委员会.关于建国以来党的若干历史问题的决议 [M].北京：中国党史出版社，2010

[46] 人民出版社.改革开放以来历届三中全会文件汇编 [M].北京：人民出版社，2013.

[47] 中共中央文献研究室.十八大以来重要文献选编 [M].北京：中央文献出版社，2014.

[48] 国家发展和改革委员会."十四五"规划战略研究 [M].北京：人民出版社，2021.

[49] 中共中央文献研究室.十六大以来重要文献选编：中 [M].北京：中央文献出版社，2008.

［50］中央档案馆．中共中央文件选集：第 13 册［M］．北京：中共中央党校出版社，1991．

［51］中央档案馆．中共中央文件选集：第 12 册［M］．北京：中共中央党校出版社，1991．

［52］北方十三所高等院校编写组．政治经济学（社会主义部分）［M］．西安：陕西人民出版社，1985．

［53］《中国特色社会主义政治经济学十五讲》编写组．中国特色社会主义政治经济学十五讲［M］．北京：中国人民大学出版社，2016．

［54］《当代马克思主义政治经济学十五讲》编写组．当代马克思主义政治经济学十五讲［M］．北京：人民出版社，2016．

［55］《马克思主义发展史》编写组．马克思主义发展史［M］．北京：高等教育出版社，2013．

［56］蒋学模．政治经济学教材［M］．上海：上海人民出版社，1983．

［57］许涤新．政治经济学词典：中［M］．北京：人民出版社，1980．

［58］姚开建．经济学说史［M］．北京：中国人民大学出版社，2003．

［59］张宇，谢地，任保平，等．中国特色社会主义政治经济学［M］．北京：高等教育出版社，2017．

［60］杨承训．中国特色社会主义政治经济学［M］．北京：人民出版社，2009．

［61］张占斌，周跃辉．中国特色社会主义政治经济学［M］．武汉：湖北教育出版社，2016．

［62］蒋南平，汤子琼，刘方建．马克思主义经济学中国化研究［M］．成都：西南财经大学出版社，2015．

［63］逄锦聚，景维民，何自力，等．中国特色社会主义政治经济学［M］．北京：经济科学出版社，2021．

［64］周文，方茜．当代中国马克思主义政治经济学研究［M］．上海：上海人民出版社，2020．

［65］卫兴华．中国特色社会主义政治经济学研究［M］．济南：济南出版社，2017．

［66］顾海良．中国特色社会主义政治经济学史纲［M］．北京：高等教育出版社，2019．

［67］威廉·配第．赋税论［M］．陈冬野，等译．北京：商务印书

馆，1972.

[68] 亚当·斯密. 国民财富的性质及其原因的研究 [M]. 郭大力，王亚南，译. 北京：商务印书馆，1972.

[69] 彼罗·斯拉法. 李嘉图著作和通信集：第二卷 [M]. 蔡受白，译. 北京：商务印书馆，1979.

[70] 约翰·米尔斯. 一种批判的经济学史 [M]. 高湘，译. 北京：商务印书馆，2005.

[71] 约翰·伊特韦尔，默尔·米尔盖特，彼得·纽曼. 新帕尔格雷夫经济学大辞典：第3卷 [M]. 北京：经济科学出版社，1992.

[72] 菲利普·安东尼·奥哈拉. 政治经济学百科全书：下卷 [M]. 郭庆旺，等译. 北京：中国人民大学出版社，2009.

[73] 亨利·勒帕日. 美国新自由主义经济学 [M]. 李燕生，译. 北京：北京大学出版社，1985.

[74] 道格纳斯·C.诺思. 经济史中的结构与变迁 [M]. 陈郁，罗华平，等译. 上海：上海三联书店，上海人民出版社，1994.

[75] 戴维·柯茨. 资本主义的模式 [M]. 耿修林，宗兆昌，译. 南京：江苏人民出版社，2001.

[76] 让-雅克·卢梭. 爱弥儿：论教育 [M]. 李平沤，译. 北京：商务印书馆，1996.

[77] 安德烈·施莱弗，罗伯特·维什尼. 掠夺之手：政府病及其治疗 [M]. 赵红军，译. 北京：中信出版社，2004.

[78] 弗朗西斯·福山. 国家构建：21世纪的国家治理与世界秩序 [M]. 北京：中国社会科学出版社，2007.

[79] 厄内斯特·曼德尔. 权利与货币：马克思主义的官僚理论 [M]. 孟捷，李民骐，译. 北京：中央编译出版社，2001.

[80] 阿尔弗雷德·马歇尔. 经济学原理：上卷 [M]. 朱志泰，译. 北京：商务印书馆，1964.

[81] 德内拉·梅多斯，乔根·兰德斯，丹尼斯·梅多斯. 增长的极限 [M]. 李涛，王智勇，译. 北京：机械工业出版社，2006.

[82] 托马斯·皮凯蒂. 21世纪资本论 [M]. 巴曙松，等译. 北京：中信出版社，2014.

[83] 汉斯-彼得·马丁，哈拉尔德·舒曼. 全球化陷阱：对民主和福利的

进攻［M］.张世鹏，等译.北京：中央编译出版社，2001.

［84］萨伊.政治经济学概论［M］.陈福生，陈振骅，译.北京：商务印书馆，1982.

［85］莱昂内尔·罗宾斯.经济科学的性质和意义［M］.北京：商务印书馆，2009.

［86］保罗·萨缪尔森，威廉·诺德豪斯.经济学：第18版［M］.萧琛，译.北京：人民邮电出版社，2008.

2. 期刊

［1］习近平.不断开拓当代中国马克思主义政治经济学新境界［J］.求是，2020（16）.

［2］习近平.全面贯彻落实党的十八大精神要突出抓好六个方面工作［J］.求是，2013（1）.

［3］习近平.切实把思想统一到党的十八届三中全会精神上来［J］.求是，2014（1）.

［4］习近平.社会主义市场经济和马克思主义经济学的发展与完善［J］.经济学动态，1998（7）.

［5］习近平.对发展社会主义市场经济的再认识［J］.东南学术，2001（4）.

［6］习近平.发展经济学与发展中国家的经济发展：兼论发展社会主义市场经济对发展经济学的理论借鉴［J］.福建论坛，2001（9）.

［7］习近平.对发展社会主义市场经济的再认识［J］.东南学术，2001（4）.

［8］习近平.略论《关于费尔巴哈的提纲》的时代意义［J］.中共福建省委党校学报，2001（9）.

［9］习近平.社会主义市场经济和马克思主义经济学的发展与完善［J］.经济学动态，1998（7）.

［10］习近平.关于坚持和发展中国特色社会主义的几个问题［J］.求是，2019（7）.

［11］逄锦聚.中国特色社会主义政治经济学论纲［J］.政治经济学评论，2016，7（5）.

［12］逄锦聚.论马克思主义经济学中国化［J］.毛泽东邓小平理论研究，

2010（6）.

　　[13] 刘儒，刘江，王舒弘. 乡村振兴战略：历史脉络、理论逻辑、推进路径 [J]. 西北农林科技大学学报（社会科学版），2020，20（2）.

　　[14] 刘儒，王换. 当代中国马克思主义政治经济学生成逻辑研究 [J]. 学习与探索，2019（3）.

　　[15] 刘儒，王换. 中国经济体制改革历史演进的内生性逻辑与基本经验——以政府与市场的关系为主线 [J]. 西安交通大学学报（社会科学版），2018，38（6）.

　　[16] 洪银兴. 以创新的理论构建中国特色社会主义政治经济学的理论体系 [J]. 经济研究，2016，51（4）.

　　[17] 简新华，余江. 发展和运用中国特色社会主义政治经济学的若干问题 [J]. 中国高校社会科学，2016（6）.

　　[18] 简新华. 发展和运用中国特色社会主义政治经济学引领经济新常态 [J]. 经济研究，2016，51（3）.

　　[19] 顾海良.《论十大关系》与中国特色社会主义政治经济学的发展：纪念毛泽东《论十大关系》发表60周年 [J]. 教学与研究，2016（4）.

　　[20] 顾海良. 开拓当代中国马克思主义政治经济学的新境界 [J]. 经济研究，2016，51（1）.

　　[21] 刘伟. 在马克思主义与中国实践结合中发展中国特色社会主义政治经济学 [J]. 经济研究，2016，51（5）.

　　[22] 吴宣恭. 学好《资本论》推进当代中国经济学建设 [J]. 经济纵横，2016（3）.

　　[23] 刘明远. 从"六册结构"计划看马克思经济学的研究对象 [J]. 政治经济学评论，2014，5（1）.

　　[24] 王立胜. 中国特色社会主义政治经济学的时代意义 [J]. 河北经贸大学学报，2016，37（6）.

　　[25] 邱海平. 中国特色社会主义政治经济学的重大现实价值 [J]. 改革，2016（3）.

　　[26] 卿定文，王坚. 以当代中国马克思主义政治经济学的新成果指导新实践：兼论习近平对马克思主义政治经济学的论述 [J]. 湖南大学学报（社会科学版），2018，32（5）.

　　[27] 黄泰岩. 中国特色社会主义经济学的研究对象、主线和框架 [J]. 马

克思主义与现实，2016（5）．

[28] 张雷声．论中国特色社会主义政治经济学的发展与创新 [J]．马克思主义研究，2017（5）．

[29] 周文，包炜杰．中国特色社会主义政治经济学研究对象辨析 [J]．内蒙古社会科学（汉文版），2018，39（4）．

[30] 周文．时代呼唤中国经济学话语体系 [J]．经济研究，2016，51（3）．

[31] 吴志远．当代中国马克思主义政治经济学创新发展的性质与成效 [J]．求实，2017（2）．

[32] 周新成．理直气壮地坚持把国有企业搞好，做强做优做大 [J]．政治经济学评论，2015，6（6）．

[33] 卫兴华，闫盼．论宏观资源配置与微观资源配置的不同性质：兼论市场"决定性作用"的含义和范围 [J]．政治经济学评论，2014，5（4）．

[34] 徐春华．两大部类发展失衡与中国产能过剩问题研究 [J]．当代经济研究，2017（1）．

[35] 张俊山．用马克思再生产理论指导我国的"供给侧结构性改革"[J]．当代经济研究，2017（7）．

[36] 刘焕明，陈绪新．习近平治国理政思想与中国化马克思主义的整体推进 [J]．马克思主义研究，2017（6）．

[37] 刘志礼．习近平新型经济全球化理念的时代价值 [J]．马克思主义研究，2017（8）．

[38] 吴恭宣．学好《资本论》推进当代中国政治经济学建设 [J]．经济纵横，2016（3）．

[39] 程恩富．马克思主义政治经济学理论体系多样化创新的原则和思路 [J]．中国社会科学，2016（11）．

[40] 赵学清．马克思共同富裕思想探讨 [J]．中国特色社会主义研究，2014（4）．

[41] 卿定文，王坚．以当代中国马克思主义政治经济学的新成果指导新实践：兼论习近平对马克思主义政治经济学的论述 [J]．湖南大学学报（社会科学版），2018，32（5）．

[42] 荣兆梓．理解当代中国马克思主义政治经济学 [J]．政治经济学报，2016，6（1）．

[43] 顾钰民. 以创新理念发展当代中国马克思主义政治经济学 [J]. 思想理论教育, 2016 (3).

[44] 石淑华. 马克思主义经济学中国化与当代中国经济学建设 [J]. 徐州师范大学学报 (哲学社会科学版), 2012, 38 (1).

[45] 韩庆祥. 深化当代中国马克思主义研究的基本路径 [J]. 理论视野, 2011 (2).

[46] 葛扬. 理论逻辑、实践逻辑与中国特色社会主义政治经济学 [J]. 改革, 2016 (3).

[47] 周绍东. 中国特色社会主义政治经济学的历史开端 [J]. 内蒙古社会科学 (汉文版), 2018, 39 (4).

[48] 戴维·赫尔德, 杨娜. 重构全球治理 [J]. 南京大学学报 (哲学·人文科学·社会科学), 2011, 48 (2).

[49] 孙冶方. 把计划和统计放在价值规律的基础上 [J]. 经济研究, 1956 (6).

[50] 顾准. 试论社会主义制度下的商品生产和价值规律 [J]. 经济研究, 1957 (3).

3. 报纸

[1] 坚定不移沿着中国特色社会主义道路前进, 为全面建成小康社会而奋斗: 在中国共产党第十八次全国代表大会上的报告 [N]. 人民日报, 2012-11-18 (1).

[2] 习近平在天津考察时强调: 稳中求进推动经济发展　持续努力保障改善民生 [N]. 人民日报, 2013-05-16 (1).

[3] 习近平在中共中央政治局第六次集体学习时强调: 坚持节约资源和保护环境基本国策　努力走向社会主义生态文明新时代 [N]. 人民日报, 2013-05-25 (1).

[4] 关于《中共中央关于全面深化改革若干重大问题的决定》的说明 [N]. 人民日报, 2013-11-16 (1).

[5] 习近平主持召开中央财经领导小组第十一次会议强调: 全面贯彻党的十八届五中全会精神　落实发展理念推进经济结构性改革 [N]. 人民日报, 2015-11-11 (1).

[6] 习近平在中共中央政治局第二十八次集体学习时强调: 立足我国国情

和我国发展实践 发展当代中国马克思主义政治经济学［N］. 人民日报，2015-11-25（1）.

［7］习近平. 在哲学社会科学工作座谈会上的讲话［N］. 人民日报，2016-05-19（2）.

［8］习近平主持召开经济形势专家座谈会强调：强调坚定信心增强定力 坚定不移推进供给侧结构性改革［N］. 人民日报，2016-07-09（1）.

［9］决胜全面建成小康社会 夺取新时代中国特色社会主义伟大胜利：在中国共产党第十九次全国代表大会上的报告［N］. 人民日报，2017-10-28（1）.

［10］习近平在学习贯彻党的十九大精神研讨班开班式上发表重要讲话强调：以时不我待只争朝夕的精神投入工作 开创新时代中国特色社会主义事业新局面［N］. 人民日报，2018-01-06（1）.

［11］中央经济工作会议在北京举行，习近平李克强作重要讲话［N］. 人民日报，2018-12-22（1）.

［12］习近平在中共中央政治局第三次集体学习时强调：深刻认识建设现代化经济体系重要性 推动我国经济发展焕发新活力迈上新台阶［N］. 人民日报，2018-02-01（1）.

［13］习近平. 在纪念马克思诞辰200周年大会上的讲话［N］. 人民日报，2018-05-05（2）.

［14］习近平在福建考察时强调：在服务和融入新发展格局上展现更大作为 奋力谱写全面建设社会主义现代化国家福建篇章［N］. 人民日报，2021-03-26（1）.

［15］习近平. 高举中国特色社会主义伟大旗帜 为全面建成社会主义现代化国家而团结奋斗：在中国共产党第二十次全国代表大会上的报告［N］. 人民日报，2022-10-26（1）.

［16］王忍之. 关于反对资产阶级自由化：1989年12月15日在党建理论研究班的讲话［N］. 人民日报，1990-2-22（16）.

［17］张宇. 不断完善中国特色社会主义政治经济学理论体系［N］. 人民日报，2016-08-29（16）.

［18］张宇. 社会主义市场经济：为人类对更好社会制度的探索提供中国方案［N］. 光明日报，2016-11-30（16）.

［19］刘伟. 在新实践中构建中国特色社会主义政治经济学［N］. 人民日

报，2016-08-01（19）．

[20] 张卓元．实现社会主义与市场经济有机结合，建构中国特色社会主义政治经济学的主线［N］．人民日报，2016-11-21（7）．

[21] 逄锦聚．书写中国特色社会主义政治经济学时代篇章：学习贯彻习近平同志关于经济改革发展问题的重要论述［N］．人民日报，2016-07-14（16）．

[22] 逄锦聚．为构建人类命运共同体作出更大贡献［N］．解放日报，2017-10-13（11）．

[23] 洪银兴．发展当代中国马克思主义政治经济学［N］．人民日报，2016-01-25（16）．

4. 报告

[1] 坚定不移沿着中国特色社会主义道路前进，为全面建成小康社会而奋斗：在中国共产党第十八次全国代表大会上的报告［R］．北京：人民出版社，2017．

[2] 决胜全面建成小康社会　夺取新时代中国特色社会主义伟大胜利：在中国共产党第十九次全国代表大会上的报告［R］．北京：人民出版社，2012．

[3] 高举中国特色社会主义伟大旗帜　为全面建设社会主义现代化国家而奋斗：在中国共产党第二十次全国代表大会上的报告［R］．北京：人民出版社，2022．

二、英文文献

1. 专著

[1] HORKHEIMER M, ADORNO T W. Dialectic of Enlightenment：Philosophical Fragments.［M］. Palo Alto：The Stanford University Press，2002.

[2] BERNSTEIN T P, LI H Y. China Learns from the Soviet Union［M］. Lexington：Lexington Books，2010.

[3] FINDLAY R, O'ROURKE K H. Power and Plenty：Trade，War，and the World Economy in the Second Millennium［M］. Princeton：Princeton University Press，2009.

[4] GILPIN R. The Political Economy of International Relation［M］. Princeton：Princeton University Press，1987.

[5] WEISS L. The myth of the powerless state [M]. Ithaca, NY: Cornell University Press, 1998.

2. 期刊

[1] SEBASTIAN, HEILMANN. Maximum Tinkering under Uncertainty [J]. Modern China, 2009 (35) .

[2] PINKE Z. Modernization and decline: an eco‐historical perspective on regulation of the Tisza Valley, Hungary [J]. Journal of Historical Geography, 2014 (45) .

[3] CRENNA F, MICHELINI R C, RAZZOLI R P. Decision Support Aid for Eco‐reliable Product‐service Delivery [J]. Procedia Technology, 2014, 16.